高校产学研合作的理论与实践

主编　李勤国　马　英　张守红
参编　刘立增　刘迎良　荣　虹　朱俊明

西安电子科技大学出版社

内 容 简 介

本书坚持以新时代中国特色社会主义思想为指导,紧紧围绕着党中央、国务院关于深化高等教育改革的决策部署,精心编排内容结构。

本书由五部分内容构成。第一部分(第一章)为中华人民共和国成立以来我国高校产学研合作实践的总结,包括我国高校产学研合作的发展过程、政府对高校产学研合作的推动。第二部分(第二到第四章)为本书的理论部分,包括高校产学研合作的内涵、意义、模式、理论基础和研究现状。第三部分(第五和第六章)为产学研合作在高校发展中的应用,包括基于高校产学研合作的人才培养和科研成果转化。第四部分(第七和第八章)为对策部分,包括高校产学研合作的国际经验借鉴和促进我国高校产学研合作的对策。第五部分(第九章)为本书的经验部分,包括国外和国内高校产学研合作案例分析及高职院校产学研合作的典型案例分析。

本书适合作为高校相关专业的学生教材,也可作为高校管理者、高校教师的培训教材。

图书在版编目(CIP)数据

高校产学研合作的理论与实践 / 李勤国,马英,张守红主编. —西安:
西安电子科技大学出版社,2019.6
ISBN 978-7-5606-5348-8

Ⅰ. ①高… Ⅱ. ①李… ②马… ③张… Ⅲ. ①高等学校—产学合作—研究—中国 Ⅳ. ① G640

中国版本图书馆 CIP 数据核字(2019)第 117294 号

策划编辑 罗建锋
责任编辑 祝婷婷 阎 彬
出版发行 西安电子科技大学出版社(西安市太白南路 2 号)
电 话 (029)88242885 88201467 邮 编 710071
网 址 www.xduph.com 电子邮箱 xdupfxb001@163.com
经 销 新华书店
印刷单位 陕西日报社
版 次 2019 年 6 月第 1 版 2019 年 6 月第 1 次印刷
开 本 787 毫米×1092 毫米 1/16 印 张 13
字 数 270 千字
印 数 1~1000 册
定 价 39.00 元

ISBN 978 - 7 - 5606 - 5348 - 8/G

XDUP 5650001-1

前　言

党的十九大明确提出了教育优先发展的国家战略。教育强则国家强，高等教育事关科教兴国战略、人才强国战略、可持续发展战略的有效实施和持续发展。在 2018 年全国教育大会上，习近平总书记站在国家繁荣、民族振兴的战略高度，深刻总结了党的十八大以来我国教育事业的发展成就，并且作出重大部署。高校产学研合作是高校以新时代中国特色社会主义思想为指导，全面贯彻落实党的十九大精神，更好地服务于社会主义现代化强国建设的必由之路。

高校的产学研合作就是要整合高校和社会资源，实现高校人才培养、科学研究以及学科建设等工作的无缝对接机制，使得高校能够培养出社会急需的适用性人才，并且高校的研究成果能够落地生根。在人才培养中，高校的产学研合作可以使学生在学校掌握的理论知识能够很快地转化为社会实践技能，既提高了学生学以致用的能力，又增强了学生的创新能力和综合素质，使学生成为德智体美劳全面发展的社会主义建设者和接班人。在科学研究中，高校的产学研合作增强了高校的科技创新和社会服务能力，有利于祛除高校科研评价中唯论文、唯"帽子"的顽瘴痼疾。

高校产学研教育模式是由美国辛辛那提大学工程学院教务长赫尔曼·施奈德于 1906 年推出的。我国教育部于 1997 年 10 月发出了《关于开展产学研合作教育"九五"试点工作的通知》，确定"九五"期间在全国 28 所高校开展产学研合作教育的试点工作。近年来，我国为了促进高校科学研究成果向现实生产力转化，使得高校成为科技成果转化的强大生力军，并且充分发挥高校在国家、区域和地方经济社会发展中的智囊团和思想库作用，积极倡导高校的产学研合作。

高校产学研合作是一项系统工程，需要政府、企业、高校以及全社会的广泛参与。本书试图通过理论分析和实践探索，提出优化产学研合作的政策环境和促进机制。

本书具体的写作分工是：第一章的作者为马英、张守红，第二、三章的作者为荣虹，第四、五章的作者为刘迎良，第六章的作者为刘立增，第七、八章的作者为朱俊明，第九章的作者为李勤国。

由于作者水平有限，书中内容尚有很多的局限性，恳请各位读者提出宝贵意见。

编　者
2019 年 4 月

目　录

第一章　绪　论

第一节　我国高校产学研合作的发展过程

　　自 20 世纪 50 年代以来，我国高校的产学研合作经历了初级阶段、转折阶段、发展阶段和深化融合阶段。初级阶段强调的是高校"教学、科研、生产三结合"，提高人才培养素质；转折阶段强调的是打造"教学—科研—生产"联合体，提高高校的科技成果转化能力和人才培养的针对性；发展阶段强调的是产学研合作教育，全面提高高校的社会服务能力和人才培养的适应性；深化融合阶段强调的是产学研的多方位合作，体现在产学研合作的人才培养、产学研合作的科学研究上。

一、高校产学研的初级阶段

　　高校产学研的最初阶段为教学、科研、生产三结合阶段。1958 年 8 月，《红旗》杂志发表了时任中宣部部长陆定一的文章《教育必须与生产劳动相结合》。文章指出：中国共产党的教育方针向来就是教育为工人阶级的政治服务，教育与生产劳动相结合。1958 年，全国教育工作会议的主要内容就是讨论党的教育工作方针，会后经中共中央政治局扩大会议研究，形成了中共中央、国务院《关于教育工作的指示》，其核心内容提出"党的教育工作方针，是教育为无产阶级政治服务，教育与生产劳动结合"。[①]

　　当时，清华大学等高校积极贯彻"教育与生产劳动相结合"的教育方针，创造了以教学为主的教学、科研、生产三结合的教学改革形式。2013 年在清华大学纪念蒋南翔 100 周年诞辰的系列研讨会上，与会代表一致认为：蒋南翔校长提出了"教学、科研、生产三结合"的教育思想，建立教学、科研和生产的联合基地；重视实践，倡导"真刀真枪"做毕业设计；面向国家战略需求，发展新兴学科；高瞻远瞩进行学科布局，为清华后来的学科发展奠定了坚实的基础。

　　20 世纪 50 年代末，北京林业大学提出了以教学为主，实行教学、科研、生产三结合的教学改革方案，将学生参加劳动和科学研究的初步训练纳入教学计划，并进行了"现场

---

① 清华大学校史研究室. 蒋南翔：促进教学、科研、生产三结合. 中国教育和科研计算机网. (http://www.edu.cn/edu/gao-deng/zhuan_ti/Tsinghua100/slogan/201104/t20110418_602544.shtml...)

综合教学"等试验。

通过教学、科研、生产三结合的教学形式，学生在校学习理论知识的同时能够有机会接触社会实践，了解社会的需求，从而提高了的政治素质、业务素质以及实际工作能力。但是，由于理解上和认识上的偏差，一些高校在教学、科研、生产三结合中，没有处理好三者的关系，忽视了生产实践与专业教学的结合，使"教学、科研、生产"三结合的教学形式发生扭曲。

二、高校产学研的转折阶段

党的十一届三中全会后，党中央对教育工作做出了一系列新的论断和决策，我国教育事业得到了恢复，开始走上了蓬勃发展的道路。在"拨乱反正"中逐步建立起的高校办学模式，在重视基础理论教学的基础上，加强实践教学环节，提高了人才培养质量。1978年的全国科学大会后，我国的科研工作秩序得以恢复，科研体制得以建立和健全，高校的科研工作受到了重视。1981年党中央提出的"科学技术必须面向经济建设，经济建设必须依靠科学技术"的科技发展方针，为高校的科研工作指明了方向。1982年，时任国务院总理赵紫阳在参观教育部直属高校科技成果展览会时指出："今后大学是否可以根据自己的教学实际情况和科研方向和工厂结合，搞一个教学、科研、生产联合体。"[①]1985年，《中共中央关于教育体制改革的决定》中提出要扩大高等学校的办学自主权，其中明确：有权接受委托或与外单位合作，进行科学研究和技术开发，建立教学、科研、生产联合体。同年，党中央作出的《关于科学技术体制改革的决定》把鼓励教育、科研、生产的联合作为一项基本国策。《关于科学技术体制改革的决定》指出："要改变过多的研究机构与企业相分离，研究、设计、教育、生产脱节，军民分割，部门分割，地区分割的状况"，"促进研究机构、设计机构、高等学校、企业之间的协作与联合"，"鼓励中国科学院、高等学校和各部委、地方所属从事技术开发的机构，根据自愿互利的原则，同企业、设计机构建立各种形式的联合"。

20世纪60年代以后，国外的一些高等学校与企业、科研部门建立了"教学—科研—生产"联合体，把课堂教学与生产实践结合起来，密切了教学中的理论与生产实际的联系，打通了生产专家和科学家参加教学工作的渠道。"教学—科研—生产"联合体充分发挥了高校的教育资源优势，为企业培养了适用的管理人才和技术人才，并有利于校企的人才交流和信息交流，促进了校企双方的可持续发展。高校与企业建立联合体后，学校的科研选题与实际需要相切合，克服了高校封闭式教学选题的盲目性。另外，由于课题的研究是高校与企业合作进行的，针对企业生产中出现的问题有针对性地进行研究，从而提高了研究成果在实际中得到推广应用的比率。"教学—科研—生产"联合体，有利于发挥高校、科研部门和生产企业各自的长处，通过相互合作，发挥了整体资源优势，取得了较好

---

① 李仁和. 教学、科研、生产联合体的形成和发展[J]. 上海高教研究. 1986, (2).

的社会效益。20 世纪 80 年代以来"教学—科研—生产"联合体在一些国家得到了更为迅速的发展。为了发展这种联合体，提高其协作效率，苏联高等和中等专业教育部部务委员会于 1982 年 5 月 13 日通过了《关于在高等学校发展教学、科研、生产联合体》的决议。其中明确了以下任务：通过签订合同，合作进行某些专题研究或技术开发；大学向企业转让先进的科技成果；大学为企业提供定期的咨询或技术指导；大学为企业培养人才(输送毕业生或开展继续教育)，开展学术交流。

　　"教学—科研—生产"联合体，打通了高校与企业、科研单位之间的学术情报、人才交流的通道，大学教授、学者为企业送去了"智力"，企业中富有实践工作经验的工程技术人员、管理人员和科研院所的科学家到大学讲课及进行合作研究，对高校的教育改革起到了直接的推动作用。同时，在同一"教学一科研一生产"联合体中，围绕着某一课题任务，分别来自于高校、企业、科研单位的人员共同合作，有利于创新创造能力提升，提高研究成果的应用效果。

　　在国家政策的支持和鼓励下，我国一些高校借鉴国外的经验，建立"教学、科研、生产"联合体，发挥了高校、企业和科研部门各自的优势，提高了高校人才培养质量，促进了科技成果转化，也为企业职工的继续教育、全面提高企业员工的素质做出了贡献。

三、高校产学研的发展阶段

　　高校担负着人才培养、科学研究、服务社会等任务，在这些任务中，人才培养是核心，高校的科学研究和社会服务都要服务于人才培养这一核心任务。高校产学研发展阶段，出现了高校与社会信息不对称，"社会需要什么样的人才"与"高校能培养什么样的人才"、"社会需要研发什么"与"高校能研发什么"普遍脱钩。统计表明，我国高校科技成果转化率不足 20%，而发达国家则超过 70%。[①]在"高校的供给侧"与"社会的需求侧"之间缺乏必要且有效的沟通。产学研合作是高校提高人才培养质量和科技成果转化的重要方式，推进高校的产学研合作是高校适应社会和服务社会的必然要求。

　　党和政府高度重视高校的产学研合作，先后出台了促进高校产学研合作的政策。中共中央、国务院于 1993 年 2 月印发的《中国教育改革和发展纲要》就明确提出：进一步转变教育思想，改革教学内容和教学方法，克服学校教育不同程度存在的脱离经济建设和社会发展需要的现象。高等教育要进一步改变专业设置偏窄的状况，拓宽专业业务范围，加强实践环节的教学和训练，发展同社会实际工作部门的合作培养，促进教学、科研、生产三结合。随着我国改革开放的深入，社会主义市场经济体制的逐步建立，国家教育主管部门鼓励高校面向社会、依法自主办学，积极探索满足社会主义市场经济条件下的高素质人才培养模式。1997 年 10 月教育部(原国家教委)发出《关于开展产学研合作教育"九五"试点工作的通知》，确定"九五"期间在全国 28 所高校开展产学研合作教育的试点工作。

---

① 聂伟迅. "揭榜挂帅"模式促产学研深度融合[N]. 天津日报. 2016-9-5, (9).

产学研合作教育"九五"试点学校[①]有：北京科技大学、中国农业大学、北京航空航天大学、北京工业大学、北京联合大学、华东理工大学、上海水产大学、上海电力学院、上海工程技术大学、天津大学、天津轻工学院、承德石油高等专科学校、南京大学、南京航空航天大学、中国矿业大学、无锡轻工大学、武汉汽车工业大学、江汉石油学院、湖北汽车工业学院、石油大学(华东)、西北工业大学、东北大学、沈阳电力高等专科学校、本溪冶金高等专科学校、哈尔滨工程大学、吉林电气化高等专科学校、长春汽车高等专科学校、福建建筑高等专科学校。

参加试点的高校通过实践，积极探索产学研合作教育模式，认为产学研合作是人才培养的有效途径。如参加试点的江汉石油学院(2003 年组建为长江大学)通过办学实践，把"推进产学研合作"作为一种办学模式和特色。第一，作为以石油勘探为特色的高校，加强与企业的合作，培养学生的创业精神。第二，通过与企业广泛地合作，有利于学校直接了解企业和社会对人才质量与数量的需求信息，从而有针对性地进行学科的调整和专业的改造，优化人才培养方案，利用企业的丰富资源，理论联系实际，加强学生工程实践和社会实践能力的训练，培养学生的创新能力。第三，利用企业的有利条件，开展科技合作，有利于学校科技成果在生产实践中的转化。第四，发展同企业的亲密关系，取得企业在人力、物力、财力上对办学的支持，有利于学校的建设和发展。第五，通过合作，学校可以在企业建立较为稳固的科技服务、技术劳动力、毕业生就业等渠道。

但是由于认识上的偏差，长期以来产学研合作教育一直被作为高职高专的人才培养模式加以推广，而在本科教学实践特别是重点院校的教学改革中并未引起足够的重视和应用，这是一个误区。

1999 年，《中共中央、国务院关于深化教育改革 全面推进素质教育的决定》提出：努力改变教育与经济、科技相脱节的状况，促进教育和经济、科技的密切结合。高等教育实施素质教育，要加强产学研结合，大力推进高等学校和产业界以及科研院所的合作。《国家中长期教育改革和发展规划纲要(2010—2020 年)》进一步提出：牢固确立人才培养在高校工作中的中心地位，着力培养信念执著、品德优良、知识丰富、本领过硬的高素质专门人才和拔尖创新人才；创立高校与科研院所、行业、企业联合培养人才的新机制。同时提出：高校要牢固树立主动为社会服务的意识，全方位开展服务，推进产学研用结合，加快科技成果转化。

随着科学技术的突飞猛进，经济全球化进程的加快，特别是随着我国自主创新战略和创新型国家建设目标的确立，产学研合作的内涵更加丰富。在实践中，世界各国都在探索强化产学研合作以提升国家的创新能力和竞争力。我国要建设创新型国家，提高国际竞争力，就要积极借鉴发达国家的成功经验，建立健全产学研合作机制。《国家中长期科学和技术发展规划纲要(2006—2020 年)》提出：鼓励、推动大学与企业和科研院所进行全面合

[①] 长江大学(江汉石油学院)课题组. 教育部产学研合作教育"九五"试点项目《工学交替合作教育模式理论与实践研究》项目研究报告. http://www.yangtzeu.edu.cn/jxcg/default.asp?id=61.

作，加大为国家、区域和行业发展服务的力度。2006 年 12 月，科技部、财政部、教育部、国务院国资委、全国总工会、国家开发银行在科技部召开会议，成立了"推进产学研结合工作协调指导小组"，决定按照《国家中长期科学和技术发展规划纲要》配套政策的要求，加强统筹协调，共同开创产学研结合工作的新局面。会议确定了围绕《国家中长期科学和技术发展规划纲要》关于促进产学研结合的政策要求，结合配套政策实施细则的制定和实施，进一步完善促进产学研结合的有关机制和政策。

四、高校产学研的深化融合阶段

党的十八大以来，产学研合作受到党和国家的高度重视及社会各界的广泛关注。习近平总书记把创新摆在国家发展全局的核心位置，高度重视科技创新，围绕实施创新驱动发展战略，加快推进以科技创新为核心的全面创新，提出了产学研相结合的体制机制建设新思想，以加快科技成果向现实生产力转化，推动科技和经济紧密结合。2013 年 8 月，习近平在听取科技部汇报时的讲话中指出：人才工作很重要，科教兴国、人才强国、产学研结合等，都与教育工作紧密相关，科技教育要搞好分工合作，同时要不断完善创新人才培养、使用、管理的一系列政策，现在已有的人才计划要做好。2014 年 5 月，习近平在上海考察时围绕着创新主体、创新动力以及创新成果的应用等问题，指出：要探索建立高效协同的创新体系，加快科技体制改革步伐，培育产学研结合、上中下游衔接、大中小企业协同的良好创新格局。2014 年 8 月，习近平在中央财经领导小组第七次会议上的讲话中进一步强调：全面深化改革，要围绕使企业成为创新主体、加快推进产学研深度融合来谋划和推进。习近平于 2014 年 12 月在江苏考察期间，到江苏省产业技术研究院进行调研，在同科技人员交谈时讲道，实现我国经济持续健康发展，必须依靠创新驱动。要深入推进科技和经济紧密结合，推动产学研深度融合，实现科技同产业无缝对接，不断提高科技进步对经济增长的贡献度。2015 年 3 月，在参加十二届全国人大三次会议上海代表团审议时，针对科技成果转化不顺不畅问题，习近平总书记提出：要注重突破制约产学研用有机结合的体制机制障碍，突出市场在创新资源配置中的决定性作用，突出企业创新主体地位，推动人财物各种创新要素向企业集聚，使创新成果更快转化为现实生产力。2017 年 3 月，习近平在参加十二届全国人大五次会议上海代表团审议时的讲话中，又进一步强调：要突破制约产学研相结合的体制机制瓶颈，让机构、人才、装置、资金、项目都充分活跃起来，使科技成果更快推广应用、转移转化。党的十九大报告明确提出：深化科技体制改革，建立以企业为主体、市场为导向、产学研深度融合的技术创新体系。2017 年 12 月，中共中央政治局就实施国家大数据战略进行第二次集体学习，习近平总书记在主持学习时强调：要坚持数据开放、市场主导，以数据为纽带促进产学研深度融合，形成数据驱动型创新体系和发展模式，培育造就一批大数据领军企业，打造多层次、多类型的大数据人才队伍。2018 年 7 月，习近平总书记主持召开中央财经委员会第二次会议，又进一步强调：要推进产学研用一体化，支持龙头企业整合科研院所、高等院校力量，建立创新联合体，鼓励科研院所和科研人员进入企业，完善创新投入机制和科技金融政策。2018 年 9 月，习近平总书记在全国教育大会对高校提出了明确的任务：要提升教育服务经济社会发展能力，推进产学研协同创新，积极投身实施创新驱动发展战略，着重培养创新型、复合型、应用型人才。

从高校产学研合作的发展过程来看，高校产学研合作具有丰富而深刻的内涵。产学研合作是培养大学生创业素质、创新精神、创造能力的途径，是高校提高人才培养质量、满足社会对适用性人才需求的必然选择。产学研合作也是推动高校创新的突破口，是高校以社会需求为导向开展科学研究的有效途径。高校通过产学研合作，更好地实现其社会服务的价值及作用，提升其社会地位及影响力。

第二节　我国高校产学研合作的推动

一、省部协同产学研合作

2005 年，我国将自主创新确立为国家发展战略的核心。广东省从国家和自身发展出发，认识到产学研合作是提高广东省自主创新能力、加快经济发展方式转变的重要引擎。2005 年 9 月，广东省与教育部签署了《广东省 教育部关于提高自主创新能力，加快广东经济社会发展的合作协议》，开创全国之先河，启动了省部联合推进产学研结合试点工作，引导和支持全国高校及科研机构，尤其是国家重点建设高校，与广东的产业界开展自主创新全面合作。党中央、国务院于 2006 年 1 月召开的全国科学技术大会，作出了加强自主创新、建设创新型国家的战略决策，明确指出要把建设以企业为主体、市场为导向、产学研相结合的技术创新体系作为突破口。为了落实全国科学技术大会的精神，2006 年 8 月，广东省人民政府和教育部联合印发了《广东省人民政府 教育部关于加强产学研合作提高自主创新能力的意见》(粤府[2006] 88 号)，通过广东省人民政府和教育部的紧密合作和优势互补，积极探索以市场为导向、企业为主体、高等学校为技术依托、产业化为目标，产学研相结合的新机制和新路子。随后又于当年的 11 月制定了《广东省促进自主创新若干政策》，专门提出了促进省部产学研合作的政策措施。

为了进一步深化省部产学研合作，广东省人民政府和教育部、科技部于 2017 年 6 月在广州联合召开广东省人民政府、教育部、科技部产学研合作会议。这次会议进一步动员推动部属高校全面加强与广东各地市、企业的产学研合作，利用部属高校科技、人才资源，推动广东产业结构优化升级和促进广东社会和谐发展；进一步通过省部产学研结合，引导部属高校更新办学理念，提高科技创新能力和科技成果转化率；引导广东各地和企业牢固树立依靠产学研结合和自主创新提高核心竞争力、实现可持续发展的理念；创新省部产学研结合模式和机制，交流产学研合作经验，为进一步加快推进以企业为主体、产学研相结合的国家和区域技术创新体系建设提供示范。

自 2006 年起，广东省产学研合作的规模逐步扩大，合作的层次逐步提升，合作的水平不断提高，搭建了一批高水平的创新平台提高了高校和科研机构服务地方经济社会发展的能力。产学研合作提高了高校、科研机构开展产学研合作的积极性，高校、科研机构转变观念，调整学科布局，改革体制机制，提高服务经济社会发展能力。一些高校根据广东经济社会发展的需要，主动调整学科结构，使学科专业设置与产业结构调整相契合、人才培养结构与人力资源需求相匹配。一些高校把服务企业与经济发展作为评价的重要标准纳入，如明确在学校教师职称评定和职务晋升考核指标中规定，青年教师在企业工作一年时间等同于到国外工作一年，并作为职称职务晋升的必要条件。

教育部、广东省人民政府合力推进广东教育综合改革，2016 年 11 月，教育部、广东省人民政府在广州召开 2016 年度推进教育体制综合改革联席会议，研究部省共同推进广东省教育综合改革，加快教育现代化建设。会后，教育部、广东省人民政府主要领导代表双方签署了《教育部广东省人民政府"十三五"产学研合作协议》，根据协议，教育部将支持广东高等院校在人才培养、科技创新、成果转化、产学研合作等方面先行先试。

二、产业教授制度

江苏省政府为了推进产学研合作，探索高校与企业联合培养人才的新机制，于 2010年试行了产业教授制度。在企业中选聘一批具有良好的思想政治素质，具有硕士及以上学位或高级职称，年龄不超过 55 周岁的科技型企业家，到具有硕士及以上学位授予权的普通本科高校担任产业教授(见表 1.1)。此项工作由江苏省委组织部、省教育厅、省科技厅联合组织实施。

表 1.1　首批江苏产业教授聘任名额分配表

学校名称	聘任名额	学校名称	聘任名额	学校名称	聘任名额
南京大学	8	南京工业大学	5	徐州医学院	2
东南大学	8	南京师范大学	5	江苏大学	5
南京航空航天大学	4	南京财经大学	1	江苏科技大学	4
南京理工大学	4	南京医科大学	2	扬州大学	5
河海大学	3	南京中医药大学	2	南通大学	5
南京农业大学	3	南京体育学院	1	苏州大学	5
中国药科大学	3	南京艺术学院	1	苏州科技学院	3
南京邮电大学	4	江南大学	3	常州大学	4
南京林业大学	2	中国矿业大学	3	合计	100
南京信息工程大学	3	徐州师范大学	2		

资料来源：徐州党建网(http://www.xzdj.cn/Item/10698.aspx)。

担任产业教授的科技企业家，还应具备下列条件之一：

(1) 国家"千人计划"或江苏省"双创计划"资助人选；

(2) 企业建有省级以上研发平台，有自主知识产权的产品并具一定的销售规模和效益，主持或参与过省级以上科研项目的企业主要负责人。

该项工作分别明确了产业教授的职责和聘任高校的职责，也明确了政府相关部门的支持措施和考核管理规定。产业教授主要承担着：推动所在企业与高校共同开展科研项目研究及成果转化工作，推动所在企业成为高校教学和实习基地及吸纳高校毕业生就业，参与高校学科团队建设，参与指导研究生等教学任务。聘任高校的主要职责是：与产业教授所在企业共同开展科研项目研究、促进科技成果转化，引导和鼓励本校科研人员到企业创新创业，推行产学研联合培养研究生的"双导师制"，为产业教授所在企业员工提供继续教育等支持。

2017 年，江苏省在总结已经进行的四批产业教授选聘工作经验的基础上，开展了第五批产业教授的选聘工作，并且针对技术技能人才培养存在的课程与实际应用之间的"接轨断层"的情况，首次进行高职院校类的产业教授的选聘。从省内企业选聘一批贯彻落实党和国家教育方针，具有良好的思想政治素质和职业道德的科技型企业家、技术能手(含文化、金融、服务业等领域)，担任高职院校产业教授。其职责主要有：与高职院校共建产学研合作平台，实施现代学徒制等产教融合人才培养项目，推动所在企业与高职院校联合开展项目研究并促进成果转化，参与高职院校人才培养方案的制订。产业教授将成为产业界和教育界的沟通桥梁，深度融入到高职院校的专业建设和人才培养全过程，参与学校的教育教学改革、专业建设，促进企业需求融入到技术技能人才培养的各个环节。

产业教授制度通过引企入教、引企入研，实现了"产业"+"教授"的结合，为高校和企业搭建起了产学研的合作平台，不仅疏通了企业人才和创新资源进入高校的通道，也打通了高校人才和创新资源进入企业的路径，有效地促进了高校与企业的资源要素的"分享"、"互通"、"共用"。产业教授制度结合了校企双方的资源优势，促进了高校人才培养、科技创新、社会服务能力的提升，加快了高校创新力向产业竞争力的转换，提高了企业的产业竞争力。产业教授制度自 2010 年实施以来，至今江苏省已有 1300 多名企业高管及技术精英等到高校兼职产业教授，涉及化工、信息、文化、金融、医药、农林等众多领域，惠及 89 所高校，6000 多名研究生专业能力得到提升，创新资源辐射 1081 个企业。江苏省教育厅厅长葛道凯认为，江苏探索实施的产业教授选聘工作，实现了高校与企业创新资源的深度对接，是破解宏观层面人才培养供需"两张皮"、微观层面高层次人才培养从知识到应用"最后一公里"的有效举措。①

---

① 蒋廷玉. 产业教授，融合教育链和产业链(7 版). 新华日报. 2018-3-1.

第二章　高校产学研合作概述

　　高校产学研合作，搭建了高校的协同育人平台，实现了高校与实业部门、科研院所、行业企业合作办学、合作育人、合作就业、合作发展目标；搭建了高校科研成果转化的平台，合力突破技术转移的共性和关键问题，有效促进人才、科技、资本等创新要素有机流动。高校产学研合作，既是高校培养各类高质量人才的必由之路，也是促进高校科研成果更好地服务于社会发展的必要途径。

第一节　产学研合作的内涵

　　当前，高校产学研合作越来越受到重视，高校、企业、研究院所等都在积极探索产学研合作的有效途径。

一、产学研合作的概念

　　在学术界，关于产学研合作的研究持续升温。纵观现有文献，目前，关于产学研合作的概念、定义和本质的探讨还处于各抒己见的状态，国内外的学术界还没有统一的定义，都是从某一角度出发提出相关见解的。

　　（一）国外学者对产学研概念的界定

　　对于产学研合作，国外的学术界没有一个通用的、标准的定义。Cohen 等(2002)将产学研定义为公共研究与产业研发的合作，其中公共研究包括大学研究和由政府管辖的研究机构的研究。Michael D.S 等(2001)将产学研合作定义为产业—大学合作。日本学者 Kazuyuki Motohashi(2005)将产学研合作称为是学—产合作，其中"学"不仅仅指大学，还包括由日本政府资助的研究机构。Eva M.Mora-Valentin 等(2004)将这种合作一般化为企业和研究组织之间的合作。Alexander Kaufmann 等(2001)将产学研合作中的"学研"，具体化为科学，其研究对象为科学—产业的合作。Ina Drejer 等(2005)将产学研合作描述为公—私合作。Huansik Kim、Seungil Na(2001)认为产学研结合是产业界与学界之间的教育活动、研究活动，从广义的角度认为产学研结合是学界与产业界之间的教育和研究的协力活动。一般来说，国际上对产学研合作概念的界定更多的是对于"产"与"学研"的合作研究，即企业与大学及科研机构之间的合作研究，但并没有对大学和其他科研机构做详细划分。

(二) 我国学者对产学研概念的界定

产学研合作从字面上可以做如下解释："产"是指产业界及各类产业中依托技术创新的现代企业和现代企业家；"学"泛指学术界，专指高等院校中有可能占领市场，形成产业的知识、技术、人才和成果；"研"即科研界，主要指应用性科研院所、科技成果和科技人员；"合作"含有相互联合、协作和结合之意，也含有系统整合，使产学研融合为一体之意。

具体地，我国学者对产学研的概念从不同的角度有着不同的界定。

谢静(2002)认为产学研合作是企业通过与高等学校、科研院所合作，以加强企业的技术改造、技术开发，加快先进技术在企业实际生产中的推广、应用，最终促使高科技成果商品化、产业化的重要途径之一。

徐晔彪、徐凤菊(2004)认为产学研合作指的是社会经济机构中的企业、大学和科研院所，以共同的发展目标为基础，按照一定的机制或规则进行结合，形成某种合作研发关系，不断进行知识传递、知识消化、知识转移、知识生产等的非线性活动的复杂过程。其目的是建立熊彼特所言及的新的生产函数，创造某种未知的需求和价值，最终形成某个企业或产业中企业核心竞争力的过程。

李志强、李凌己(2005)认为产学研合作是知识经济发展的必然结果，是我国自主创新体系的重要组成部分。在这种合作下，产学研合作各方按照"利益共享、风险共担、优势互补、共同发展"的原则，通过技术创新实现从技术研发到产品创造，再到市场经营、销售的良性循环。产学研合作是促进企业技术创新、加速科技成果转化、增强企业发展后劲的有效手段，也是提高经济竞争力、推动科技经济融合发展的战略措施。

周静珍(2005)等认为产学研合作是指在经济、科技、教育飞速发展的背景下，企业、大学、科研院所、政府，以及中介机构和其他相关主体，通过内外部环境要素的作用，共同从事科学研究、市场开发、咨询服务等活动，以实现技术创新、人才培养、社会服务、产业发展、经济进步等功能的一种创新行为。

辛爱芳(2005)从创新的角度对产学研合作进行了定义。她认为产学研合作是基于技术创新而发生的合作行为，指企业、大学和科研机构三者为了促进社会经济发展，整合彼此之间的各种资源要素，从而对科学技术、高新技术产品服务的联合开发。

综合上述学者们对产学研合作概念的论述，我们认为，产学研合作实质上是指以企业界、大学、科研机构为主要参与主体，政府、中介服务机构、社会上其他组织为辅助参与主体，按照市场经济的运行规律，以科技成果转化、技术创新、知识创新与人才培养为主要目的开展的联合创新活动。这种合作活动是市场经济环境中科技创新的重要形式，是提高产学研合作各方自主创新能力，同时实现经济与科技紧密结合的有效手段之一。

(三) 产学研合作的本质

一般来说，对产学研合作概念的本质理解可以概括为几个方面：首先，产学研合作是学术研究和市场化活动的有机结合，两者相互补充、相互支持，如果将二者有效的结合，就会实现科研成果的经济价值和社会价值；其次，要将产学研合作作为一种创新体系来研究，其中的企业、高等院校及科研机构是主体，政府和其他中介机构是纽带，社会环境、经济环境及与国际国内的交流情况等构成了外部环境，它们的好坏会影响该系统的创新效果，所有要素共同作用、相互影响，构成一个创新系统；最后，产学研合作以市场为导向，这种合作的目标是获得市场价值，在市场经济环境下，科学研究、技术开发、生产试制必须和市场统一起来才能实现持续发展。

（四）产学研合作的定义

从以上对产学研合作的概念和本质的描述演变中，我们可以看出，在我国，产学研合作是一个动态发展过程，随着产学研合作的实践，对它的认识和理解也在不断变化、丰富和发展。产学研合作已经不再是字面意义上理解的"产"、"学"、"研"三方的合作，合作参与主体还包括政府、科技中介、社会等。企业、科研院所、高等学校可以视为内部主体，政府、科技中介等可以视为外部主体。产学研合作的初衷是为了解决科技与社会经济的分离，调动产、学、研各方的积极性，使之通力合作，目的是实现科技与经济的相互促进式发展，进而提升自主创新能力。

根据以上理解，我们认为产学研合作是指企业、高等院校和科研院所等主体按照市场经济的运行规律，以共同利益为基础，以新思想、新技术、新工艺或新产品等为应用手段，有明确的合作目标、合作期限和合作规则，通过资源共享和优势互补，共同参与科学技术创新的全过程或某些环节的行为活动。产学研合作综合各方力量实现了生产力要素的重组配置、人才培养、社会服务、产业发展、经济进步等多种功能，从而成为研究者、生产者、经营者、调控者的实施运行枢纽。它的出现彻底改变了传统的内化。

二、产学研合作的特征

（一）优势互补性

产学研合作各方，各有优势又各有不足。一方面，高校和科研院所有大批高水平的科研人才，学术水平高、科研成果多、学术信息灵便、实验设备先进，但另一方面，高校和科研院所缺乏生产资金，缺乏工业生产所需的经验、技术和物质条件，缺乏市场营销途径，使得很多科研项目在结项之后便被束之高阁，造成了很多科研成果的浪费。企业拥有生产必需的场地、资金、设备，拥有丰富的生产管理和市场营销经验，但是很多企业没有自己的科研团队，技术信息闭塞，对新技术的发展动向不敏感，使得企业的创新水平不高，创新能力跟不上市场变化的速度。产学研合作各方经过联合形成的合作体，综合了各方分别拥有的技术、设备、人才、市场、信息等优势，可以实现优势互补，从而形成更大的优势，具有更强的生存和发展能力。

（二）加速创新性

高校和科研院所拥有专门高水平科研团队，每年都会完成大量的科研任务。通常情况下科研成果转化的途径是：科研项目完成后，等待企业挑选，然后双方进行市场调研和可行性论证，适应市场需要做项目研究修改，最后进行生产，制造出新产品。产学研合作可以缩短创新的过程：一是产学研合作使得企业能够及时把市场信息和企业需求传达给高校和科研院所，市场需求成为高校和科研院所科研立项的重要参考依据，在研究期间企业也可以做相应的生产准备，科研项目完成之后能够迅速投入生产，加快成果转化的步伐；二是产学研合作可以加速产品创新过程中各个环节的对接和融合，有利于技术和产业的结合，有利于提升高校和科研院所科研创新能力和企业技术创新能力，推动建立以企业为主体的技术创新体系。

（三）知识交互增值性

产学研合作有利于加速实现知识的转移增值。产学研合作通常采用技术转让与开发、联合攻关、共建平台等模式。在这个过程中，知识通过多个维度实现转移增值：一是高校、科研院所将具有市场前景的科技成果以显性知识的方式转移到企业中，企业在实现产品生产的过程中实现产品创新与知识增值同步进行；二是企业为满足市场需求，解决技术创新难题，会主动将自身掌握的关于技术创新的显性知识转移到高校、科研院所以实现知识共享，并为高校、科研院所提供应用反馈；三是在产学研合作中，科研人员和企业的技术人员之间要进行经常性的互动，高校和科研院所的科研方法和科研前沿信息会通过隐性知识的方式转移到企业中，企业的市场需求和生产技术也会通过隐性知识的方式转移到高校和科研院所。高校、科研院所和企业通过产学研的交互作用，使得各参与主体的知识资源不断得到扩展。

三、产学研合作的构成要素

（一）企业、高校、科研院所

产学研合作的企业一般是指科技型企业。企业是创新活动中最活跃的要素，因为它是在众多参与机构中最以满足顾客和市场需求为根本目的的组织，企业的创新活动往往直接影响地区的创新能力及绩效；高等院校(包括大学、独立设置的学院和高等专科学校等)的功能主要是实施教育、培养符合社会需要的合格人才；科研院所作为国家科学技术的源头和基地，要满足国家社会发展过程中经济建设和科学技术进步的需求，它既是科学原理、自然规律的探索者，也是将科技转化为生产力的中坚力量。企业、高校和科研院所是合作中的主体，扮演了无法替代的角色。

（二）政府

阿瑟·刘易斯在《经济增长理论》一书中曾论述了政府有九种职能同经济增长有关：第一，维持公共事业，维护法律和秩序；第二，影响诸如对工作、节约和新技术的舆论导向态度；第三，确定经济制度；第四，影响资源使用；第五，影响收入分配，政府必须在经济平等与经济发展之间做出选择；第六，控制货币数量；第七，控制波动，增加稳定；第八，保证充分就业；第九，强行提高投资水平以加快发展速度。

在产学研合作中，政府的作用至关重要，主要体现在以下方面。

宏观方面：在基础研究领域、高技术领域、公共事业领域、军事与国防领域等关键技术领域，政府对合作给予了一系列政策优惠，如增加补贴、强化资助、鼓励投资、税收优惠等。此外，政府还规范科技成果市场和科技成果评判标准，建设相关配套设施，如建构产学研合作组织管理机构、技术信息网络等，为合作创造良好的环境和条件。

微观方面：政府直接介入管理、组织与协调环节，通过建议和评价，利用监控、约束与强制手段保障合作关系的长期稳定性，减少可能的摩擦，以提高产学研合作的效率和成功率。有些地方政府还牵头设立了适当的机构，推动和保证对地区发展有重要影响的产学研项目落实。同时，这些机构还联合政府部门，高等院校和政策研究机构，开展产学研合作相关的理论研究与政策分析，制定切实有效的政策措施和管理办法。

（三）金融机构、中介机构

金融机构是项目资金的重要来源，合作需要通过金融机构(如银行等)进行贷款、融资。现在，风险投资已经成为技术创新，尤其是高新技术创新领域的必由之路。

中介机构种类较多，一般由某些科研机构转制而成，或由科技人员创办，其具体任务是发展信息咨询，为产学研合作各要素提供顺畅的、便利的联系渠道，为企业提供经营管理、技术项目、市场营销、信息、人才培训、财务、金融、法律等方面的服务，为高等院校、科研院所收集企业技术难题、提供人才供求信息等。

（四）供应商、销售商、客户

供应商提供设备和原材料；销售商既包括合作主体自设的直接对外销售部门，也包括独立的专业厂商；客户指广大消费者或其他团体。这些群体都对合作过程施加着间接影响。与供应商、销售商和客户保持密切联系，能获得准确的市场信息，降低市场风险，同时其合理化建议也是创新构思的重要来源。从这个意义上来说，它们也应该是产学研合作中的组成要素。

四、产学研合作的外部环境

在具体运行时，产学研合作的各参与者不仅需要协调组织内部以及合作伙伴之间的关系，有时还要处理受到的各种环境状况的影响，才能实现资源流动、技术扩散，最终实现创新目标。与产学研合作活动有关的外部环境主要介绍如下。

（一）政策环境

政策法律作为一种强制性的社会规范，是经济、科学技术发展的保障，产学研合作的开展及其创新活动的水平在很大程度上归结于政府的有关科技立法的激励与完善。政策环境包括产业政策、技术导向政策、资金支持政策及其他奖励政策，还包括《合同法》、《专利法》、《著作权法》、《促进科技成果转化法》、《科技进步法》等监督保障性法律体系。活动的行为主体也应该从制度方面得到最低限度的回报，如税收优惠。

（二）市场环境

市场环境与合作行为的关系呈倒"U"型二次曲线关系，即在市场集中度比较低(完全竞争)和比较高(完全垄断)的条件下，合作行为都不易发生，而只有中等集中度(垄断竞争)的市场环境才是合作行为发生的最佳环境。这很容易理解，在垄断竞争的氛围中，企业不会过于以自我为中心，也不会过于被动接受市场条件，而是以"对策者"的角色更积极地寻求合作。

（三）技术环境

技术环境是指科技发展轨迹、现实科学知识存量和技术水平。良好的技术发展水平可以推动技术创新和合作行为的发生，较低的发展水平则可能产生制约作用。当前技术环境的普遍特点是从相对稳定变得动荡多变、难以预测，不确定性增加，产品和技术生命周期缩短，研究开发的成本和风险增大，技术边界模糊，这些趋势也是导致产学研合作兴起的直接原因。

（四）社会文化环境

社会文化环境包括文化背景、价值观念、公众对合作的态度等，它是一种潜移默化的精神力量，处于外部环境中的最深层次，常常通过其他环境因素间接地起作用。不同组织在文化、意识形态及价值取向上的差异不仅影响产学研合作中的技术转移和学习效率，而且容易导致文化摩擦，表现为组织之间或员工行为之间的冲突，当冲突无法协调时，一些机构可能会退出合作，从而导致合作的破裂。文化差异在企业、校研间的合作中显得尤为突出。

五、产学研合作的原则

（一）平等互利原则

平等原则是指在产学研合作过程中，合作各方主体的权利、义务以及资格、地位都是平等的，产学研合作各方不能利用技术上或者经济上以及行政上的优势，向另一方发号施令，不得不合理地限制另一方的权利，不能把自己的意愿强加给另一方，签订不合理的协议。平等原则还意味着在产学研合作过程中，合作各方在享有权利的同时又必须承担义务，任何一方如果不履行义务那么就要承担违约责任。互利原则，是指产学研合作中，合作各方的最终目的就是为了获得各自的利益，在履行完合同中规定的相应义务后就会获得相应的利益。但是如果合作过程中发现有欺诈、乘人之危、胁迫、显失公平的合作协议，则利益受损方有权利向政府主管部门申请确认无效或撤销协议。另外，在产学研合作中既要顾全合作各方的利益，也要顾全社会公共的利益。

（二）诚实守信原则

诚实守信原则，是指在产学研合作过程中，合作各方认真履行合作协议并且恪守信用，不能出现依靠欺骗手段的违约行为，如用隐瞒真相或歪曲事实的手段欺骗对方，或者用合法行为掩盖违法目的等。诚实守信原则是产学研合作各方的道德规范，同时也是产学研各方真实意愿的表示。

（三）风险共担原则

产学研合作中存在一定的风险性，它的风险甚至比其他经济合作的风险还要大，因此产学研各方还要在共享利益的同时共同承担风险。产学研合作的风险来自多方面：因资金回报不确定而带来的经济风险；因技术成果成熟度不确定性而带来的技术风险；因产品市场预测不准确而带来的营销风险等。

（四）合理定价原则

在产学研合作中常见的定价方法有协商定价、参照定价、评估定价，为了保证产学研合作能够顺利进行，不管采用哪种定价方法，都必须体现合理定价的原则。在产学研合作中为了实现合作各方既定的经济目标，必须对科技成果进行估价，因为科技成果是产学研合作的纽带，但科技成果是无形资产，对它进行估价又很不容易，可是为了合作各方经济目标的实现必须对科技成果采用合理定价的原则。

（五）整体功能优化原则

在产学研合作过程中，必须充分发挥合作各方的整体功能，充分发挥合作各方的优势，形成新的凝聚力，因此产学研合作各方必须遵循整体功能优化的原则。整体功能优化原则主要指：通过合作可以使学术界各专业、各学科融合生长、相互渗透，从而出现一些新兴学科、交叉学科，推动产业界技术水平的提高；科技成果应用的范围也越来越广，逐渐向多行业、多品种的综合应用方向发展。

第二节　产学研合作的意义

一、产学研合作是高校自我发展的必由之路

（一）产学研合作能融科研、生产、教育为一体

高校产学研合作能够通过对科学研究、生产实践、教育教学三者的资源要素合理安

排，使之有效配合，既达到教育为生产、科研服务的目的，同时生产、科研又可为培养专业人才提供相应的教育环境，促使理论与实践相结合，这将大大有利于培养高质量的专业技术人才。因为，教师只有了解地区、行业的改革发展实际，熟悉地区、行业对人才的需求，具有工程实践和社会改革实践的背景，才有可能培养出高质量的人才；学生只有了解地区、行业的改革发展实际，经过地区、行业的工程实践和社会改革实践锻炼，才有可能成为这样的高质量人才；学校在把握地区、行业改革和发展的基础上，才能根据地区、行业发展的需要，改革办学体制、办学机制、培养模式、专业设置、学科建设、课程体系和教学内容等，保证应用型人才的培养。

(二）高校产学研合作有利于促进高校自身的改革和发展

高校参与合作办学，能加强学校与企业界、科技界的联系，广泛听取他们对专业教学计划、课程设置、招生专业的意见；能使学校、企业的设备得到更有效的利用，以加强实习基地的建设；能使高校开发性科研工作更有针对性，有利于实现学校科技成果的转让和有偿服务。合作教育也是提高学校综合实力的重要途径，通过合作教育提高了教师的工程技术水平；为学科建设、教学改革注入了活力；改变了办学模式和教学模式单一的局面；增强了服务于经济建设主战场的能力，同时也为办学吸纳了资金。产学研合作教育是高校与产业界优势互补、互惠互利、相互依存，在市场竞争中共谋发展的长期方针；是培养德、智、体、美、劳全面发展的社会主义建设人才的重要措施；是利用高教界、产业界的力量和优势共同办学的优选模式和有效途径。合作办学还有力地促进了专业教学改革的深化；有力地促进了实践性教学环节建设；有力地促进了"双师型"教师队伍建设；有力地促进了科技工作的健康发展。走产学研合作办学的道路，面向国民经济主战场，有针对性地开展科技攻关是值得我们探索的有效途径之一。

(三）高校产学研合作有利于提高办学效益、实现资源共享

从宏观上讲，高等教育发展的规模与速度主要取决于经济和社会发展的程度。随着社会主义市场经济体制的逐步建立和完善，高等教育的投入与学校的发展、规模、质量的矛盾日益突出，单一依靠国家投入的办学体制已经不适应高等教育发展的需要。因此，在争取国家教育经费投入的同时，必须发挥各方面的积极性，多方筹集办学资金，提高办学效益。同时，产学研合作教育能弥补学校教学仪器设备投入的不足，可避免重复投资，把有限的资金投入到基础性学科实践教学条件的改善上去，既提高了有限资金的利用率，也增强了办学实力，使学校的办学效益明显提高。由于产学研合作教育有些教学活动在企业进行，因此要求教师必须熟悉企业的仪器设备、技术开发与生产经营情况。这样，既为教师进一步理论联系实际、解决企业生产实际问题及提高自身教学科研水平提供了机会，也为青年教师接触社会、了解社会、了解生产实践、增强工程意识提供了机会。另外，企业的工程技术人员参与实践教学指导，有助于他们了解教学的有关要求，提高自身的业务水平；有助于企业更加有效地参与学校的教学改革；有助于选用人才和提高技术人员的专业

水平。总之，通过产学研合作办学，高等学校能够比较深入、真实地了解社会的需求，增强与之相适应的主动性；能够创造一个比较好的教育环境，有利于培养适应企业和社会发展的人才；能够使学校的专业设置、培养计划、教学内容和实践环节更贴近社会发展的需要，促进学校的教育教学改革；能够推动教师队伍的建设，促进教师实践能力和整体素质的提高；产学研合作教育还会带动科研等方面的合作，增强学校办学活力。

二、产学研合作是培养创新型、复合型、实用型人才的重要渠道

创新型、复合型、实用型人才是经济建设中最核心、最重要的因素。产学研合作能够推动高校人才培养观念与模式的变革和创新。目前，很多高校对企业所需的人才规格了解不够，专业或课程设置的随意性较大，不能有效地按市场或企业的要求培养人才，导致高校毕业生就业难、薪金低，而同时很多企业反映大学生毕业后的适应期太长，甚至是难以找到所需的专业人才。高校只有加强产学研合作，才能将人才培养的"课堂"从教室延伸到企业第一线去，才能够及时掌握市场和企业的人才需求、了解产业发展的趋势，才能及时调整专业或课程设置和授课内容，培养真正适应市场需要的复合型和实用型人才。

产学研合作能够推动高校和科研院所进一步调整和完善科研工作思路，促进创新型人才的培养。科技成果转化率低是我国科研院所尤其是高校科技工作者长期面临的一个老大难问题，这一问题既造成了大量科研工作的低效率、无效益，也抑制了科研人员的科研积极性和创新能力。解决这个问题的根本出路仍然是实现产学研的合作，坚持面向产业需求、面向市场搞科研。只有使更多的科研成果转化为产品，使科研人员实现自我价值和社会价值的统一，才能激发他们的创新热情，提升他们的创新能力。同时，通过产学研合作，高校的科研成果、科研技术和科研方法也会以显性和隐性的方式传递给企业，促进企业科技人员科研能力的提升。

三、产学研合作是促进技术创新和经济转型升级的重要途径

在知识经济时代，经济、科技和教育日趋密切。教育与经济社会发展的紧密结合，是21世纪教育改革发展的方向。科技和教育越来越成为推动经济发展的重要因素，产学研合作是促进科技与经济相结合、实现经济发展新增长点的好形式，在发挥各自优势的基础上，实现完美的结合，使三种资源优势都能更充分地发挥贡献，使企业成为高校科研的大本营，高校成为企业技术需求的孵化器。这样既可以使高校的科研工作有的放矢，与市场紧密结合，又可以有效地弥补企业科研能力的不足；既能加速高校科技成果的转化，又能有效增强企业的市场竞争力，形成科技与经济相互促进、共同发展的良性循环。

现代科技创新的复杂性和不确定性日益增加，创新周期日益缩短，单个机构单独完成技术创新和商业化过程的难度更大、成本更高，创新更强调协作创新、协作发展。企业、高校和科研院所在市场、人才、技术等方面各有优势。企业的优势在于：它是最终产品的

生产者和服务的提供者，存在于市场之中，能够及时了解市场变化和客户需求并做出相应反应。另外，企业在技术产业化方面也有明显的优势。高校的优势在于：它是知识创新和传承的重要基地，聚集着各行各业高水平的科技专家，了解科技前沿动态，学术思想活跃，擅长进行自由探索式的、多学科交叉的基础研究和应用研究。科研机构的优势在于：它在专业化研究方面有较深的积累，是行业和地方科研的生力军，拥有一支由多个专业组成的科研和工程队伍，也积累了大量的科研仪器设备。

产学研合作的结果是：企业所需要的技术可以由大学或科研院所进行开发，大学和科研院所的科研成果由企业做技术转化，另外还有专业化金融服务机构和技术服务中介进行相关的撮合与支撑，提高创新效率，降低创新风险。通过产学研合作，大学和科研院所可以为中小企业提供科研成果和培养技术人才，为大型企业的技术集成提供充足的技术来源；大型企业则可以利用其大规模的组织平台、资金实力和市场优势，将大量、分散的科技成果经集成、整合和再创新，开发出具有核心技术支撑的市场主流产品。这一过程循环往复，就会加速出现技术创新、核心竞争力增强、有市场的新产品层出不穷的生动局面，加速地方经济区协作创新和经济转型升级。例如，美国"硅谷"中小企业的技术来源大多与斯坦福大学有关；世界著名的西门子、飞利浦等公司，都通过不断集成科技型中小企业的技术成果，占据了行业领先地位。

四、产学研合作可以优化资源配置，加速科技成果转化

目前有些地区产学研合作仍主要以短期合作、松散合作、项目合作为主，没有建立长期稳定的产学研合作方式。这也造成了科技成果转移转化方面的困境：一方面，大量的科技成果束之高阁，难以转化为现实生产力；另一方面，大量企业缺乏先进适用技术的支撑，对科技的需求得不到满足。当前，企业自身去搞创新做研发并不容易，许多企业研发面临资金问题和人才缺失问题。因此，企业要与高校和科研院所合作，充分利用高校和科研院所的人才优势、设备优势、信息优势和理论优势，建立资源共享、风险或成本共担、长期稳定的合作组织方式，从而形成"市场—研发—效益—再研发"的良性循环，提升企业持续创新能力。在产业升级上做文章，力求在原创上突破，在差别化产品上实现大发展；在结构优化上做文章，做精做细下游产品，为上游找出路；在挖潜上做文章，将前些年庞大的引进装置和技术，消化好、吸收好、利用好。

充分发挥产学研合作各方的优势，优化资源配置。企业和大学、科研院所要共建联合实验室、研发中心、研究院推进技术产业化，进一步探索重大项目的孵化与培育机制，并引导开放实验室为重点企业进行深度的个性化服务，促进科技与经济紧密结合。要经常组织大学和科研院所人员到企业考察、学习、交流，高校和科研院所要派出研究生、博士生、研发人员去企业挂职，真正接地气，摸清市场需求，鼓励与市场需要相联系的应用性研究和技术研究，提高科研人员开展自主创新和科研成果转化的积极性。企业要到大学和

科研机构考察、学习、交流，更多地深入了解高校和科研机构，多做深入交流，对研发、中试、商品转化等全过程进行专门的资金资助与监控，只有深入的交流，才会擦出合作的火花，才能让科技成果转化这颗种子发芽，直至落地生根，逐步培育企业的成熟度和产学研合作机制的平衡性。

加强产学研合作，重视科技成果产业化转化，除了企业和科研院所、高校自身的努力，相关的机制和政策也必不可少，特别是对于投资规模大、投资回收期长的项目，仅靠市场机制来推动是不够的，需要政府加大扶持力度，鼓励企业、大学和科研院所进行合作研究，将大学和科研院所的研究与企业的需求紧密结合起来，从而降低风险，实现科技成果的创新与转化。

政府应从三方面加大扶持力度：第一，重视产学研合作科研资金的投入。要结合开发优势资源，加大对产学研合作的科研资金投入，在科研资金配置和国家科技奖励方面，给予企业更多地支持和鼓励。第二，加大先进技术，产品创新成果产业化阶段的投入。我国的科研成果数量虽多，但成果转化率非常低。换句话说，我们的科技投入虽然逐年增加，但却没有带来相应的效益增长，原因在于我们投出去的钱，没能用在刀刃上，或者说没有尽可能地用在刀刃上。资金在小试阶段投入多，而在中试、成果产业化阶段投入却太少，使得大量小试成果只能停留在实验室，无法转化为现实的生产力。与科研阶段的投入相比，有关部门应更重视成果产业化阶段的科技投入。第三，加快传统产业技术改造和结构优化升级产业化阶段的投入。煤炭、电力、化工、冶金等国有工业还普遍存在产业链条短、企业规模小、附加价值低，产业集中度低、集约化水平不高等突出问题，政府要更重视加快传统产业技术改造和结构优化升级产业化阶段的科技投入，通过资源的深加工，使产业链延长，提升产品附加值，要运用新技术、新工艺、新材料、新设备改造提升传统优势产业，推动传统产业向集约化、高端化、现代化、低碳化方向发展。

鼓励企业与高校科研院所联合建设研发中心，鼓励产学研在新兴技术和高新技术产业开展合作创新。参与合作的各方在技术创新的全过程或某些环节共同投入，优势互补，风险共担。科技成果转化是个复杂的系统工程，同时也是一项风险性事业。政府应当在科技成果转化和推广过程中起到良好的引导作用。政府有关部门应尽快制订相应的产业技术政策及产业结构引导政策，促使产业组织集团化、园区化，从而集中资金、人力和物力，发挥整体优势，提高技术开发规模，形成技术系统综合开发能力。全力构建以企业为主体、市场为导向、产学研相结合的技术创新体系，必定能促进科技成果产业化。以企业为创新主体，通过整合企业、高校、科研院所各自的优势资源，推动科技成果产业化，助推经济发展与社会进步。

总之，要不断地探索和实践产学研合作创新的模式，进一步优化产学研创新合作的模式，秉持以政府为引导、以市场需求为导向、以企业为创新主体、以成果产业化为目标、以引进与自主创新为引擎，充分调动政府、市场、企业、高校等各类资源的积极性，发挥产学研合作方各自的优势，创新产学研的合作模式，促进科技成果转化为产业竞争力，创造更大的经济利益和社会效益。

五、产学研合作是促进企业进行技术创新的必由之路

企业是技术创新和使用技术的主体，是聚集技术创新的载体，是推动技术创新的关键环节。过去，由于企业在产学研合作中的主体作用没有明确，因此造成国有企业缺乏技术创新的动力，民营企业由于科技资源有限、科技队伍力量薄弱，缺乏技术创新的能力。因此，建立以企业为主体、市场为导向，产学研相结合的创新体系，强化企业在创新过程中的主导地位，才能更好地发挥企业在技术创新方面的功能和资源优势，把技术创新作为企业改革和发展的重中之重，进一步发挥企业在技术创新中的主体作用，提高企业抗风险的综合能力。

发挥企业主体作用，要进一步明确企业承担技术创新的责任。赋予企业更多的话语权，在科研决策、项目评审及国家奖励等评审过程中，企业要参与产学研合作的全过程，对研发、中试、商品转化等全过程进行专门的资金资助与监控，用项目把资源、市场、资本、技术及人力资源等生产要素有机结合起来，逐步培育企业的成熟度和产学研合作机制的平衡性，逐渐建立促进产学研合作的相关制度和机制，制订相关鼓励措施，鼓励与市场需要相联系的应用性研究和技术研究的转向，把企业作为创新主体的地位真正落实下去。

发挥企业主体作用，要特别重视核心技术的研发。引导企业树立长远眼光，避免急功近利的冲动和一蹴而就的侥幸，引导企业踏实地、持续地进行科技研发，避免"白菜价高就都种白菜，白菜价低就都不种白菜"这种极端简单的发展思路，按照新型工业化的要求，在技术创新、资金投入、资源整合上下苦功夫，进一步延伸产业链、提高竞争力。

总之，推动产学研合作，加强产业链上下游的协作创新，形成分工明确、优势互补、成果共享、风险共担的互动式合作机制，对于更好地发挥企业在改革创新中的主体作用，发挥高校和科研院所的科研先导作用，推动创新型、复合型、实用型人才的培养以及经济结构的战略性调整，加快地区建设，都具有积极的作用。

第三节　产学研合作的模式

一、产学研合作模式的概念

产学研合作模式的概念可以从以下几个方面理解。

（一）产学研合作主体的定义

产学研合作主体有狭义和广义之分。狭义的产学研合作主体是指企业、高校和科研机

构；广义的产学研合作主体不仅包括企业、高校和科研机构，还包括政府和外部环境等其他主体，这一类主体，人们往往容易忽视。

（二）产学研合作模式的层次内涵

产学研合作模式是指产学研合作主体之间或者主体内部具体的对接方式，这种合作模式是一个层次组合的概念。这种层次组合可以从两方面理解：第一，产学研合作模式指科技型组织与市场型组织的相互合作，即产、学、研三方主体之间的相互合作，而其中具体的合作模式多种多样；第二，产学研合作模式指科技型组织与市场型组织的相互内涵，它包括内涵于高等院校及科研机构和内涵于经济型组织两种产学研合作模式，具体来看就是大学及科研机构内部合作、企业内部合作、产学研联合合作三个层次。

（三）合作模式的核心

任何一种合作模式都是合作主体博弈的产物。而其中衡量标准就是责、权、利三者关系的处理，也就是说，产学研对不同合作模式的选择是他们对合作的风险和收益权衡的结果。

通过以上分析，我们可以对产学研合作模式做这样一个界定，即产学研合作模式是指在一定的制度环境下，产学研合作主体为了实现各自的组织目标，对科学技术、资金、设备、人才、信息等社会资源的优化配置及对产出收益的合理分配，这种合作模式体现了收益的分配方式，体现了合作的组织机构制度，同时体现了风险分担比例。

二、国外产学研合作的模式

产学研合作由来已久，因此国外对于产学研合作模式分析的文章也比较多。Peter Fusfeld(1982)曾经指出在产学合作的形式分类上有正式与不正式之分，亦有合作时间上长短的差别。Atlan(1987)将产学互动分为六大类：一般性研发资助；合作研发；研发中心；产学研发联盟；大学中的业界协调单位；创业育成中心与科学园区。Bolton、Robert (1994—1995)列举了产学合作以来的几种类型：促成产业界的主要科学家回到大学校园；大学生在课余和暑假期间到企业的实验室工作；大学计划委员会的工业代表；使用大学暂不使用的实验场地和设施；咨询关系；大学学者到产业界参观或作报告；企业为大学的研究或教学提供各种仪器和设备。OECD Secretariat(1998)归纳的产学研伙伴关系主要类型有补助一般研究、非正式研究合作、合约研究、知识转移和训练计划、政府补助合作研究计划、合作联盟及合作研究中心等，并分别对其进行了描述和案例分析。

还有一些学者从其他角度，对产学研合作模式进行了分析研究。吉布斯(1994)提出现代知识的生产由多类主体推动，以网络化的形式为主，需要打破了基础研究、应用研究、实验发展的界限，科学技术应以整体面向应用。科学知识发展所导致的新型生产模式，其最大的特点在于大学和企业间边界的消失。伯纳克西(1994)提出企业技术能力与合作创新发生的概率呈倒 U 形二次曲线关系，技术能力过低和过高的企业都不易发生合作创新行为，前者是不能够发生，后者是不需要发生。古尔布兰德森(2005)通过对挪威的研究指出，得到产业资助的教授声称研究适用于更广的范围，他们通过与研究院和企业研究人员的合作，带来了更多的论文和企业成果。Jong-Hak Eun(2006)分别从微观和宏观层面建立模型，指出了大学是否建立校办企业取决于大学的内部资源、对于企业的吸收能力、中间机构，以及大学建立校办企业的倾向等因素。

（一）美国的产学研模式

美国是产学研合作的发祥地，也是最早进行产学研研究的国家。20 世纪 50 年代，为了充分利用大学的智慧优势，美国工商界和政府在一些研究型大学周边设立了高新技术与开发的实验室，逐步形成了以大学为核心的高新技术密集区，被称为科技工业园区，这便是产学研合作的最初形式。这种形式也造就了"硅谷"这样一批举世闻名的科技园区。经过半个多世纪的发展，美国产学研合作大致可分为以下五种模式。

1. 科技工业园区

科技工业园区一般由大学、政府或企业组建，合作方包括教育或研究机构、技术导向性的企业。合作模式的特点为支持新型风险企业成长，促进产业界和科研教育机构共同开发，支持产学研各方技术与经营技巧的转移与兑换。由此我们可以看出，科技园区模式包含两个层面：物理层面需要科研或教育智囊机构及产业界共同参与，需要一定的科研场所和设备；制度层面要求必须能够促进技术交流与转化。其大致可以分为三种类型：第一，由大学组建，如以斯坦福大学为依托的著名的"硅谷"；第二，由企业组建，如波士顿 128 号公路的高技术园区；第三，由州政府主持组建，如北卡罗莱纳金三角科技园。

2. 企业孵化器

美国 NBIA 对企业孵化器的特征描述包括：为新企业提供场地和支持性服务，对企业融资、管理等发展要素给予信息支持，促进企业家与学界交流，从而实现帮助企业发展壮大的目的。换句话说，企业孵化器模式更加倾向于支持新产品与小企业的诞生与成长，更有利于小型创新企业的成长，是对科技园区模式的有利补充。美国的企业孵化器可分为四种类型：第一类由地方政府或非盈利性组织主办，主要目的是为了创造就业机会，推动地方经济发展；第二类由大学和研究机构主办，主要目的是为了增强高新技术产品开发的竞争力；第三类由风险投资公司、种子基金等私营企业主办；第四类是公私合营。

3. 专利许可和技术转让

无论是科技园区模式还是孵化器模式，其组织形式相对来说比较单一，要求科研机构和产业界具有较为正式的合作形式。这种情况下就限制了大学、科研机构与产业界临时合作的可能，使得大学、科研机构一些零散专利的生产转化受到影响。为鼓励大学和科研机构向产业界提供更多的专利技术，提高效益，专利许可和技术转让模式应运而生，这一模式更加灵活，已经成为美国科技成果转化的主要形式之一。美国的专利可分为三大类：发明专利、工业品外观设计专利和职务专利。通过专利来保障科技成果发明人的利益和国家竞争优势已成为美国的一种战略。

4. 高技术企业

高技术企业往往从大学和研究机构中衍生出来，主要有四种类型：风险创业型、产学合作型、技术植入型、外力嫁接型。

5. 工业—大学合作研究中心和工程研究中心

工业—大学合作研究中心和工程研究中心主要有三种形式：一是由一个大学与几个企业联合形成研究中心；二是由多个学校与多个企业进行合作；三是由工业—大学合作研究中心与企业、大学签订合同进行合作。

（二）日本的产学研模式

20 世纪 80 年代以来，由于科学技术的尖端化、复杂化和综合化，许多重大科研课题要通过从民间企业招聘教师、学生到企业实习、企业通过派遣科技人员到大学进修、聘请大学老师讲学等途径实现大学与企业的合作。

目前日本产学研结合的模式主要有以下几种。

1. 共同研究

共同研究模式的目的是通过国立大学和民间企业的研究人员对同一课题的共同研究，促进优秀成果的产生。研究时间一年至数年。一般在大学的研究机构里进行，取得的研究成果为双方共有，自从这种模式实施以来，各方的合作项目逐年增加。

2. 委托研究

委托研究模式是指大学的研究人员在接受民间企业、各部门研究机构、地方公共团体等委托进行的科学研究，是大学在研究方面与民间企业合作的主要形式之一。1995 年日本文部省等相关政府部门推出"促进特殊法人等部门有效利用政府资金开展基础研究的制度"，鼓励国立大学接受委托研究，提供科研成果。

3. 共同研究中心

为了推动大学与地方产业的合作，从 1987 年开始，日本的一些大学相继建起了"共同研究中心"，它既是大学与产业界合作的窗口，又是共同研究的场所，还是企业技术人员接受培训的课堂。

4. 委托研究员

委托研究员模式指民间企业的技术和研究人员到大学和大学共同利用机构，接受研究生水平的研究指导，把握最新的研究动态。

5. 教育捐赠的财会制度

日本有关教育捐赠规定：受赠国立大学可以灵活使用捐赠，开展研究活动，进行国际交流等。同时，国立大学和大学利用机构还可以利用捐赠的资金开设冠名讲座和创建新的研究中心。

6. 科学城

所谓"科学城"，指在中等城市附近开辟的高技术企业、科研机构和大学密集的新城区，类似于美国的科技工业园区。其中，"筑波科学城"最负盛名。

（三）英国的产学研模式

作为工业革命的发源地，英国在学术研究领域有其自身特点，使得其科研与经济发展之间存在一定的隔阂，这也直接导致英国丧失世界科技中心地位。20 世纪 70 年代，为了振兴已经衰落的经济，英国仿效美国建立了自己的产学研合作制度，主要包括以下两种模式。

1. 沃里克模式

沃里克模式起源于沃里克大学，该大学是欧洲创业型大学的代表之一，这类大学具有强有力的驾驭核心，能够主导自我改革的方向与步伐，因此其办学方向与研究方向较为灵活，能够敏锐地觉察到生产需要，从而在较短时间内提出生产解决方案。此外，这类大学经费来源多样化，因此在经费支持上具有持续可靠的特性。沃里克模式是英国在学习美国产学研模式的基础上结合英国自身特点所创造出的产学研模式，具有典型的欧洲文化特征，是"将企业家思想融入办学思想"的产学研模式。

2. 教学公司模式

教学公司的组建是为了加强教育与产业界的联系，提高高校科研积极性与产业界技术水平的。教学公司出面组织由高校和企业共同参加的科技协作项目，使高校和企业界建立起稳固的合作渠道。其中，在教学公司模式中，高校与企业还被鼓励联合培养研究生，高校为研究生提供指导，所研究问题直接面向企业，而企业则为研究生提供相关研究设备与经费。如此一方面快速解决了企业的生产问题，另一方面为企业培养了一批高质量的适用人才。

英国产学研模式中政府的作用很关键，充当了企业和高校、研究所的润滑剂、中间人以及仲裁者。此外，英国产学研模式把开发和转移两步骤合二为一，提高了科技成果转化效率。

（四）德国的产学研模式

从 19 世纪下半叶开始，德国从化工高技术领域突破，在工业企业中建立了技术开发机构，实行产学研结合，并引导科学家为企业服务，当时全国有二分之一以上的科学家都从事企业的技术创新，合作范围从地区扩展到全国、欧盟，甚至全世界。国家没有指令性的计划，尊重企业的自发研究，但也资助企业的科研活动，前提条件是企业自己也投资和承担风险；企业是创新的主体，非常重视与大学和研究院所的合作开发，科技投入一般占总投入的三分之一以上；中介机构的作用强大，已形成了多层次、全方位的网络，成为企业、大学、科研院所以及政府之间的桥梁和纽带。德国产学研合作的模式主要有以下两种。

1. 校—企合作研究中心模式

比较成功的校—企合作研究中心主要有 E.ON 能源研究中心和新材料模拟研究中心。这种模式的特点主要是集基础研究和应用研究为一体，以科研带动教育与生产，优化配置高校的学术资源，将其有效地转化为生产力。

2. 校外科研机构(组织)—企业联合模式

校外科研机构(组织)—企业联合模式也是德国产学研合作体系的重要部分。德国有四大校外科研组织，即弗郎霍夫联合会(IFG)、马克思·普朗克联合会(MPG)、莱布尼兹联合会(LG)以及亥姆霍兹联合会(HG)。这四个校外科研组织各有各的专长，并且在产学研合作过程中各有特色。他们除了培养有自己的科研团队之外，还通过雇佣高校学生，为学生提供参与科研活动的机会，有效地降低了科研成本，同时还为培养优秀人才提供了必要的环境和条件。与校—企合作研究中心模式相比，这种模式更侧重于应用技术研究，与生产实践的联系更为紧密。

三、我国产学研合作的模式

我国国内对产学研合作模式讨论研究的文章也比较多。李廉水(1998)根据合作的紧密程度，将我国产学研合作创新的组织方式归结为政府推动、自愿组合、合同连接和共建实体四种，并分析四种方式的优点、不足和选择。吴树山(2000)等归纳提炼出我国产学研的两大类八种合作模式和四种合作创新机制，提出了"官产学研商"、"主客体大循环"、"涉外型主客体"三种产学研合作新模式与新机制，这一成果深化了我国在模式与机制方面的研究。袁志生(2001)等侧重研究产学研联合的质量和效益，从理论上提出质量效益型产学研联合的内涵及四种类型。王娟茹(2002)等将合作模式归结为技术协作型、契约型和一体化型三类，并详细分析了各自的优缺点、适用条件及其组织形式等问题。朱桂龙(2003)提出产学研合作创新网络组织模式。邹庆云(2003)总结了我国产学研结合的基本模式：产业与科研联合体、高校及教授博士创办企业、研究机构转制为企业、技术转让、企业技术中心、工程研究中心和企业博士后工作站、大学科技园。刘军跃(2003)以重庆摩托车企业为例提出产学研战略联盟的组织模式，其类型有契约型和股权参与型两种。王英俊(2004)提出"官产学研"虚拟研发组织模式，并分为"政府主导型"、"产业牵引型"和"学研拉动型"三种类型。

近年来，我国产学研合作呈现出层次不断提高、形式不断创新等新特征，合作的取向更加市场化，合作的路径更加多样化。目前，我国比较有代表性的产学研合作模式主要包括以下几种。

（一）技术转让模式

技术转让模式是指产学研各方主体以契约的方式对专利技术、技术秘密、实施许可等无形资产进行使用权转让的一种经济法律行为。其最常见的形式是科研院所、高校出让技术，企业接受技术。其优势在于：技术转让一般以契约为依托，因而权责比较分明，一旦产生纠纷，也能够通过技术合同进行调整；从技术转让的成果来看，技术成果一般是现有的和特定的，往往比较完整和成熟，因而能在短期内促进转让方科研成果的产业化。其局限性表现在：首先，这种结合模式是高新技术产业化方式的最初探索，是一种比较松散的结合模式，对于技术创新缺乏持续的刺激，以技术转让为形式的产学研合作一般为一次性的转让行为，产学研合作缺乏可持续发展，合作多是停留在表面的层次；其次，技术转让往往是企业合意的技术，因而其合作的关系会随着技术转让的结束而终结；再次，由于我国的知识产权保护尚未走上规范化、法制化的轨道，因此在一定程度上也影响了产学研合作的效果。

技术转让模式属于典型的市场经济行为，往往比较注重短期效益，忽略持续创新，主要适用于科研院所、高校中应用研究成果的转让。在这种模式中，政府的作用比较有限，主要是制定政策、提供信息、促进交流和牵线搭桥等。

（二）委托研究模式

委托研究模式是指委托方将所需研发活动委托给受委托方而进行的一种法律经济行为。在这种模式中，企业委托科研院所、高校的专家对新产品、新技术、新工艺等进行研究开发；企业提出需求、提供资金，科研院所、高校负责项目开发。其优势表现为：委托方在提供资金、承担风险的同时，有可能获得具有一定市场价值的科技成果，而受托方获得科研经费后，有利于对课题的深入研究；以契约的形式来约束产学研三方主体，因而权责比较清晰，利益纠纷比较少。这种模式的局限性表现在：受制于合作伙伴的实力、课题的任务和资金以及合作的周期。

这种模式也是典型的市场经济行为，适用于企业的研发经费比较充足，技术要求相对比较明确，科研院所和高校的科研机构研究基础比较好、实力比较强。而政府在这一模式中，主要的作用是：提供信息以及信息交流的平台。在合作的实践当中，委托方首先依据技术需要寻找和遴选受托方，受托方再依据研究基础同委托方进行切磋，进而形成合作合意，之后，委托方和受托方则要根据切磋的内容签订合同。合同成立后，合作模式方可实施。在这种合作中，需要各方主体的诚信和交流，同时更需要合同对于双方权益的保护。

（三）联合攻关模式

联合攻关模式是针对某一个课题而言的，是产学研各方主体共同努力寻找解决方法的一种产学研合作模式。其大多数情况下是以课题为载体的，以课题组为依托，由产学研各方派出人员组成临时性的研发团队进行研究开发。其优势是：充分发挥产学研各方主体的力量，加快对科研课题项目的攻关；使产学研各方的研发能力得到锻炼；有利于企业与大学、科研机构建立合作网络关系，使企业界能够更加有效地利用大学和科研机构的资源，而大学和科研机构的研究也更具有经济性特征。其局限性是：合作研究的目标比较单一，难以形成持续的创新动力；随着科研课题的完成，科研小组也归于解散，这样就难以形成相对稳定的研究团队，不利于知识的积累，不利于产学研各方的深入合作。

在这种模式中，产学研各方必须以诚信为基础，以契约为纽带。同时，政府的作用也相当重要。我国的科技攻关计划中提到："鼓励产学研合作，优先支持企业与科研院所、高校共同承担攻关计划课题"，而这些政策的实施，对于引导产学研联合攻关起到了非常重要的作用。

（四）共建科研基地模式

共建科研基地模式是指企业、科研院所、大学分别投入一定比例的资金、人力和设备共同建立联合研发机构、联合实验室和工程技术中心等科研基地。其优势是：共建科研基地可以为企业储备技术和人才，对于企业研发能力的持续提高有非常大的作用；科研基地可以使企业对大学和科研院所的某些专业领域的技术创新进行持续的投入，同时也使高等院校和科研院所的研究更加贴近市场需求，同时缩短了技术成果产业化的进程；使三方主体的优势可以充分的发挥，高等院校和科研院所具有基础理论知识扎实、实验手段先进、研发能力强的优势，而企业则具有技术开发、生产过程技术化的优势，因而三方结合可以充分发挥他们的优势。其局限性是：合作各方必须有强烈的合作意向，有共同的合作方向，而且要在产学研组织与合作制度等各方面都要达成一致；需要合作各方或者至少有一方具有较强的经济实力。因而这种模式只是比较适合那些资金雄厚的大企业，对于资金短缺的小企业则很难参与。但是在这个时候，政府就应该发挥作用，给予一定的政策保护和支持。

（五）组建研发实体模式

组建研发实体模式是指产学研各方面通过出资或者是技术入股的形式组建研发实体，进行技术开发或者技术经营。目前主要有两种形式：一是建立产业与科研联合体、就是高校和科研院所与企业共同研制、开发、生产，组成研、产、销一条龙的高科技研发实体；二是技术入股，合作生产。其优势是：企业降低技术开发成本的同时拥有了自己的核心技术或者专利技术，而科研院所、高校既有了新的科研基地又带来了长期的经济效益。这种合作模式通过股权分配的方式解决了产学研各方的权益分配问题，使利益纠纷不易发生，既适用于实力较强、目光长远的大型企业与科研机构、高校的长期合作，也比较适用于一些有潜力的中、小企业通过组建研发实体来加强自己的研发能力，从而发展自己的技术创新能力。其局限性表现为：要求合作各方必须以公司的理念进行经营和管理，因而经常会发生一些不利于高等院校和科研机构发展的情况；这种模式经常出现技术入股的情况，这时，由于技术属于公司，所以在技术观念与经营观念发生冲突时，常常不利于技术的进步。

（六）大学科技园模式

大学科技园模式是指以大学为依托，通过创办科技企业或者高技术公司，实行研发、开发和生产相结合，来促进科技成果转化为商品和产业的产学研合作发展模式。其主要优势是：高等院校可以通过各种形式和途径，把自己的高科技成果扩散到工业园的企业当中去，从而带动经济的发展；高科技园把高校科学技术成果、高科技人才同社会上的资金结合起来，孵化出高新技术企业，实现技术的产业化；最后高新技术成果的转化促进了高校技术水平的提高、专业设置的科学和合理化、教学内容的更新，以及教学质量的提高。其局限性表现在：发展所需的资金不足，特别是科研经费投入较低，从而阻碍了企业创新技术能力的提高；规模不大，聚集效益差，抗市场风险和国际竞争能力低；功能错位，协同度不高，表现为部分工业园侧重于吸引资金，混同于经济开发区，园区内的企业协同度较低，协同效益不显著；运行机制滞后，园区内的企业没有真正按照现代企业制度来建设，产权制度、经营管理体制均滞后于发展的需要，政府和园内企业的关系没有真正做到政企分开。

（七）人才联合培养和交流模式

人才联合培养和交流模式是指入学、科研机构和企业界通过设置人才培养专项基金、大学教授和研究人员担任企业顾问、大学学生在企业实习、企业人员在大学和科研机构进行培训、二者共建教学实践基地等多种形式进行人才联合培养和人才交流，以促进产学研各方面的知识交流和知识创新。对于高校而言，采取这样的模式主要是为了培养高素质创新应用型人才。而这种模式也适应了现代社会发展和提高人才培养质量的客观需求，加强了高等院校同社会的联系，成功地为社会培养了动手能力和适应能力较强的各种层次、各种规格的适用人才。这种模式的形式多种多样，比如设置人才培养专项基金，大学教授和科研人员担任企业顾问等。这种模式的优势是：通过人员的流动，增进了产学研各方的知识交流与相互了解，有利于促进产学研各方的进一步合作；企业研究人员受到了专门机构专门知识的培训，增加了企业对于基础理论和前沿技术的了解和认识；扩大了高级科技人才的作用范围，使人才的培养更加符合社会发展的需要。这种模式的局限性是：人才联合培养和人才交流有时是临时的，有时是公益的，不一定能够带来产学研各方的深入合作；人才培养只是停留在人力资源流动的层次，未必会使产学研各方的人力资源进行深度的组合。

（八）产业技术创新战略联盟模式

产业技术创新战略联盟模式是指由企业、大学、科研机构或其他组织机构，以企业的发展需求和各方的共同利益为基础，以提升产业技术创新能力为目标，以具有法律约束力的契约为保障，形成的联合开发、优势互补、利益共享、风险共担的技术创新合作组织。其优势是：集成产学研各方优势，针对国家重点产业发展的紧迫需求和技术瓶颈，实现共性关键技术与核心技术的突破，加快技术创新成果的商业化运用，直接推动产业结构优化升级，提升产业核心竞争力，支撑国家整体的自主创新能力；组建战略联盟有利于促进政府对企业技术创新支持方式的转变，改革和完善科技计划实施机制的需要；有利于深化科技体制改革，充分发挥转制院所和高校在行业技术创新中的支撑和引领作用。

第三章　产学研合作的理论基础

理论指导着实践，通过实践，理论又得以丰富和创新。产学研合作是以经济学中的创新理论、交易成本理论和公共管理中的公共治理理论为理论基础的。

第一节　创新理论

一、创新理论的提出

1912年，美籍奥地利经济学家约瑟夫·熊彼特在其出版的经典著作《经济发展理论》中首次提出了系统创新理论。他第一次将创新视为现代经济增长的核心，并将其定义为"创新就是一种新的生产函数的建立，即实现生产要素和生产条件的从未有过的新结合。"熊彼特进一步明确指出"创新"的五种情况。

(1) 制造一种新的产品：制造出尚未为消费者所知晓的新产品或发现一种产品的新的特性。

(2) 采用一种新的生产方法：采用在该产业部门实际上尚未知晓的生产方法。

(3) 开辟一个新的市场：开辟国家和那些特定的产业部门尚未进入过的市场。

(4) 获得新的供应商：掠取或控制原材料或半制成品的一种新的供应来源。

(5) 形成新的组织形式：创造或者打破原有垄断的新组织形式。

熊彼特还明确地将发明与创新区别开来，认为"只要发明还没有得到实际上的应用，那么在经济上就是不起作用的，经济发展是一个以创新为核心的演进过程"。创新是一个社会过程，而不仅仅是一种技术的或者经济的现象，技术创新的主要驱动力量是个人(企业家)和企业(拥有)，而其活动的成败与否则主要依赖于他们所活动于其中的社会经济环境。技术创新政策的主要目标是创造一个有利的创新环境，而不仅仅只是资助科学基础研究和政府对于私人企业的研究开发活动的补贴。

熊彼特以"创新理论"为核心，研究了资本主义经济发展的实质、动力与机制，探讨了经济增长和经济发展的模式和周期波动，预测了经济发展的长期趋势，提出了独特的经济发展理论体系。根据英国著名技术创新经济学家弗里曼的观点，熊彼特的技术创新模型可以概括如下：

(1) 从科学的最新进展到重大发明之间存在着一种非特定方式的流动(非持续性的);

(2) 一组企业家(在熊彼特看来,他们是资本主义经济的主要推动力)认识到这些创新的未来潜力,并且准备冒险进行开发和创新;

(3) 一旦进行了一项重要创新,它将导致现存市场结构的不均衡,成功的创新者获得了额外的增长速度和暂时垄断利润作为的报酬。

到了 20 世纪 50 年代以后,熊彼特的拥护和追随者把"创新理论"发展成为当代西方经济学的另外两个分支:技术创新经济学和制度创新经济学。其中,技术创新经济学是把熊彼特的创新理论和研究方法,同新古典学派的经济理论即微观经济理论结合起来,用于技术创新的研究,门施等人的周期理论、弗里曼的技术创新政策体系和卡曼等的市场理论,是继承和发展熊彼特创新理论的几个具有代表性的技术创新理论;制度创新理论是从资产阶级垄断竞争理论出发,将制度变革引入经济增长过程的,戴维斯和诺尔斯(1971)的《制度变革与美国经济增长》一书中提出了这一概念,他们认为,所谓"制度创新"是指经济的组织形式或经营管理方式的革新,这种革新是历史上制度变革的原因,也是现代经济增长的原因。

二、国家创新体系理论的出现

"国家创新体系"这一概念产生于 20 世纪 80 年代中期,这是毫无疑问的,但是究竟是谁首先提出了这个概念,国内外学术界均存在许多争议。通常,我们认为丹麦经济学家郎德威尔教授是第一个使用"国家创新体系"这一概念的学者,之后英国的弗里曼(Freeman,1987)的有关日本经济发展实绩研究专著《技术和经济运行:来自日本的经验》中也使用了这一概念,而且几乎与此同时,美国的理查德·纳尔逊教授也发表了有关美国国家创新体系的研究成果。这其中弗里曼教授和纳尔逊教授所采用的国家创新体系理论侧重于宏观层面,着重分析技术创新与国家经济发展实绩以及国际竞争力之间的关系;郎德威尔教授的国家创新体系理论侧重于微观层面,着重分析国家创新体系的微观基础,即国家边界是如何对技术创新实绩发挥作用的。尽管三人研究的侧重点不同,但正是这三位教授的研究成果共同构成了现在国家创新体系的本质内核。

弗里曼认为,国家创新体系就是"公私部门的机构组成的网络,它们的活动和相互作用促成、引进、修改和扩散了各种新技术"。在他看来,日本的技术创新主要不是来自于正式的研究开发,而是以渐进的创新为主,创新者主要是来自生产部门的工程师,车间里的技术工人在技术剧烈变革的情况下,以技术创新为主导,辅以组织创新和制度创新。创新的成功和失败取决于国家调整其社会经济范式,以适应技术—经济范式的要求和可能性的能力。

弗里曼认为,日本的通产省在技术追赶过程中起着非常重要的作用,他们从一个长远的、动态的视野出发,寻求资源的最优配置,推动产业和企业的技术创新。这使日本只用了几十年的时间,便使国家的经济出现了强劲的发展势头,成为工业化大国。正是在对日本考察分析的基础上，弗里曼提出了国家创新体系的概念。

三、我国的国家创新体系

我国的国家创新体系研究从 20 世纪 90 年代中期开始。经济科学出版社 1992 年翻译出版由 G·多西等主编的《技术进步与经济理论》一书，首次将国家创新体系的概念引入中国。1995 年，加拿大国际发展研究中心(IDRC)在其提交给加拿大国家科委的关于中国科技体制改革问题评估报告中，首次运用国家创新体系理论对中国的科技体制改革进行分析，并提出中国应该注意"国家创新系统这种分析方式，作为讨论辩论未来科技改革需要、确定科技系统与国家整个经济和社会活动的关系的手段"。同年，齐建国教授完成的"技术创新——国家系统的改革与重组"研究报告，是中国学者第一次运用国家创新体系理论来分析中国的宏观经济体制问题的，他提出"应该将国家经济系统看作是一个综合技术创新系统，认为经济的发展和国际竞争取决于国家的技术创新，而技术创新快慢又取决于经济体制"，"没有高效率的国家技术创新系统，经济从粗放型、速度型向效益型转换就没有技术支撑"。1997 年底中国科学院向中央提交了《迎接知识经济的到来，建设国家创新体系》的研究报告，第一次在国内正式提出了"国家创新体系"的概念。1998 年 9 月，中国科学院、中国社会科学院联合召开了"面向知识经济的国家创新体系"研讨会，并在此基础上出版了两院研究生院合编的《知识经济与国家创新体系》一书，就中国国家创新体系建设的方方面面进行了比较充分的阐述。

大体说来，中国学者的研究基本上是沿着弗里曼和纳尔逊的思路进行的。比如齐建国教授认为，国家技术创新系统并非科学研究系统，而是指整个以技术创新为基础的综合经济系统。一个国家的技术创新系统是国家大系统中的一个子系统，国家的规模、科学技术实力与经济实力等方面不同，国家创新体系的结构也不一样。典型的国家创新体系包括创新人才与基础知识生产、创新方案与思路生产、创新过程的实施创新成果的扩散和创新需要的反馈等四部分，而这四部分又是由以下六个子系统组成的：一是教育培育系统，其功能主要是为国家技术创新活动培养人才；二是科学技术基础研究系统，其功能是为大系统提供技术创新的知识积累；三是应用研究与开发系统，其功能是将基础研究成果转化为新技术、新产品，并向产业部门推广扩散，是联系科研、教学与生产系统的枢纽；四是民用企业系统，这是技术应用的主战场，是技术创新的前沿阵地，因而也可以称为产业系统；五是军事国防系统，该系统一般均聚集了时代最先进的技术系统；六是市场需求与开发系统，它既是技术创新的始点，也是技术创新的终点。我国中科院院长路甬祥将"国家创新体系"定义为，由知识创新和技术创新相关的机构和组织构成的网络系统，其骨干部分是企业(大型企业集团和高技术企业为主)、科研机构和高等院校等；广义的国家创新体系还包括政府部门、其他教育培训机构、中介机构和起支撑作用的基础设施等。国家创新体系的主要功能是知识创新、技术创新、知识传播和知识应用，具体包括创新资源(人力、财力和信息资源等)的配置、创新活动的执行、创新制度的建设和相关基础设施建设等。根据其功能，国家创新体系可分为知识创新系统、技术创新系统、知识传播系统和知识应用系统四个子系统。

从以上的创新理论、技术创新理论和国家创新理论来看，创新主要是指知识技术融入到生产过程中并转化为生产力的一个过程。产学研合作的过程是生产要素和生产条件重新组合的过程，也就是技术创新的过程。当产、学、研三方能有效结合成一个有机整体时，各方之间可以相互依赖，取长补短，信息、技术、知识、成果、人才、资金等在三者之间能实现有效的流动，那么整体的系统功能将得到放大。在产学研合作的技术创新中，技术知识的扩散和转移有一种放大的作用，创新技术被采用后往往会产生再创新，进而使技术水平不断提高，扩散源不断增加，效应不断扩大。技术创新中技术知识的扩散和转移，会因产学研各自的需要而加快速度，使得技术成果早日产业化。因此，产学研合作是基于技术创新而进行的合作，产学研合作的主体组织在产学研合作创新过程中可以在技术创新的不同阶段介入，进行合作，其介入的程度也是不同的，从而可以形成不同的产学研合作模式。

四、基于国家创新体系的产学研合作创新分析

国家创新体系的基本模式是产学研合作，产学研合作是实现国家创新的基本途径，产学研合作的运行是国家创新体系运行的基础。国家创新体系的实质是产学研合作，但又不完全等同于产学研合作；产学研合作是线性、封闭的低层次合作，国家创新体系是有效促进知识产生、流通和使用的非线性开放的网络系统，更强调创新的系统性。产学研合作过程说到底是国家创新过程。《国家中长期科学和技术发展规划纲要(2006—2020)》指出，现阶段中国特色国家创新体系建设的重点之一是建设以企业为主体、产学研结合的技术创新体系，并将其作为全面推进国家创新体系建设的突破口。本书将在国家创新体系分析框架下，对产学研合作创新的内涵做进一步梳理。

(一) 产学研合作创新是产、学、研两方或三方联合创新的行为

所谓合作创新，是指企业间或企业、研究机构、高等院校之间的联合创新行为。合作创新通常以合作伙伴的共同利益为基础，以资源共享或优势互补为前提，有明确的合作目标、合作期限和合作规则，合作各方在技术创新的全过程或某些环节共同投入、共同参与、共享成果、共担风险。合作创新的概念较宽泛，合作成员单位只要在创新过程中的某一阶段参与，就可认为是合作创新。但国外各机构的合作创新一般发生在产品和技术的原型开发阶段，一方面为避免形成垄断，相关法案对合作有所限制；另一方面也是为了使高技术含量的产品能实现差异化。因此，国外学者较少采用合作创新这一概念，而是使用研发合作、合作研究、共同研究开发等概念。研究也多集中于合作研发方面，倾向于针对某一具体的组织进行分析，讨论组织结构设计、资源能力匹配、合作方式、冲突障碍解决与合作绩效、技术转移与技术学习、知识能力培养、信息交流机制等合作过程中面临的问

题。产学研合作创新是企业、高等院校、科研院所两方或三方的联合创新行为，其中，主要包括企业与高等院校的合作创新(I/U 合作)、企业与科研院所的合作创新(I/R 合作)，以及产学研三方合作(I/U/R 合作)。从企业的角度看，研究开发的成本、自主创新的风险不断增高，同时企业对高新科学技术知识的需求在不断增加，因此企业越来越多地参与到各种形式的合作创新活动中，而高等院校和科研院校在科学技术知识创造方面的优势正可以满足企业的需求。从高等院校和科研院所的角度看，与企业合作创新加速科学技术成果的产业化、提高对市场变化的认识程度、获得更广泛的科学技术研究与开发经费筹资渠道也是开展合作创新的重要推动力。产学研合作过程与创新过程部分或全部重叠，因此可以说产学研合作过程实质就是创新过程，创新活动本身具有的不确定性特点也要求各类创新主体如企业、高等院校和科研院所之间建立起更密切的战略联盟，以规避创新过程中的各种风险和降低创新成本。

（二）产学研合作创新是系统性的创新行为

无论哪一种国家创新体系定义，都不能排除产、学、研三者的创新合作联系。大部分学者均认同企业、研究机构、教育培训机构以及政府是国家创新体系的行为主体，只不过前三者是创新的执行主体，而政府是调控主体。各执行主体在创新系统中起着不同的作用，具有不同的功能。企业是技术创新、创新投入、产出及其收益的主体。研究机构包括国立的研究机构和民间的非盈利性科研机构，也包括大学的研究机构，这些机构的根本目标是创造新的知识。高等院校一般从事基础性研究；国立科研机构主要承担与国家利益密切相关、涉及国计民生的项目；而民间科研机构主要利用自身的灵活性填补科研空白。教育培训机构的功能是开发具有必要知识和创造力的人力资源。产学研合作创新也就是企业与高等院校的研究机构，或企业与其他研究机构，或企业与教育培训机构，或三类主体之间的联合创新行为。

合作既可能产生于基础科学知识创新的活动中，比如企业提供资金，资助研究机构进行科学技术研究，企业可能从这些研究成果中找出有市场前景的进一步开发，使之转化为实际的收益；也可能产生在技术开发和应用的活动中，比如企业购买研究机构的技术专利，与研究机构共同研发等；还可能产生于知识扩散过程中，比如双方或三方共同培养创新人才的合作项目。

产、学、研三方的合作过程必然伴随着知识的流动。一方面由于知识存量的势差，比如研究机构比企业拥有更多的专门性科研人才，随着合作，知识可从研究机构流向企业；另一方面由于知识属性的差别，比如企业拥有生产和经营管理知识，而研究机构拥有科学技术知识，随着合作，不同属性的知识可以形成互动，共同促进创新活动的展开。产、学、研各自在创新系统中的功能决定了它们之间的合作可以实现知识流动，国家创新体系的关键目标或核心内容是加速知识在一国内部的循环流转，因此产学研合作创新是国家创新体系的重要内容，促进和加强产学研合作创新是完善国家创新体系的必要环节。

如果产学研合作仅仅是为了加速科研成果产业化，或使企业获得来源于研究机构的技术及人力资源支持，从而提高企业技术水平或产品的技术含量，那合作只能满足产、学、研各方的经营目标需要，而经营目标也仅局限于创造效益。合作对象选择、资源选择、合作模式选择均以此为依据，主体缺乏动力、合作效率低下、利益分配不合理等问题也因此而生。此时，促进产学研合作的政策，其目的不仅仅是促进合作，还要更进一步促进科研成果的市场化，促进企业技术进步。在国家创新体系框架下，创新是一项系统工程，产学研各方作为系统要素相互联系和互相作用，共同开展创新活动，产学研合作必须满足系统创新的需要，不仅要求系统的创新产出增长，效率提高，也要求各主体的创新能力提高，合作对象选择、资源选择、合作模式选择均应以此为准则。身为创新执行主体的企业、高等院校、科研院所之间的合作是为了提升整个创新系统的创新效率，同时提高各主体自身的创新能力。政府的作用是通过制度协调系统要素的创新活动，促进资源整合，解决市场配置失效的问题，是化零为整。因此，产学研合作创新是系统性的创新行为。

（三）产学研合作创新是技术创新和制度创新的统一体

前述分析说明产学研合作创新过程在一定程度上与技术创新过程并轨而行，具有技术创新的某些特征。产、学、研三方在知识生产过程中互为上下游，按波特(M. Porter)的话来说，形成了一条"创新的价值链(chain of innovation)"。而这种理解在信息化时代恐怕无法为创新战略提供坚实的框架。现代的创新战略关心的是如何更好地利用网络化和以知识为基础的企业或组织的能力，这也是我们必须将产学研合作创新置于国家创新体系框架下加以考察的一个原因。弗里曼在分析日本的国家创新体系时指出："当英国在第一次工业革命中揭开了重大'技术差距'时，这些差距并不仅仅是与发明及科学活动的增加有关……而要与生产、投资及市场的新组织方式有关，与发明同企业家结合的新方式有关。同样，当德国和美国在 19 世纪后期及 20 世纪超过英国时，其成果则是与国家创新体系中的重大制度变革有关……特别是这两个国家都发展了组织工程师、科学家专业教育的新方式，发展了组织研究与发展活动作为厂商内部的专门部门的新方式……现今同样，当日本在某些重要新技术领域处于前列时，并不仅是或甚至主要是与研究发展的规模有关，而要与诸如社会或制度的变革有关"。伦德瓦尔也强调："在一个经济的技术基础迅速变化的时期，已经建立起来的有组织的、制度化的现状可能对完全潜在的新技术的开发是最大的障碍。在这种时期内，社会创新对国家财富创造来说可能比技术创新更为重要"。纳尔逊对此总结道："传统上说……制度经济学家对技术创新的特征与机制并无多少话可说。另一方面，创新理论家虽然强调制度的重要性，但他们使用的制度概念过于狭窄和机械，这阻碍了他们对创新过程的深入理解。然而，近年来有迹象表明制度理论与创新理论在相互促进。现在创新理论更认真地对待制度，并比以前从更宽泛和更复杂的方式上使用制度概念。此外，创新被看作是一种深深地根源于组织之间大量相互联系的现象。"虽然对技术创新和制度创新谁决定谁、谁先于谁的问题还存在诸多分歧，但不可否认的是，技术创新必须与制度创新相结合，这已成为共识。因此，产学研合作创新作为系统性的创新活动，是技术创新与制度创新的统一体。

制度在创新中的主要作用一是通过提供信息和博弈规则，减少创新的不确定性，比如立法和推出相关的政策措施；二是为创新资源的流动提供便利，比如提供风险资金；三是协调冲突与合作；四是提供创新激励机制，比如设立创新基金等。制度的影响既体现在各创新主体的内部层面，如采用新的组织结构；也体现在创新主体及其活动所在的市场层面，如协调企业与高等院校之间的合作关系，确定新的利益分配机制；以及政府政策与创新主体的关系层面，比如出台促进产学研合作创新的政策。根据诺斯(Douglass C. North)的定义，制度既包含正式的规则(法律、管理条例、章程等)，也包含非正式的约束(行为规范、习俗和自我约束规范等)，它们都具有一定程度的强制性，"如果制度是游戏规则，组织(机构)就是玩家"。国家创新体系的制度要素主要有四类：一是政府为了影响或改变创新目标、规模、效率所采取的一系列政策工具综合而成的政策体系；其次是从法制层面规范和保障创新活动及其成果的法律体系；还有运用市场机制规范和引导创新活动的市场体系；以及从思想精神角度影响创新的文化体系。政策体系、法律体系中的要素都是正式的制度约束，市场体系和文化体系的有些要素属于非正式约束，但随着国家创新体系的不断完善，它们也需要更加制度化。政策体系和市场体系互为补充，前者是创新系统重要的制度要素，因为它能减少创新不确定性、协调冲突以及提供创新激励，可有效解决市场失灵的一系列问题；后者是不可缺少的制度要素，因为它在信息提供、快速反应方面都优于前者，在某些政策失灵的方面也可以发挥积极作用。作为国家创新体系调控主体的政府，其主要功能就是进行制度创新。弗里曼认为政府(主要是日本通产省)制定良好的政策与措施，强调对就业工人的培训和教育制度，以及打破白领工人和蓝领工人的界限方面的社会制度创新等，对于日本在技术落后的情况下只用了几十年时间便通过强劲的经济发展而成为工业化大国，起到了巨大的促进作用。纳尔逊分析的美国国家创新体系是由市场制度、专利制度、研究与开发制度、大学和政府支持产业技术进步的计划和政策等制度安排构成的；而伦德瓦尔则认为，有利于技术创新的制度结构主要包括"有组织的市场"制度、某些非正式的制度(如互相信任和尊重的行为准则)和政府的产业与技术政策等制度安排。

综上所述，在国家创新体系分析框架下认识产学研合作创新内涵，有助于解决科技与经济"两张皮"现象，真正使产学研合作创新成为促进科技与经济结合的有效手段。充分发挥政府的作用，能为合作创新的顺利开展和效率提升提供制度保障。

第二节 交易成本理论

一、交易成本理论的起源与发展

1937 年，英国著名经济学家罗纳德·科斯在《企业的性质》一文中首次提出"交易费用"的思想。罗纳德·科斯指出：市场和企业都是两种不同的组织劳动分工的方式(即两种不同的"交易"方式)，企业产生的原因是企业组织劳动分工的交易费用低于市场组织劳动分工的费用。一方面，企业作为一种交易形式，可以把若干个生产要素的所有者和产品的所有者组成一个单位参加市场交易，从而减少了交易者的数目和交易中的摩擦，因而降低了交易成本；另一方面，在企业之内，市场交易被取消，伴随着市场交易的复杂结构被企业家所替代，企业家指挥生产，因此，企业替代了市场。由此可见，无论是企业内部交易，还是市场交易，都存在着不同的交易费用；而企业替代市场，是因为通过企业交易而形成的交易费用比通过市场交易而形成的交易费用低。该理论认为，企业和市场是两种可以相互替代的资源配置机制，由于存在有限理性、机会主义、不确定性与小数目条件使得市场交易费用高昂，为节约交易费用，企业作为代替市场的新型交易形式应运而生。交易费用决定了企业的存在，企业采取不同组织方式的最终目的也是为了节约交易费用。

在科斯之后，许多经济学家又进一步对交易费用理论进行了发展和完善。其中，最具代表性的是威廉姆森(Williamson)。他在科斯的基础上对交易费用的内涵和外延做出新的解释，从人的有限理性和机会主义行为、与特定交易有关的资产专用性和不确定性、交易频率(按次取酬)和交易量(按量取酬)三方面归纳出决定交易费用的主要属性，即资产专用性、不确定性和交易频率，并开创性地将交易费用分为事前的交易费用和事后的交易费用。在威廉姆森构建的交易费用理论框架中，交易费用经济学作为一种事后的治理架构，通过描述认知和利益来考察市场和层次结构相结合的方式(而不是坚持旧的意识形态分歧市场或层次结构)，所有的分析活动都一致集中在订立契约的动机阶段。换言之，交易费用经济学是基于已发生的事实(已经发生的交易)、事发后(交易完成时)对事发时(交易进行时)的研究，其研究目的是为了服务于未来将要发生的交易。威廉姆森界定的交易成本经济学，就是借助有效匹配假说来预测交易的走向的，即弄清楚具有不同特征的交易将与哪类治理结构相匹配，并了解这些治理结构具有的不同成本和作用，主要为了实现节约交易成本的效果。

国内学者张五常也在该领域颇有建树。张五常(1969)在《交易费用、风险规避与合约安排的选择》中指出，"当交易费用不存在时，资源配置不再可能在使一个人受益时不损害另一些人的利益"，通过交易费用为零和帕累托最优的矛盾来强调交易费用的存续性和重要性。随之总结出交易费用存在的三个可预知效应：一是减少交易量；二是影响资源使用的边际等式和使用密集度；三是影响合约安排的选择。首先，交易费用的客观存在会让交易双方出于理性和谨慎减少交易量，因而影响资源的利用率；其次，交易费用降低了交易频率从而减少资源的使用密集度；最后，交易费用约束下合约的安排和选择被改变。简言之，交易费用在替代价格机制调节市场交易的过程中，必然存在对资源利用的负效应或对交易的某种约束。

二、交易成本的内涵

几十年来交易成本理论在经济学、法学和管理学的跨学科研究热潮不减，但国内外学者对"交易成本"的定义是各执己见、悬而未决的。作为新制度经济学创始人的科斯，对其重要分支交易成本理论倾注了极大的热情和毕生的坚持。他认为，交易成本就是利用价格机制的费用，或是利用市场的交换手段进行交易的费用。企业用于寻找交易对象、订立合同、执行交易、洽谈交易、监督交易等方面的费用与支出，主要由搜索成本、谈判成本、签约成本与监督成本构成。

阿罗在定义交易成本时，指出交易成本是"经济系统的运作成本"，包括为了完成交易所必须收集信息、谈判交易条件及监督对方执行契约等成本。威廉姆斯把交易成本定义为经济系统运转所需要的代价和费用。诺斯将交易成本定义为包含经济从贸易中获取的政治和经济组织的所有成本。张五常将交易费用称为交易成本或制度成本，并赋予其更加广泛的含义："从最广泛的意义讲，交易成本包括那些于鲁宾逊·克鲁索(一个人)经济中不可能存在的所有成本，其中包括信息成本、谈判成本、起草和实施合约的成本、界定和实施产权的成本、监督管理的成本、改变制度安排的成本。简言之，交易成本包括一切不直接发生在物质生产过程中的成本"。巴泽尔将交易成本定义为转让、获取和保护产权有关的成本。埃格特森将交易成本定义为"个人交换他们对于经济资产的所有权和确立他们的排他性权力的费用。"

三、交易成本的分类

由于交易成本泛指所有为促成交易发生而形成的成本，因此很难进行明确的界定与列举，不同的交易往往就涉及不同种类的交易成本。

总体而言，威廉姆斯在其著作《市场与等级制》(1975)中，将交易成本区分为以下几项。

(1) 搜寻成本：商品信息与交易对象信息的搜集。

(2) 信息成本：取得交易对象信息与和交易对象进行信息交换所需的成本。

(3) 议价成本：针对契约、价格、质量讨价还价的成本。

(4) 决策成本：进行相关决策与签订契约所需的内部成本。

(5) 监督交易进行的成本：监督交易对象是否依照契约内容进行交易的成本，例如追踪产品、监督、验货等。

(6) 违约成本：违约时所需付出的事后成本。

后来，威廉姆斯进一步将交易成本加以整理区分，在其著作《资本主义制度》(1985)中，将交易费用分为事前与事后两大类。

(1) 事前的交易成本：签约、谈判、保障契约等成本。

(2) 事后的交易成本，包括：

① 适应性成本——指签约双方对契约不能适应所导致的成本；

② 讨价还价的成本——指两方调整适应不良的谈判成本；

③ 建构及营运的成本——为解决双方的纠纷与争执而必须设置的相关成本；

④ 约束成本等——为取信于对方所需的成本。

达尔曼(Dahlman，1979)基于契约的过程，将交易活动的内容加以类别化处理，认为交易费用包含以下几个方面。

(1) 搜寻信息的成本：欲交易者，寻找最适合的交易对象，查询所能提供的服务与产品所需要支付的成本。

(2) 协商与决策成本：交易双方为达成交易所做的议价、协商、谈判并做出决策所产生的成本。由于交易双方的不信任及有限理性，常需耗费大量协商与谈判成本。

(3) 契约成本：当交易双方达成协议准备进行交易时，通常会订立契约，并对契约内容进行磋商所产生的成本。

(4) 监督成本：交易双方订立契约之后，为了预防对方由于投机主义产生违背契约的行为，故在订立契约之后，会在执行过程中相互监督所产生的成本。

(5) 执行成本：契约订立之后，交易双方相互进行必要的检验以确定对方确实遵守契约，当对方违背契约时，强制对方履行契约所产生的成本。

(6) 转换成本：当交易双方完成交易之后，可能持续进行交易。此时，若有一方更换交易对象，所产生的成本即为转换成本。

四、交易成本的成因

交易成本发生的原因，来自于人性因素与交易环境因素交互影响下所产生的市场失灵现象，造成交易困难所致。Williamson(1975)指出了六项交易成本的来源。

(1) 有限理性(Bounded Rationality)：指交易进行参与的人，因为身心、智能、情绪等限制，在追求效益极大化时所产生的限制约束。

(2) 投机主义(Opportunism)：指参与交易进行的各方，为寻求自我利益而采取的欺诈手法，同时增加彼此不信任与怀疑，因而导致交易过程监督成本的增加而降低经济效率。

(3) 不确定性与复杂性(Uncertainty and Complexity)：由于环境因素中充满不可预期性和各种变化，所以交易双方均将未来的不确定性及复杂性纳入契约中，使得交易过程增加不少订立契约时的议价成本，并使交易困难度上升。

(4) 少数交易(Small Numbers)：某些交易过程过于专属性(Proprietary)，或因为异质性(Idiosyncratic)信息与资源无法流通，使得交易对象减少及造成市场被少数人把持，使得市场运作失灵。

(5) 信息不对称(Information Asymmetric)：因为环境的不确定性和自利行为产生的机

会主义，交易双方往往握有不同程度的信息，使得市场的先占者(First Mover)拥有较多的有利信息而获益，并形成少数交易。

(6) 气氛(Atmosphere)：指交易双方若互不信任，且又处于对立立场，无法营造一个令人满意的交易关系，将使得交易过程过于重视形式，徒增不必要的交易困难及成本。

而上述交易成本的发生原因，进一步追根究底可发现源自于交易本身的三项特征，这三项特征形成三个构面影响交易成本的高低(Williamson，1985)。

五、产学研合作的交易费用分析

产学研合作作为一种市场行为，在操作过程中同样存在着大量的交易费用，加深对交易费用的分析研究，会大大降低合作过程中出现的中间费用，从而达到提高产学研合作系统总体收益的效果。

我国的一些学者在 20 世纪 90 年代就开始着眼研究这个问题，最早在产学研合作中提到交易成本的是赵香兰(1996)，对交易成本内部化和外部化的概念进行了阐释，其认为外部化是产学研合作创新最主要的形式；苏敬勤(1999)沿用交易成本最小化进行合作创新这一基本假设，从交易费用经济学的角度，认为产学研合作创新是一种特殊的经济行为，详细分析了产学研交易成本的构成，即沟通成本、谈判成本、履约成本以及其他成本，并将我国各种产学研合作理论模式归纳为三种，即内部化、外部化和半内部化，并探讨内外部化的条件和措施；张米尔、武春生(2001)对产学研联盟中的交易成本问题进行了深入研究，指出了不同产学研合作模式下交易成本的构成及特点，并提出了减少交易费用的对策；綦开军(2005)将交易费用定量化，来研究产学研合作的不同模式中交易费用的变化规律，认为产学研合作模式选择中交易费用起主导作用，由于交易费用的存在，不考虑具体情况而采用统一的结合模式，那么无论采用产学研合作模式的哪一种来解决技术成果转化问题，在事实上都是不合理的，所以要想实现科技成果的转化，并最终实现其产业化，必须根据具体项目的具体情况采取不同的资源配置方式。

产学研合作过程的复杂性决定了其间交易费用的多角度性，合作形式的不确定性决定了交易过程中交易费用的多变性。杜军(2007)将产学研合作交易成本归纳为信息费、沟通费、谈判费、履约费、实施费、监督费、仲裁费、垄断费；孙远(2011)将产学研合作的交易成本分为事前成本、事后成本。

本书认为，产学研合作过程从双方信息收集开始，直至企业新产品面世并获得经济效益，或是合作双方因现实因素终止合作，需要细致整理期间发生的各种交易费用。故本书将产学研合作的交易费用归纳为七种：信息费、谈判费、合同费、研发费、应用推广费、风险控制费、产权保护费。

(一) 信息费

发生在建立合作关系之前，企业或高校、科研机构都会产生该费用。产学研合作多为企业方主动搜寻合作对象。随着技术交易市场逐步完善、科技中介机构更加规范高效，此项费用将逐步减少。

企业主动时此费用主要包含：自身技术需求信息的发布费，本行业高校、科研机构研究方向、实力的搜集费，信息真伪的鉴别费，实力相当的候选合作方的对比费，联系中意合作方并说服其合作的联络费等。

高校、科研机构主动时此费用主要包含：自身科研实力推广费(包括参加科技展会、科研成果交易会等的信息服务费)，本行业企业生产方向、技术需求的搜集费，信息来源的鉴别费，联系企业索取详细技术需求的联络费，技术研发的可行性论证费，多个候选合作方的遴选费等。

（二）谈判费

谈判费是指，发生在产学研合作各方均有合作意愿之后，进行合作内容及各方投入、产出分配等前期协议制定的费用。由于产学研各方目标价值不同，企业方更注重经济效益，学研方更看重研究价值、研究成果的前沿性，因而谈判是双方磨合与协调的过程。谈判内容主要如下：合作的进程安排，合作各方对研发过程的投入内容、比例、步骤、方式，企业技术需求的合理性、科学性、前沿性，合作过程的监督机制，研发成果的分配机制，违约处罚机制等。

谈判费主要包括谈判前期准备(场地、人员、资料)费用、谈判所耗时间成本、人力资源成本等。由于谈判结果对日后合作及利益分配具有决定性作用，所以各方会投入很大精力来准备，邀请熟悉本领域的谈判专家进行谈判。尤其是当合作各方初次合作时，相互之间不了解对方的方式、喜好、底线，使得谈判会更加激烈和细致。而长期合作的各方在谈判过程中积累的信任和经验会降低此项费用。

（三）合同费

合同费发生在谈判之后，即合作各方明确合作意愿并达成合作内容的具体讨论后。合同费主要包括：在签订合同之前，要针对合同内容的合法性、有效性进行法律咨询、公证处公证等过程，期间发生的咨询费、公证费；合同签订后，将合同报有关部门审查、备案和注册而发生的费用；向税务部门缴纳的交易税金等。

（四）研发费

合同签订后，就进入具体实施环节。根据合同规定，各方井然有序地投入资金、设备、场地、人员，在此过程中会发生如下研发费用：产学研共建合作基地、合作实验室，或占用学研方已有资源，或使用企业方提供的场地设备，总之会出现设备及场地使用费；实验中会发生器材损耗费、试验品购买费；科研人员工资及管理费用；科研中间结果的发表费、实验中各方协调研究方向等的进程控制费等。

（五）应用推广费

企业的核心价值是经济效益。技术创新的完整过程应包括将融合新技术的新产品批量生产，并得到市场认可，使企业获得经济利润。学研方按合同规定，研发出满足企业需要的新技术后，企业需按合同规定，及时将新技术融入新产品。这一过程可以在实验室完成，也可以在企业生产车间完成。新产品小批量生产后，进行市场试销，效果好的前提下进行大批量生产，并配合企业的营销策略进行市场推广，最终得到消费者认可并获得经济利润。应用推广费包括：新产品设计费、新产品试销费等。

（六）风险控制费

产学研合作的优势之一就是风险共担。新技术研发过程存在很大的风险，一旦研发成果达不到市场要求或被同行业竞争对手先行研发出新技术，那么对于企业方来说，其损失是巨大的。因而，企业方为控制风险，需要督促学研方尽快完成研发任务，监督研发成果的保密性。

企业方的风险控制费主要有：研发过程中突然增加的资金需要(如研发难度比预想的大、昂贵设备突然损坏等)企业因发现行业竞争者快速研发而要求加快研发速度的投入，企业派驻学研方的人员成本，发生研发结果泄密、研发进展过缓、研发结果出现偏差等情况时的继续合作投入或申请仲裁机构仲裁的费用。

产学研合作的另一大优势就是利益共享。新技术一旦应用推广，将得到巨大市场回报，学研方自身无法独立创造的经济效益，可以通过与企业的产学研合作来实现。逐利性会使得企业在获得新技术之后短期内刻意隐瞒应用效果或谎报市场利润，以压低对学研方的利益承诺。因而监督企业切实准确地将新技术融入新产品、很好地推广并获得应有的社会回报，是学研方必须面对的责任。

学研方在控制企业以下行为风险时将付出风险控制费：企业是否准确而全面地将新技术应用到新产品中，企业市场推广过程是否真实、充分，企业成本核算与利润核算是否科学等。此外，学研方自身人员对研发过程的保密工作同样需要自我监督与控制。

（七）产权保护费

产学研合作可以为企业节省高昂的技术购买费，原因在于研发成果在合作初期就明确了归属，或者归学研方所有并以此入股企业生产，或者归企业所有并支付学研方一定费用。所以，专利的申请、产权的保护极为重要。

期间发生的产权保护费用包括：学研方在新技术研发出来后，申请专利的费用；企业方购买专利过程中的税费、沟通费；市场同类企业是否抄袭该新技术的市场监督费；发生产权纠纷时的法律咨询费、律师费等。

目前，随着交易费用理论应用的进一步拓宽，交易费用对产学研合作也产生了很大的影响。交易费用存在于产学研合作的全过程，并影响着产学研合作过程的成败。产学研合作属于经济行为，既然是经济行为，就会有一定的利益驱动。若产学研合作所带来的利润不足以补偿产学研合作过程中的交易费用，则该产学研合作是失败的。为此，在产学研合作过程之中我们必须解决好以下几个方面的问题：第一，规模。产学研各方的规模不能过大也不能过小。过大，则会增加交易费用；过小，交易费用虽然可以相对降低，但却会降低自主知识产权所带来的边际效益，产学研各方同样会蒙受经济损失。第二，技术能力。产学研合作创新必须是基于其中各方核心技术能力的基础上进行的合作，只有这样才能使产学研合作创新过程更加有效，使获得自主知识产权的交易费用降低。第三，经营管理能力。经营管理能力是降低交易费用的一个很好的润滑剂，它可以协调好各方，为自主知识产权开辟更广阔的新市场，将自主知识产权所能带来的利润发挥到极致。

第三节　公共治理理论

一、公共治理理论产生的背景

"公共治理"（governance）一词，源于拉丁文和古希腊语，原意是控制、引导和操纵，长期以来它一直主要用于与国家的公共事务相关的管理活动和政治活动中。20 世纪 90 年代以来，西方政治学和经济学家纷纷引入公共治理概念，用公共治理理念发展和完善各自的学科理论，使"公共治理"这一概念逐渐被赋予了极其丰富而崭新的内涵，并发展演变成一个具有丰富内涵的包括公共治理、善治与全球公共治理等内容的"公共治理理论"。公共治理理论的兴起有着广泛的社会历史背景。

首先，从国际层面看，全球公共问题的出现、各种非政府组织为代表的全球公民社会的出现并发挥日益重要的作用，为全球公共治理的产生提供了客观必要性和可能性。冷战结束后，国际政治经济格局发生了巨大而深刻的变化，特别是伴随着全球化进程的不断发展，出现了大量的全球性问题。全球公共问题的最大特征在于共同性以及不可分割性，没有一个国家可以置身于这些问题之外，这在客观上提出了全球管理与"公共治理"的问题，即以全球为视野进行公共事务的管理和公共问题的解决。全球公共治理(global governance)理论正是在这种历史背景下产生和形成的。

全球公共治理不同于传统的国际政治和国际关系理论。正如全球公共治理委员会所说的那样：在全球层面，公共治理事务过去主要被视为处理政府间的关系，而现在必须这样理解，它也包括非政府组织、公民运动、跨国公司和全球资本市场。不仅就公共治理的内容来说是这样，就公共治理的主体来说更是如此。在当今国际社会，主要有三类行为主体，各国政府、正式的国际组织和非正式的全球公民社会组织(global civilsociety，或称非政府组织 non-governmental organization)，这三类组织在世界政治中都发挥着重要作用。这是因为，面对冷战结束后重建并维持全球政治经济秩序的严峻形势和迫切需要，目前已有的任何单一的力量都不能单独成功应对，需要各种正式的和非正式的组织机制、规约机制共同参与全球公共治理。从这个角度看，以国家间或者说政府间的政治为基础的传统的国际政治概念在一定程度上说已经过时了，代之以新的是"世界政治"或"全球政治"。新的"全球政治"更多地或者说天然地具有一种反对"国别认同"的趋向，从内容到方式无不如此，但它并不绝对排斥"国家利益"的存在，它在强调跨国组织(transnational organizations)和超国家组织(supranational organizations)的作用的同时，更加强调各种非政府组织、全球公民网络、社会运动等组织所发挥的政府间国际组织和各国政府所无以替代的作用。正因为此，20世纪90年代以来在各领域大行其道的"公共治理"一词便成了理解和解决全球化条件下全球范围公共管理的有效工具，西方政治学家和管理学家以及国际机构的活动家极力推崇公共治理概念，主张"少一点统治，多一点公共治理"，用公共治理替代统治，用全球公共治理代替单纯的国家合作，通过国际政府间组织、各国政府、各种非政府民间组织、公民社会运动以及多边合作等各种形式的公共治理机制，实现对全球公共问题的"没有政府的公共治理"。可以说，公共治理理论适应了世界政治发展的客观需要，准确而全面地反映了当今世界政治发展的特点和趋势。

从国家层面看，20世纪70年代以来各国普遍面临的管理危机是公共治理理论产生的社会历史根源。公共治理理论的兴起还有着深刻的学术理论渊源。西方的政治家和管理学家之所以提出公共治理概念，主张用公共治理替代统治，是他们在社会资源的配置中既看到了市场的失效，又看到了国家(政府)的失败。市场的失效指的是仅运用市场的手段，无法达到经济学中的帕雷托最优。市场在限制垄断、提供公共品、约束个人的极端自私行为、克服生产的无政府状态、统计成本等方面存在着内在的局限，单纯的市场手段不可能实现社会资源的最佳配置。同样，仅仅依靠国家的计划和命令等手段，也无法达到资源配置的最优化，最终不能促进和保障公民的政治利益和经济利益。正是鉴于国家的不足和市场的失效，愈来愈多的人热衷于以公共治理机制应对市场和国家双重失败的问题。公共治理机制是以公民社会的日益壮大为基础的，公民社会是国家和市场之间(或之外)的所有民间组织或民间关系的总和，其组成要素是各种非国家或非政府所属的公民组织，它的突出特点是非官方性、独立性、自愿性。随着公民社会组织的发展壮大，它们在社会管理中的作用日益重要。

虽然有效的公共治理既不能代替国家，也不能代替市场，它必须建立在国家和市场的基础之上，作为对国家和市场手段的补充，但它或是独立承担起社会的某些管理职能，或是与政府机构合作，共同行使某些社会管理职能，特别是在一些市场失灵和政府失败的某些领域，发挥着自己独特的无以替代的作用。可见，公共治理理论既是对福利经济学关于市场失灵论的超越，也是对公共选择理论关于政府失败论的超越。同时，以公民社会不断发展和壮大为基础的公共治理过程，实际上也是国家权力向社会回归的过程，是一个还政于民的过程，是国家与社会关系的调整，是民主政治得以不断发展的过程。公共治理表明国家与社会或者说政府与公民之间的良好合作，这种合作成功与否的关键是参与政治管理的权利及其程度。公民必须具有足够的政治权力参与选举、决策、管理和监督，才能促使政府并与政府一道共同形成公共权威和公共秩序。显而易见，保证公民享有充分自由和平等的政治权力的现实机制只能是民主政治，这样，"公共治理＋善治"便与民主有机地结合起来了。可见，国家与社会的关系和民主政治公共治理论是公共治理理论最深刻的理论基础和渊源。

总之，公共治理理论的产生既是 20 世纪 90 年代以来国际领域以及民族国家政府和公共管理改革客观现实发展的产物，也是理论对实践发展的高度概括和总结。

二、公共治理理论的内涵及特征

（一）公共治理理论的内涵

"治理(governance) "其原本意思指的是控制、引导和操纵。长期以来，治理与政府的统治是一体的，主要用于国家社会事务的管理和政治活动中。自 1989 年首次出现"治理危机"的说法之后，"治理"一词便广泛用于政治学、管理学等研究领域。关于"治理"的界定，全球治理委员会在 1995 年提出了较为权威的界定：治理是各种公共、私人机构和个人管理其共同事务的诸多方式的总和，调节互相冲突和不同利益的主体并使之采取联合行动的持续过程。其特征是既涉及公共部门，也涉及私人部门；既包括人们必须付出的正式制度，也包括为实现公共目标人们制定的非正式制度；是一个相互协调的持续过程。

公共治理作为政府和市场的失灵应运而生的一种社会管理补充方式，不再是自上而下，仅仅依靠政府的政治权威对公共事务进行单一化的管理；而是指政府、公共机构、非政府组织、私人机构等治理主体运用谈判、协商等互相合作的手段和方法共同治理公共事务，最终达到最大限度增进公共利益，满足社会公共需求目标的管理模式，强调的是主体多元化、方式民主化、管理协作化。公共治理现已逐渐成为公共管理的重要理念和价值追求。

（二）公共治理的基本特征

1. 公共治理主体的多元化

按照以往的公共管理模式，政府要全部承担公共事务管理职能，也就等于认为政府是唯一合法的权利主体，其他社会组织和个人不能参与公共事务管理。作为一种新兴的社会公共事务治理方式，公共治理认为政府不是公共事务管理的唯一主体，公共组织、私人机构、非营利性组织、民间组织，甚至是个人都可以成为公共事务管理的主体。随着社会经济、政治民主、教育文化的发展，各种社会组织和私人组织迅速发展和壮大，在社会公共事务治理上会展现出超越政府的活力，发挥出越来越大的作用，甚至是政府所无法替代的作用。

2. 主体关系平等、相互依赖

虽然公共事务管理的主体是多元的，但同时公共治理理论认为各个主体之间是相互平等和相互依赖的。公共治理强调社会公共事务管理责任不能全部由政府承担，应由社会组织、私人机构等承担合理范围内的责任。在对公共事务的管理中，各主体不再坚持政府职能的专属性和排他性，而是建立了一种有效的、平等的合作伙伴关系，并通过三种方式建立该关系：一是以承包的方式将公共事务管理部分职能转交另一方完成；二是多个管理主体利用各自的资源、优势合作完成公共事务管理；三是各主体之间采用协商、谈判等形式解决各自之间的冲突、问题，继而建立一系列的规则，形成合作网络。

3. 形成内在的合作网络运行机制

公共事务管理的多元化主体之间相互依赖，在共同参与公共事务的过程中，各主体通过协商、谈判、组织和行动，最终在公共事务管理系统内形成一个自主的合作网络系统。与传统的主要依靠政府权威的管理机制不同，这种网络体系是由参与公共事务管理的众多主体组成的，各主体有各自的资源、优势和利益诉求，通过谈判、协同等方式确立共同目标，促进彼此之间的理解和沟通，以此达到公共事务的管理目标。各主体彼此之间相互信任、相互依赖、相互监督，并共同承担责任和风险，最终建立起一种公共事务管理的内在合作网络系统。这个系统不再是监督、集权，而是自主合作的；不再追求专属性和排他性，而是追求多元化和多样性的。在合作网络系统中，各主体通过沟通、协调等方式确定一致目标，解决冲突，增进彼此的利益。从这一点上来说，公共治理实质上就是一种合作管理。

4. 政府管理手段、方法需要更加多样化

公共治理理论主张综合运用各种管理手段和方法对公共事务进行管理，除了政府常用的专职手段和方法外，应当并且有责任运用新的方法与手段使各种参与公共事务的活动主体之间形成一种基于自愿基础上的平等协商、互助合作、共同获利的关系。同时，由于公共治理主体是多元化的，因此在管理公共事务的过程中也可能出现推倭责任、无法协调的冲突和矛盾，在这种情况下，政府要及时担负起责任，做好各个主体之间的平衡器，避免各主体因冲突、矛盾而影响公共事务的管理，损害公共利益。

因此，关于公共治理的内涵界定，我们可以认为公共治理是以政府为主导，以公共利益、共同目标、相互认可和信任为基础，公共、私人部门和非营利组织等多种主体并存和参与的新型社会公共事务管理模式。对于公共治理理论的应用，我们一面要避免保守主义，政府在社会公共事务上不应全盘管理，应当将可以由公民社会管理的职能转移给公民社会，并丰富其管理手段与方法；另一方面，我们也要避免激进主义，错误地认为公共治理就是"去政府化"，过度地削弱政府的地位，走向无政府主义。

三、公共治理的要素

（一）公共治理的主体

从公共治理概念的基本含义可以看出，公共治理的主体除了包括一国的政府以外，还包括其他各种公共组织、民间组织、非营利组织、私人组织、行业协会、科研学术团体、社会个人等。尽管政府仍然是公共治理的主体，但是，随着经济社会的发展，政治民主化

的推进，教育文化水平的提高，各种公民社会组织的发展和壮大，国家与社会关系的调适，其他各种公共治理主体在各自所作用的领域范围发挥着越来越大的作用，而且甚至是政府所无法替代的。如非营利组织在社区建设中发挥着日益重要的作用。在美国社区建设中，非营利组织致力于提供各种社区服务(如就业培训、抚养贫困儿童、成人教育、针对低收入者的房屋中介、医疗保健、照看老幼、培育邻里关系、保护生态环境等)，关注精神需求，整合社区力量，从事有价值的事业，代表众多团体的利益，更代表市民组织和几百万志愿者的利益。非营利组织所从事的这些项目，大部分是政府和其他公共组织所不愿做、做不好的事情。从这个意义上说，政府以外的其他公共治理主体日益上升的作用，既是对政府作用范围和能力的有效补充，也是社会发展、民主发展的必然要求。更重要的是，它从根本上解决了"大政府"的问题，一定程度上解决了人们几千年所期望的"廉价政府"的愿望，向"小政府，大社会"迈出了坚实的一步。

（二）公共治理的对象或客体

由于公共治理的主体包括了政府组织和非政府组织、公共组织和私人组织、政治性组织和非政治性的行业协会或学术团体、营利性的组织和非营利性的组织，这就决定了公共治理的对象或客体也是非常广泛的，甚至可以说是无所不包的。凡是现实生产生活中所涉及的事务和活动，无不是公共治理的对象。但是公共治理对象的广泛性与以统治模式为特征的大政府时代的政府职能无所不包、控制着社会生活方方面面的情形根本不同，在以公共治理模式为特征的有限政府时代，政府的作用范围大为缩小，政府不再是无所不包的"全能型政府"。在整个社会体系中，按照国家与社会的分离、政府与市场边界的划分、公域与私域的区分，不同公共治理主体对应着不同的公共治理对象或客体，发挥着各自的作用。这既是公共治理理论的特点，也是公共治理有效性的根本保证。在这里体现了社会分工的原则和社会分层公共治理的理念。供应直接来源于需求、能力与职能相对应是分层公共治理的真髓。

（三）公共治理的手段方式

与公共治理主体的多元化、公共治理客体的复杂性相联系，公共治理的手段和方式也必然是多样化的。不同的公共治理主体采取的公共治理方式可能是千差万别的，同一公共治理主体针对不同的公共治理对象、公共治理环境和条件，其公共治理的方式手段也应该是不同的。最根本的是，公共治理的手段与统治的手段和方法是截然不同的，这种不同主要表现在：统治的手段和方法主要以具有强制性的行政、法律手段为主，有时甚至是军事性手段，以实现对社会的强力控制；而公共治理理论中的管理手段除了国家的手段和方法外，更多的是强调各种机构之间的自愿平等合作。换言之，它既包括有权迫使人民服从的正式制度和规则，也包括人们同意或认为符合其利益的各种非正式的制度安排；它既包括政治法律的，也包括经济市场的，还包括社会的、文化的手段和方式。合同包工、权力分散、根据市场原则运作、强调由国家和私营部门合作等是公共治理工具多样化的具体表现。

（四）公共治理的目标

公共治理的目标是在各种不同的制度关系中运用权力去引导、控制和规范公民的各种活动，以最大限度地增进公共利益。

四、公共治理理论对产学研研究的意义

（一）公共治理是产学研合作发展的内在要求

改革开放以来，经济的快速发展使中国成为世界第二大经济体，但主要依赖于自然资源外延式发展、廉价劳动力粗放式发展和国外资金与技术的发展模式已难以持续中国的发展。因此，要实现中国经济社会的可持续发展，实现大国向强国的质变，就必须转变经济发展方式，通过转型和变革实现中国经济的新突破，提高自身在国际竞争中抵御风险的能力，抢占国际市场的制高点。

在全球技术革命的推动下，科学技术已成为全球经济增长方式的主要力量，科技创新能力已成为衡量一个国家或者地区综合实力和国际竞争力的关键指标。当前我国经济发展要加快转变经济发展方式就必须依靠科技创新，这是破解经济发展中深层次矛盾和问题的必然选择。科技创新的发展必须进一步深化其体制改革，以企业为主体的产学研合作技术创新体系是建设国家创新体系的突破口，要大力推进产学研合作，引导、支持企业、学校等主体开展合作。

公共治理模式中政府对公共事务不再大包大揽，政府也不再是单一管理主体，公共治理突破了传统的管理方式，市场、第三部门、公众等主体也参与到公共事务治理，各主体与政府之间互相独立、互相协作、互相平等。公共治理模式要求构建多元化、多层次、网络化的动态治理框架。当今时代下，产学研合作是一项跨学科、跨区域、跨部门的系统性工程，其发展关键是建立起政府、企业、第三部门等社会众多主体多方参与的公共治理格局，激活和整合社会创新要素，公共治理理论迎合了当今新形势下的科技创新活动，尤其是产学研合作的发展特点，有助于解决当前产学研合作发展面临的协同创新问题。

（二）公共治理是提高产学研合作效率的必然要求

产学研合作是多方的交叉融合，在合作内容、方法上已延伸或覆盖到多个领域，面对的问题涉及科技、经济、教育、社会等多方面，其过程也不仅仅是基础研究—应用研究—成果转化的单向性过程，而是技术成果实现市场价值的全过程，是需要政府、企业、学校、社会众多主体互相融合、协同合作的过程，以此推动经济社会的转型发展。

提高产学研合作效率的关键在于建立多元化、多层次、多主体的产学研合作创新体系，转变科技管理体制，明确产学研合作中众多主体的定位与作用，整合社会创新要素，实现各个过程的协同发展。倡导多主体、多层次、网络化的公共治理将有助于实现科学、技术、生产、成果转化协同合作，建立开放、多元、互动的治理体制，从而提高产学研合作效率，实现经济社会的转型发展。

第四章　产学研合作的研究现状

第一节　产学研合作人才培养的研究

产学研合作模式在国外的研究中，主要是以企业孵化器模式、高技术企业模式以及科技园区模式为代表的"美国模式"，以协同联系计划、知识转移计划以及合作伙伴联盟为代表的"英国模式"，以"双元制"教育模式、"市场为中心"模式以及"顾问合作制"模式为代表的德国模式。而国内的研究可以概括为通过以区分产学研合作中谁占有合作主导地位为标准，划分为学校主导产学研合作模式、企业主导产学研合作模式、政府指导为主产学研合作模式以及以上三方共同主导产学研合作模式。而对于产学研合作模式对人才培养影响的研究，无论国外还是国内的研究都主要参照产学研合作的模式，不难发现在产学研合作人才培养模式上，其主要还是根据产学研合作模式展开的，内含于产学研合作模式之中，不同产学研合作模式对人才培养方式的选择以及人才培养的效果上具有不同的影响。从已有文献的汇总，对于产学研的研究成果显著，但对于产学研合作中如何让产学研联盟形成"合力"，并解决合作中各自为政的局面涉及较少，而且对于产学研合作的研究中大都集中在宏观层面，对于地方高校产学研合作的模式、合作人才培养创新、产学研合作对应用型人才培养等方面的研究较少。

一、国外相关研究

1983 年成立世界合作教育协会，标志着产学研合作已经成为世界性改革潮流。加拿大合作教育协会认为：合作教育是一种形式上将学生的理论学习与在合作教育雇主机构中的工作经历结合起来的机会，通常的机会是提供学生在商业、工业、政府及社会服务等领域的工作实践与专业学习之间定期轮换。美国国家合作教育委员会认为：合作教育是将课堂学习与在公共或私营机构中的有报酬的、有计划的工作经历结合起来的独特教育形式，它允许学生跨越校园界限，面对现实世界去获得实践技能，增强学生自信和确定职业方向。由此可见，产学研合作教育是以市场发展为导向，以社会需求为坐标，以提高学生职业能力为目的的教育模式。这样的教育模式看重学校与企业之间的沟通，以保证学校的教学能够随着时代的发展而不断更新，根据行业的需要来培养人才。从高校人才培养角度看，产学研合作使学生在校外的实践与校内理论学习有机结合，为学生创新意识与实践能力的培养提供了真实的场景，"做中学"的教育理念得到了贯彻。受实用主义哲学的深远影响，美国产学研合作历史悠久，无论在人才培养，还是在科研与服务社会方面都显示了其巨大的价值，美国高等教育强国的世界地位和产学研合作的高水平不无关系，这对于我国建设高等教育强国有重要的启示。

关于人才培养模式的研究在国外已经比较成熟，以产学研模式创新人才培养工作最早可追溯到英国的桑德兰德技术学院，该学院于 1903 年在英国实施"三明治"式教育模式，即产学研合作的培养模式，实行"1 + 2 + 1"或者"1 + 3 + 1"的教学计划，把学生的课程学习与实践实操相结合，工作时间与学习时间共同纳入学习计划并分别执行，已经基本形成了较为成熟的校企合作人才培养体系。人才培养模式比较典型的主要有：德国的"双元制"、英国的"三明治"模式和 BTEC 模式、澳大利亚的 TAFE 模式、美国的 CBE模式、日本"官产学合作"模式等。德国"双元制"(Dual System)，即学生必须经过"双元"的培训，一元是学校教育，主要是传授相关知识；另一元是企业或其他校外实训场所，主要接受的是实践技能和经验的累积。英国 BTEC(Business and Technology Education Council)模式，以培养学生的通用能力和专业能力为目标，以课业代替考试，采用内外结合的质量监控体系，课程设置颇具职业性，而使其培养的人才很受市场欢迎。澳大利亚的TAFE(Technical And Further Education)模式，其宗旨是服务社会，人才培养的基石是能力的培养，运用先进管理的体制，以市场需求为导向，与企业生产紧密合作，在各高等职业教育中具有广泛的影响力和较高的国际声誉。美国的 CBE 模式开创者是美国人施耐德(Herman Schneider)，他于 1906 年在辛辛那提大学提出了以"学工交替"的方式来培养工厂工人的新的教学计划，目的是使得学生在实践中运用所学的知识，并得到书本知识中难以获得的实际经验，同时获得报酬以支付学费，这种教学工厂的学生培养模式也受到广泛的关注。日本"官产学合作"模式是其国家创新体系的重要组成部分，它造就了日本半导体、家电、汽车等产业的辉煌，是日本实现战后经济起飞的重要经验模式，并被许多国家所借鉴，除助推产业创新与成长外，日本的官产学合作不仅引进了大量高质量留学生人才，而且培养了大批复合型高层次人才，发挥了巨大的人才开发效能。

这些人才培养模式都是以提高学生的能力为基本目标，以市场人才需求为自身的培养方向，通过改进教育教学水平来提升自身学员的实践能力，进而提高人才的就业竞争力的。这些人才培养模式今天已经在全世界范围内普及开来，并被逐步改进。"西方人才培养模式研究过程中，非常重视合作体制、规模效益以及组织结构方面的理论研究。"国外人才培养模式的研究，特别是以产学研合作为导向的人才培养模式研究中，突出了人才培养与其他产业的关系，他们并不是仅仅在教育领域内部解决教育本身的问题，而是通过将教育行业与其他行业结合在一起的方式来综合性的解决教育的问题的。

美国学者丹尼尔从合作培养的动机方面进行了系统的研究，对宏观的产学研合作制度进行系统的研究，这些研究揭示了以产学研合作为基本导向的人才培养模式的基本概念与核心特征。学者鲍博尔从微观层面对人才培养模式进行了讨论，形成了一批较有影响力的研究成果。学者曼斯菲尔德等人分别从合作人才培养种类、人才培养模式绩效等方面进行了研究。同时，以英国学者斯尼登为代表的社会效用理论学派将专业化的职业训练看作是提高教育教学质量的一个本质要素，以满足社会对于劳动者能力的需求为基本目标，通过培养合格的劳动者来加强国家的核心竞争力以及促进经济社会健康持续发展。亨利·埃兹科维茨 1995 年提出三螺旋模型的概念来解释大学、企业和政府三者间的新型关系：从纵向上看，三股螺旋不断进化，每股螺旋都在不断完善，谋求自身的发展；从横向上看，各种要素在三重螺旋中互相流动，包括人员、信息、产品等。如大学的主要产品是毕业生、科技成果核心思想等，政府的产品包括政策、法规和资金等，企业的产品包括商品、税金、资本等。谢丽尔等介绍了辛辛那提大学综合课程的改革与发展，根据学生在合作教育工作中的表现和工作需要，不断调整课程，认为合作教育课程模块的学习有利于提高学生的社会适应性和工作能力，对于教育质量的提升具有积极作用。雷林等学者的研究证实了合作教育能加强理工科女性的自我效能感，有利于调高她们的学术地位。泰勒等通过调查研究，考察合作教育对学生学术水平、课程成绩与课堂考勤的影响，结果显示，合作教育影响课堂出勤率，而对前两项内容没有明显影响。

由以上可见，国外产学研合作教育研究渐趋以实证研究为主，体现了由宏观向微观发展的一种发展规律。综合来说，西方学者把以产学研合作为基本导向的人才培养模式概括为以下几个特征：重视应用型的学习；提倡企业充分参与到学校的教育教学活动中来；通过定制的方式实现人才的订单培养；通过合作办学加强教育机构与社会的紧密度。西方对人才培养模式的研究取得的大量有价值的理论成果，对我国高等教育以及人才培养模式理论的研究具有极大的借鉴作用。

二、国内相关研究

产学研合作在中文里有不同的表述方式，如"产学研结合"或"产学研一体化"。我国于 20 世纪 80 年代末引进产学研合作模式，1991 年 4 月在上海成立全国产学研合作教育协会，1997 年 10 月确定在 28 所高校开展产学研合作教育试点工作。刘力认为，产学研合作是指学术界与产业界为了共同实现创新目标而形成的合作交流关系。它是由产业界发起，以学术界的研究与开发为起点，再经过产业界成功的市场实践，从而在科技层次上实现的创新活动。这一活动涉及企业、高校和研究机构等两大领域三个不同部门，三者之间不仅相互联系和相互制约，同时也与政府和社会大环境相互联系和相互制约。

在我国，不同层次和类型的高校在实践中往往采取不同的产学研合作人才培养模式。高水平研究大学关注科技创新和成果转化，基于研究中心等科研平台培养研究型人才，提升学生的创新与实践能力。如中国石油大学(北京)形成了共建校内外实习与实践基地、订单式培养、签订协议开展全方位合作、联合建立企业研究生工作站、联合培养博士后、国际化人才培养模式和共建科研基地等多种产学研合作模式。一般本科院校以培养应用型人才为核心，着眼于学生就业能力的提高，形成了多样化的产学研合作人才培养模式。如孙健对广东地方本科院校的六种产学研合作教育人才模式(工学交替、校企双向参与分段培养、以项目为依托的联合培养、订单式培养、以科研基地为依托的联合培养、直接服务于企业的生产和管理实践)的现状进行了调查，发现 80.5%的毕业生成为合作企业优先选择的对象。高职高专院校则主要以就业为导向，培养一线应用技能型人才，往往通过校企合作，将学生送至企业岗位轮岗实习，提升学生的实践能力。

综上，目前我国在高校人才培养与企业协调发展方面形成的典型模式主要有以下几种类型：顶岗实习模式、共建实验实训基地模式、"订单式培养"模式、工学结合模式、校企联合办学模式、产学研合作模式，等等。虽然我国校企合作教育的模式形式多样，但是目前实践比较多的还是处于比较浅层次的合作方式，如顶岗实习模式、共建实验实训基地模式等，其主要是以建立"校内、校外实训基地"为主的；而像"订单式培养"模式、工学结合模式这种深入合作模式，还只是处于初级阶段，其优势还未突显，校企结合的实践模式对于人才培养还未形成联动机制，即使是将学生送入企业进行实习也缺乏具体的培养目标、培养措施和管理途径，实质性合作不多，特别是地方高校人才培养与中小企业协调发展互动机制的构建仍需不断深入与优化。

国内相关学者关于产学研合作以及人才培养的研究已获得了重大的进步，其许多重要的理论成果和实践经验已经上升为国家政策的高度。从研究主题层次来看，大部分的学术研究集中在产学研合作模式与实现机制研究、内涵解释和理论基础研究方面，并已取得了较为显著的理论研究成就，对效益研究、可行性与必要性研究等方面则占据了较小的组成部分。从研究方法来看，多数是采用定性研究的方法，主要包括对比研究法和案例研究法，通过对国外先进的管理模式进行案例分析，从中获得宝贵的借鉴经验。历史研究法和调查研究法在相当多的文献资料中也纷纷出现，但定量分析，实证研究相对较少。

（一）关于产学研合作教育模式的研究

国内多所著名的高校如清华大学、上海交通大学、华中科技大学和华南理工大学等都在产学研合作教育上进行了一些有益的探索性实践。国内一些学者对现有的产学研合作教育模式也进行了研究，如夏广军等通过国内外产学研用合作培养人才模式的梳理、比较、分析，总结其中的做法和经验，对构建我国产学研合作人才培养模式具有一定启示。石火学指出，产学研合作教育模式主要包括"三明治"模式和"交替型"模式、继续工程教育模式、工程研究中心模式、企业博士后工作站模式、校内产学研结合模式、大学科技园模式。张亮峰、曾永卫认为，产学研合作教育模式可以分为常规模式和高级模式两种，其中常规模式包括自主式、外向式和委培式；高级模式包括联合式、项目式和共建式。这些产学研合作教育模式没有形成统一的规划和规范化管理，呈现出各地方各单位因地制宜的特点。王正祥提出了：工学交替形式；"订单式"培养模式；半工半读、工学结合模式；"顶岗"实习等。其中"订单式"培养是当前应用较为广泛，取得良好效果的一种模式，只是开展的深度和广度还有差异，需要在实践中不断进行研究和完善。黄伟九提出了实行"企业高校互聘制"，地方高校可以聘请企业的主要领导担任高级顾问，参与学校的各项重大战略决策、学科建设、科技开发等工作，还可以聘请企业的高级工程师参与学校的教学与科研工作，实行"双导师制"，共同培养青年教师和学生。"三学期"和"3+1"的模式，将学生在校学习的时间分为理论学期和实践学期，学生理论学期在校内学习，实践学期到校外学习。"三学期"制度(也就是将每年分为三个学期，其中第三学期主要是实践活动)，强调了应用型人才的培养，有利于产学研创新型人才的培养。刘晓欢则认为产学研合作教育模式应该是在组织结构上将教学、生产和科研融为一体，以产学研合作为中心，确保学生实践能力培养的"一体化"模式。而谭伟平进一步提出了立足个人发展与学校发展、社会发展的实际需要相结合，坚持"实基础、强能力、高素质"的应用型人才培养目标定位的"三位一体"产学研教育合作模式。张炼将我国产学研教育模式总结为"订单式"人才培养模式、"2+1"模式、"学工交替"产学合作模式、全方位合作模式、"实训—科研—就业"模式以及工学结合、校企双向介入合作教育模式。另外，他在《我国产学研合作教育的政策分析》一文中指出：影响企业参与产学研合作教育的因素很多，但有关政策法规不完善，并不是最主要原因，高校也存在认识不到位的地方。由于每个企业接受产学研合作教育的学生数量有限，即便是有一定的减免税政策，企业获利也不多，因此难以成为企业追逐的动力源。如何进一步提升教育部口与产业部口之间的信息交流，促进人才培养与人才需求的统一，是人才培养模式研究的重要问题，也是解决我国劳动力供需结构性矛盾等关键问题，需要学者进一步研究。

（二）关于产学研合作创新创业人才培养的研究

我国高等院校创业型人才培养的目标是培养就业能力和创业能力并重的大学生，实现大学育人功能。《普通本科学校创业教育教学基本要求(试行)》中提到，创业型人才不仅具备创业基本知识，还应具有创业意识、创新精神与能力，同时具备社会责任感。阚兴辉认为产学研模式下的高校人才培养，不仅要培养应用型人才的创新意识和创新能力，还要培养他们的创业能力。肖贵平提出从加强校企合作，创建各类竞赛实验训练、科研训练、产业实践"四位一体"的实践教学载体等方面入手进行人才培养。姜慧等提出以个性化教育为基本手段和途径，以高素质创新创业人才培养为根本宗旨，尊重学生特质差异，挖掘与发展学生个性潜能优势，提升学生创新精神、创业能力及社会实践能力。在创新创业人才培养体系上，青岛科技大学探索出产学研协商定计划、产学研融合强能力、产学研转化育氛围三位一体的培养体系。在互联网背景条件下，邓飞提出借助互联网和智能制造技术及服务优势，构建新型产学研创新创业服务平台。童蕊在《产学研合作背景下的大学创业型人才培养模式研究》一文认为应该完善高校的创业教育课程，高校应关注创新创业意识和态度的培养，使学生能够正确客观地评价和认知自我的真实能力，并提出由大学生创业意识的培养阶段、创业能力的开发阶段、创业行为的引导阶段、创业活动的孵化阶段等四个阶段构成大学创新创业型人才培养新模式。安建强指出了创业型人才内涵，认为科技与文化创新成为创业教育的核心与基石，提出要建立产学研结合的创业教育教学体系和课程计划，加强创业型人才培养的针对性和适用性，加强校企合作，构筑双方共享的创业人才培养基地和平台，充分利用政府的政策导向作用，灵活办学，加强共识，各方建立新型合作伙伴关系，共同进行创业型人才培养。陈国铁分析了应用型高校的产学研合作协同创新典型模式，借鉴了国外产学研合作协同创新的实践情况，最后从产学研合作协同创新战略联盟、校企协同、校所协同以及校内院系、部门协同等宏观、中观、微观三个层面构建了基于协同创新的应用型高校产学研合作人才培养机制。李婷、陈洪转等人根据创新科技人才的内涵和特点提出了产学研合作创新人才培养的系统结构，并从高校、企业、政府三方主体的内部层面、外部层面及交互层面剖析了产学研合作人才培养的关键影响因素和相关假设。基于调查问卷和文献分析，建立了产学研创新人才培养实施的灰靶决策模型，实证分析了各影响因素对创新人才培养的影响及影响程度。最后基于计算结果给出了产学研合作创新人才培养的对策建议，系统揭示了产学研合作创新人才培养机制问题。李伟铭、蔡云、刘丽艳、杨秀芹等人也就产学研合作背景下高校创新人才培养提出了自己的观点，这些研究成果从一定程度上促进了我国高等院校人才培养整体质量的提升，促进了劳动力结构的不断优化。

（三）关于产学研合作人才培养模式的研究

众多院校积极探索产学研合作的人才培养模式，也引起了学者们的关注和研究。韩笑认为，产学研合作是提升高校人才培养质量的重要方法，也是地方本科高校转型发展的必由之路。由于产学研各合作主体认识上存在误区，协作机制不健全，缺乏有效的评价体系等因素，故严重制约了地方本科高校深入开展产学研合作。因此，地方高校应创新产学研合作理念，搭建和完善各类合作平台，构建科学合理的评估机制，选择合适的产学研合作模式，以产学研合作的深入开展提升地方本科高校人才的培养质量。彭峰以沃里克大学为例研究分析了产学研合作教育与创新创业人才培养，总结了英国沃里克大学在产学研合作教育中的成功经验，结合我国产学研合作培养创新人才实践中的突出问题，从完善人才培养体系、满足地方产业发展需求、发挥政府主导作用、重视与中小企业合作、促进导师队伍建设等方面提出了促进创新创业人才培养的对策建议。陈卓武认为培养满足社会和市场经济发展需求的应用型人才，是高等教育由精英阶段发展到大众化阶段的重要任务，产学研则是培育应用型人才，提高教育质量的重要途径。台湾高校重视产学研一体化合作培养人才，在这方面形成了较为成熟的培养模式，如成立多类型的产学研合作研发中心、形成了产学研合作人才培养机制及激励措施，这为大陆高校的产学研合作人才培养提供了可以借鉴的经验和启示。曹受金等就中南林业科技大学材料科学与工程学院应用型人才培养创新模式进行研究，认为通过产学研合作教育培养应用型人才的方式已被教育界普遍认可，但是产学研合作的模式不是统一模式，需要结合各地社会和经济的发展进行创新性探索和实践，研究出符合当地区域经济发展，并具有特色的产学研合作教育的人才培养创新模式并加以实践。廖颖川以福建农林大学安溪茶学院为例对产学研合作下创新创业人才培养进行了研究，分析安溪茶学院人才培养存在的不足之处，提出创新创业人才培养体系的构建，包括依托福建省创新创业联盟、建立校内创业生态系统、创新创业理念融入教学、设置课程体系、构建多方网络交流平台等。程国华等指出上海工程技术大学在实践中不断总结经验，提出更加完善的"三协同"办学模式，即：学校与行业、企业、政府协同办学、协同育人、协同创新。在协同办学上，学校设置校企合作院务委员会，推行"企业方院长制"，聘请企业方专家或负责人担任院长，依据企业需求制定学校专业课程设置和人才培养模式设计。同时学校实行"3＋1"培养模式，即在校理论学习 3 年，1 年为实习时间，所有学生均需参加 1 年以上的企业校外培养。步德胜对青岛科技大学产学研合作的人才培养模式进行了研究，积极探索由"入研"合作教育模式转变为"入企"合作教育模式，再到"协同"合作教育模式，对于提升高校教育教学水平和人才培养质量具有重要意义。张坤朋等人结合安阳工学院在区域产学研合作的实践，探讨了仪器设备共享、人才资源共享、引导和鼓励企业设立奖学金、共建科学研究平台、定向为企业培养人才和联合开展实习实训等途径和方法，提出了高校在科研合作、学科、仪器和人才培养等方面的思路和方法。

(四) 关于产学研合作背景下的专业人才培养的研究

关于产学研合作背景下的专业人才培养的相关研究较为丰富，涉及的专业门类众多，如医学中药类专业、金融专业、财会专业、设计专业、工程专业、造价专业、化工专业、生物技术专业、动漫专业、外语专业等。莫山农认为财经类院校在产学研合作培养人才上应转变观念，变"单一人才培养模式"为"多途径人才培养模式"；借政府之手"牵线搭桥"，利用政策引导产学研合作；改革课程设置，实行"导师制"；改革教学方式，引入"头脑风暴、情境模拟"等教学方式；加强师资队伍建设，构建一支能打通理论与实践"任督二脉"的双师型教师队伍。宋粉鲜认为，从学校方面，为培养适应市场需求的应用型创新财会人才应积极参与财会行业产学研战略联盟，在与企业的合作中能够发现企业问题并解决，从而充实学校教育教学中的实践案例，达到实践推动财会理论研究向更高层次和更宽领域迈进，完成财会教育发展与改革的重要使命，满足协调经济新常态下财会教育与市场财会人才需求关系的需要。金艳红、何德铭分别对产学研背景下金融类专业人才培养进行了研究，提出以产学研合作为中心完善实践教学人才培养方案，构建开放性实践教学体系，创新人才育人模式的改革，建设"双师型"师资队伍。尹贻林等以天津理工大学工程造价专业应用型人才培养为例，系统阐述了其与国内外行业协会的合作，借由专业认证、执业资格考试及终身教育的产学研合作教育创新，为高校深化产学研合作教育、提高应用型人才培养质量提供借鉴。李婷、朱明旭等剖析了国内外工业工程专业提高人才培养质量的经验，在分析我国工业工程产学研合作人才培养质量现状的基础上，提出了改善我国工业工程人才培养质量的框架，基于工业工程人才培养的内涵要求，分析了工业工程人才培养质量控制面临的挑战，给出了控制工业工程产学研合作人才培养质量的指导性建议和对策。喻铮铮等以地方高校转型发展出发，分析了传统教学模式存在的问题，并从课程体系、实践教学体系、师资队伍建设、创新创业基地建设及保障机制等方面构建了产学研合作背景下的地方高校测绘人才培养模式，并对其运行效果进行了分析。朱家勇等基于产学研合作对于地方高校培养应用型创新人才的重要促进作用，提出了医药应用型创新人才培养的理念，从产学研平台构筑、合作教育模式、应用型师资队伍建设等方面开展研究与实践，走出地方医药院校产学研合作培养应用型创新人才的新路径。王建新通过文化创意产业产学研合作人才培养SD 模型的仿真，对政府、高校和企业三大主体对人才培养影响的强度进行直观描述，并在系统结构层面对相应的行为进行了阐述，认为目前文化创意产业产学研合作各方应构建战略联盟，推进产学研协同发展，从而促进创意产业提升。杨晓娟认为实现构建艺术设计专业"产学研"合作教育创新人才培养体系，建立以"产学研"合作教育的创意设计孵化器机制，吸引创意企业，聘请一批稳定的、长期的外聘专家、专业技术工艺大师加入教师队伍是艺术设计专业发展的趋势。

综合以上学者的研究，目前我国人才培养方式及产学研合作教育方面的研究已经取得了一定的理论成果，这些理论成果为我国教育实践活动提供了智力支持，对于产学研背景下的专业建设提供了创新思路和途径。

第二节 产学研合作成果转化的研究

奥地利著名经济学家约瑟夫·熊彼特是最早提出科技成果转化概念的学者，他认为科技成果转化就是将科学技术研究开发出来的成果商品化与产业化的过程。联合国教科文组织(UNESCO)认为科技成果转化是一种科技活动，这种科技活动是为了将科学技术研究与开发的成果商品化、产业化而进行的。我国第八届全国人大常委会第十九次会议上通过的《中华人民共和国促进科技成果转化法》，提出科技成果转化是指为提高生产力水平而对科学研究与技术开发所产生的具有实用价值的科技成果所进行的后续试验、开发、应用、推广直至形成新产品、新工艺、新材料，发展新产业等活动。黄楠认为科技成果转化是将科技成果转化为现实生产力以后应用到生产实践中的活动，从而提高经济效益。赵志耘、杜红亮认为科技成果转化是将具有学术价值和使用价值的科技成果转化为能够推动社会生产力的新产业、新科学等活动。科技成果转化是科技活动中的一个阶段，是使已有的科技成果商业化、社会化的过程。科技成果转化是个过程，而转化后所发挥的作用和意义，才是科技成果转化的结果。

一、国外相关研究

（一）从产学研合作宏观角度进行研究

佩特罗尼和维巴诺从科技成果转化的含义、体系的构成、特征几个方面进行论述，力图从疏通和理顺其理论的角度，为提高科技成果转化率提供理论依据。高帕尔·达斯提出了 CGE 模型，该模型指出了一国的人力资源水平，企业管理水平和该国的产业结构对科技成果转化率都有极大的影响，同时也分析了区域信息化水平对科技成果转化的影响，并基于多重的影响因素提出对策建议。麦克莱恩提出了产学研组织成果转化模型——平等关系模型，该模型认为当今经济时代的"政府主导型"缺乏有效的作用，阻碍了技术的创新。"平等关系模型"的提出使产学研各方积极参与到合作中，进而促进科技成果转化途径。斯托克斯指出，高校的科学研究分为基础性研究、应用性研究和技能训练研究、丰富了科技成果转化的途径。莫厄里指出科技成果转化的本质，他认为知识和技术在各部门间流动，达到信息共享，进而有效地促进了科技成果产业化联盟。

（二）从产学研合作微观角度进行研究

基斯林和哈曼在完善科技成果转化的税收政策方面提出了相应的观点，包括明确税收的政策、实行多样化的税收优惠形式、扩大税收优惠的行业范围、加大流转税优惠力度和外部环境的激励机制。卡尔森和弗里德认为科技成果转化不仅能增加社会效益，使研发的科技成果得到有效应用，而且节约了成本。高校、科研机构与企业三方的合作不仅对企业技术创新有促进作用，而且对高校和科研机构的学术研究有激励作用。麦克弗森认为实现技术创新的关键在于企业的主动创新，企业应该主动和大学合作，充分利用大学的资源优势。费希尔认为，高校和科研机构是基础性研究的根源地，那里有大量的技术型人才，研发成果多，能有效地促进科技成果转化。

二、国内相关研究

国内众多学者在多种类型的产学研合作中提炼出"科技成果转化"这一核心行为，并针对科技成果转化研究出多种运行模式，进而分析它们的共性和区别；还有些学者对科技成果关系的形成提出了若干理论方法和定量模型，试图优化关系形成的数量和质量。科技成果转化的过程涉及合作方的寻找(其中包括技术成果拥有方，即转让方对受让方的寻找；或技术成果紧缺方，即受让方对转让方的寻找)、合作关系的建立、科技成果的进一步研发和相关产品的生产、产品收益的合理分配以及后续合作的建立。在我国，科技成果转化多为由高校向企业转化。在产学研活动中，科技成果转化活动是维系企业界与高等院校、科研院所之间的纽带。

（一）从产学研合作成果转化模式进行研究

常立农、周哲将科技成果转化模式分为三种，即研发主体自行开发模式、研发主体转让技术模式、研发主体与其他主体合作模式；何婷婷、刘志迎将科技成果转化模式分为两种，即柔性转化模式和刚性转化模式；徐晨将科技成果转化模式分为三种，即第三方转化模式、政府引导推动转化模式和综合支撑模式。目前我国科技成果转化研究采用较多的模式主要是技术委托开发、技术成果转让、技术合作开发和自行开发四种，也有学者将转化模式分为集成模式、联合模式与共建模式。所谓集成模式，是指由那些具有特定优势和能力的企业(或高校、科研机构)独自完成的产学研活动。联合模式是指企业界、高等院校、科研机构之间为了解决企业生产经营过程中的困难，由高校(或科研院所)向企业提供技术支持、技术服务的一种合作方式。共建模式是指企业、高等院校、科研机构通过建立新的联合实体，共享资源(包括信息、基金和技术等)和人才，使其拥有的资源配置最优化，并使三方从中受益。科技成果转化是此类模式的建设目的和核心活动。产学研共建模式包括共建高新技术企业、研发机构(如开发中心、研发集团、中试基地、研究所等)、学院、工程研究中心和重点实验室、高新技术产业园等形式。共建实体是产学研合作最高级、最紧密、最富有成效的形式。

方燕翎、毛义华认为加快产学研合作已成为加快科技成果向产业转化的主要机制，应选择更为有效的科技成果转化模式，为提高产业技术研究院对科技成果转化的主动性，可根据高等院校或科研机构已有的科技成果，主动聚拢和打包一批推动产业技术发展的专利及科技成果，引入金融资本，快速实施科技成果的转移和转化。王占武、钟玲认为应探索新的产学研合作模式，新模式要能从根本上解决高校对市场了解不足、中试及产业化资金不足的两大难题。如北京市在中关村科学城建设中参考台湾工业技术研究院模式推进的"产业技术研究院"模式，坚持"需求牵引"的宗旨，政府引导，企业化模式运作，兼顾科研成果转化的前端和末端，很好地解决了市场和产业化资金的问题。晏自翔概括了目前在具体实践中的模式：专利转让模式、转移机构模式、园区模式、高校教师创业模式、校办企业模式、技术入股模式、联合研究模式、技术中心模式，认为政府部门应该对一些实践证明好的模式进行鼓励，如以联合研究模式为例，政府部门应该联合高校、工商部门、税务部门、金融部门制定鼓励政策，来鼓励校企加大合作研究；同时指出要想构建多元化的技术转移模式，除了对转化模式进行选择外，为保证多元化模式的顺利运行，还需要制度上的有力保障。

（二）从产学研合作成果转化过程进行研究

有些学者提出了成果转化三阶段论，如张卫国以阶段性进行科技成果转化为依据将科技成果转化分为开发过程、中试过程和规模化(产业化)生产三个过程。银纯泉认为科技成果转化过程分为技术产品自身的研发、中试放大(即科技成果的生产性试验)、应用和扩散三个过程，实现了技术产品从成果进入生产最后进入消费的全过程。邓立治、刘希宋

(2008)将科技成果转化过程分为小试过程、生产过程和市场开发过程。也有学者提出了成果转化四阶段论，如郭晓川是将科技成果转化过程分为四个阶段最具权威和代表的学者，他认为科技成果转化过程包括推广阶段、技术中试阶段、试验成功阶段和应用阶段。

霍妍、王幼芳等认为高校的科技成果可分为几个阶段，如基础研究阶段、应用研究阶段、开发研究阶段、中试阶段和产业化阶段，每个阶段的科技成果都有自己不同的特征、风险、费用及收益。对基础研究而言，采取政府推动型的合作模式不失为一种理想的选择；对应用研究而言，可采用技术转让、合作开发、共建实体的方式将研究成果转化，同时也可以引入风险投资基金转化研究成果；开发研究成果的成熟度比应用研究成果的成熟度要高，因此，同样可采用技术转让、合作开发、共建实体和引入风险投资基金的方式将研究成果转化；中试阶段可采用合作开发，共建实体和引入风险投资基金等方式转化科研成果；而产业化阶段，高校采取创办经济实体和接受风险投资模式是一种比较理想的选择。

(三) 从产学研合作成果转化影响因素进行研究

科技成果转化是一个动态的复杂的过程，它的整个过程是螺旋式上升的，不同的影响因素在其不同的阶段产生着不同的效果，因此科技成果转化的影响因素也非常繁杂。科技成果的转化涉及多个参与方，政府部门、科研院所、生产企业等都参与其中，研究导致我国科技成果转化率低的影响因素，就必须从多方面入手，发掘各转化主体间存在矛盾的深层次原因。作为科技创新的主体，企业在科技成果转化中的不同发展层次对科技成果也会产生影响，俞亚山指出企业是创新科技成果的吸收者和生产者，在科技成果转化过程中起到非常重要的作用。企业创新活动的主要拉动作用来自对利益的追求。孙静认为企业作为生产单位，是科技成果的主要需求方，科技成果转化的实现在很大程度上受到企业需求的影响。高校及科研院所在科技成果转化的过程中也至关重要，不同的学者从不同的角度分析了高校科技成果转化的影响因素。张健华阐明了科技成果转化能力对推动国家发展的重要性，特别是高校的科技成果转化能力尤为重要。无论怎样，科研能力是高校提供科技成果的基础和关键。在我国的特殊国情和经济体制之下，政府的调控与扶持在科技成果转化中至关重要，秦丽娜、李凯认为政府调控对于科技成果转化起到了导向性作用，但目前我国既没有健全的领导机构又没有适合的管理体制，大大降低了科技成果转化为现实生产力的成功率。李佳认为政府的宏观管理和微观引导有助于形成转化的良性运行机制。由于"市场失灵"的存在，所以政府介入科技成果转化就显得非常必要。政府能够在科技成果的整个转化体系中起到一个"多面手"的作用，对多个主体进行调控，但这一调控的效果是积极的或是消极的就不能一概而论了，政府必须要对自身、对整个市场有一个清醒的认识，同时掌握好调控的尺度。科技成果的转化必须要有完善的环境体制作为保证，需要一定的保障和支撑体系。李淑、赖明勇指出产学研结合面临的困难主要包括合作三方各自为政，没有意识到合作的真正目的，他认为要真正建立产学研联盟，促进彼此合作，才能推进科技成果的转化。

　　除了从企业、高校(科研院所)、政府这三个主要影响因素进行分析外,很多学者也对其他调节因素进行了分析。如王立英指出,科技成果自身的特性、国家的政策方针、法律体制、资金投入、社会环境等因素都影响着科技成果的转化率、转化速度、成果质量和经济效益。王占武、钟玲认为我国高校科研成果转化率低的原因是多方面的:科研体制不健全,产业化资金短缺;高校与市场结合度低,科研选题不考虑市场需求;中介机构不发达,供求信息流通不畅;科技推广人才紧缺,宣传力度太小;科研评价体系不完善。周亚庆、许为民从科技成果的转化环境入手研究影响我国科技成果转化的因素。李敦瑞等认为我国科技成果的转化受到多种制度环境的制约。李华、陈万仁以市场经济环境为基础,分析阻碍科技成果转化的因素。熊正德研究促进科技成果转化的一系列环境因素,强调市场环境、经济环境、人才环境及中介环境等的重要作用。张先锋认为导致科技成果转化率低的原因是市场这个主题失去了原本的功能,他认为只有使科技成果转化的各个环节达到合理的配置,才能顺利实现科技成果的转化。邸晓燕等强调知识产权收益分配在激励政策中的核心作用。徐泰玲和谢露夏则从科技成果的产权公有性角度入手,研究得出产权合理分配能够为所有者带来公平的利益,从而促进转化率。赵捷等学者研究校企合作中技术入股的模式,认为高校愿意通过技术入股的方式转让科技成果,是因为能够获得更加公平的收益。技术中介机构作为科技成果转化的桥梁,在各转化主体间沟通联络、传递信息。目前,我国社会经济环境不够完善,技术中介机构仍然存在很多问题,各个中介机构水平不一、发展不均衡,提供的服务科技含量有待提高、功能不够多样化,中介机构的工作人员自身素质不高。张璞和张学东提出中介组织服务水平在科技成果转化中具有重要作用。杨勇研究分析中介机构发展缓慢的原因包括:政府的改革力度不够、缺少对中介行业的扶持,中介机构发展空间有限,转化各主体缺乏对中介机构的深入认识、认同程度及需求量较低。邹婧玮和陈晶认为作为科技成果转化体系中的重要组成部分,科技中介在科技创新主体、科技型企业、政府机构及其他源提供者之间起着桥梁和润滑作用。黄涛研究影响科技成果转化的因素,认为在诸多因素中,最本质的问题莫过于科技成果自身的不足。科技成果只有自身具备转化功能才能实现转化,成熟的实用的科技成果才有可能转化为现实产品。科研人员在进行科技创新时往往是纸上谈兵,只注重眼前,没有对其未来市场及经济效益进行预测,使得一些科技成果陷入"中看不中用"的窘境。部分科技成果自身质量不高,不够完善,也很难实现转化。

　　综上所述,国内外对于产学研合作成果转化的研究取得了丰硕的理论成果,但还存进一步研究的空间:大多数研究仅停留于静态分析,但由于单个产学研组织的内部构成变化较快,使得研究无法准确描述现实情况;多停留于定性分析,一般只对本国当时的问题现状提出较为模糊的政策导向型意见,缺乏准确的要素和指标描述,进而无法提出明确的措施性科学依据;多为宏观研究,以国家为地理范畴,以统称的产学研组织为研究对象,缺乏针对性,尤其在中国,由于地理范畴的广阔和不同地区内组织合作环境以及政策的多样化，笼统的研究难以得出具有普遍指导意义的结论。

第三节　产学研合作政府作用的研究

一、国外相关研究

目前，西方国家的政府在产学研合作中主要充当三种角色：引导者，政府通过舆论宣传倡导，运用经济、法律、政策手段引导产学研合作；推动者，运用政策法规影响，利用财政资助，设立科研基金，对一些科研项目重点资助；协调者，主要提供数据咨询、政策咨询。在产学研三方合作中做好调查研究，在产学研合作中穿针引线，起"红娘"作用，规划产学研合作蓝图，跟踪高校和企业运行情况，并及时调整政策。西方发达国家政府在推动产学研合作中经常采用以下方式：政府委派或组织专门机构予以支持；政府通过政策性立法予以支持；政府以科技计划对产学研予以支持；设立基金，拨出专款予以支持。

国外政府在产学研合作中发挥的作用是有其共性的，首先十分重视对于中介机构的建设。在市场经济环境下，中介服务机构是联结经济与科技的最佳选择，而为了实现产学研结合，国外政府纷纷意识到了各类科技中介服务机构的重要性，充分激发了它们的活力，这对企业服务和促进高院、科研院所和企业的知识流动及技术转移起到了重要的推动作用。其次，政策作为国家战略和发展的风向标，在某种程度上，对于行业的发展起到了重要的影响。国外政府对于产学研合作的重视程度，最明显的体现于政策的积极引导上，通常会将产学研合作上升到国策高度。当然这里所讲的政府支持，并不是一味的盲目支持，需要利用好财政手段，做好调控和明确的目标导向。在涉及具体的财政支持时，国外政府一般都会采取分层次的产学研合作支持。

近年来国外很多政府，除了大力推行国家产学研联合工程外，还格外重视发展产学研合作工程，尤其是经历了新一轮的金融危机之后，为了振兴本国经济，各国政府格外重视信息渠道的建设和信息交流平台的搭建。在欧洲，以英国为首的许多国家纷纷由政府牵头，各类工科院校积极响应，开展了许多类似于美国"合作工程"的促进产学研合作信息交流的平台建设工作。开辟多种信息交流渠道，搭建信息交流平台，本质上为企业、学校和研究机构之间，架设起了一个平台，方便了大学、研究机构和企业之间的合作，尤其是为技术转让、交流、资源共享提供了非常便捷的渠道，从根本上直接加快了科技科研成果产品转化的效率。英国制定了大量而周密的产学研合作计划，该类计划主要包括"教研公司计划"、"院校与企业界的合作伙伴计划"、"知识转移伙伴计划"等。除此之外，地方当局政府还牵头组织并实施了一些大型项目和诸如联合计划等的措施，全面支持大学等科研机构与企业之间就富有商业价值的前瞻性研究开展合作，进行研发活动，旨在从数量和质量上造就一大批市场竞争力强的新产品、新工艺。美国可以说是全球范围内产学研合作的发祥地，制定科研计划引导和扶持产学研合作的开展，建立促进产学研合作的保障体系，搭建产学研合作交流平台，成立特设机构。在美国最典型的产学研合作模式就是科技工业园区模式。所谓"科技工业园区"发端于 20 世纪，当时美国联邦政府及州政府鼓励工商界充分发掘大学的研究能力，很多企业借势将技术研发部门和重点实验室都设在研究性大学周边。这种工业园模式最著名的莫过于斯坦福工业园，以及后来的"硅谷"，园区后来发展壮大，以至于影响力波及全世界，最开始还是得益于围绕着大学组建的核心思想。日本政府十分看重产学研的一体化，重视新模式的开发和规则模式等的细化，形成了独具特色的产学研合作的模式。日本在产学研合作方面，由于日本地方政府既是地方行政机构也是中央政府的机构，从而使各级政府对产学研的高度重视和积极的财政政策引导上升到了国家战略层面上；与此同时，在政府的高度重视下，逐渐建立起了产学研合作的有效的制度，保护了参与者的合法权益和应得的商业利益，给产学研合作的发展解决了后顾之忧。

西方国家有关学者已在 20 世纪 60 年代开始研究产学研合作中政府的作用。曼斯菲尔德 1962 年在《Entry，Gibran's Law，Innovation and the Growth of Firms》一文中论述了优秀高校因比普通高校更容易获得大量政府资金开展科研，故保障了其高质量的研究成果产生，阐述了政府在产学研合作中处于扶持与鼓励的地位，也从大学的角度说明了政府对产学研合作提供支持的重要性。英国经济学家弗里曼 1987 年在《Technology and Economic Performance： Lessons of Japan》一书中通过研究日本的"技术立国"政策和创新机制，指出完全依靠社会各主体自发形成的产学研合作在自由竞争的市场经济中，如果没有政府作用的参与，则容易导致产学研合作出现更多的问题，合作效率低下，产学研合作实施长期战略需要政府的参与，包括政府的政策扶持和制度支撑，从而形成一套严密的产学研合作体系。这一研究不仅深化了对产学研合作创新的本质特征的认识，更重要的是明确了政府在产学研合作中的重要作用，对产学研合作的广泛开展奠定了坚实的理论基础。哈里斯 1993 在《Impact of the University of Portsmouth on the Economy》一文中，通过研究高科技园区的运作过程总结出了"三元参与理论"，即构成高科技园区基本组织要素的行为主体是高校(包括科研机构)、企业和政府。在"三元参与理论"中，高校(包括科研机构)是高科技园区的"学术发动机"，是知识和技术创新资源的主要提供者；企业是高科技园区的"产业发动机"，是科研资金的提供者和市场的开拓者；政府是"协调者"，直接参与或者支持高科技园区的建设和发展，为园区创造一个良好的环境。总之，高校(包括科研机构)、企业和政府三方相互协调，形成强有力的协作，共同推进园区的发展，促进区域经济发展。1995 年，美国哥伦比亚大学计算机科学系教授亨利·埃兹科维茨和荷兰著名经济学者洛埃特·劳德斯多夫提出并发展了"官产学研的三重螺旋"理论，该理论的核心思想就是，在知识经济背景下，作为创新主体的高校、企业与政府，以经济发展的需求为纽带连接起来，形成三种理论交叉影响、抱成一团而又螺旋上升的"三重螺旋"新关系。政府及其机构形成行政链，企业及其附属单位组成生产链，各大院校构成科技链，这三链以经济发展的需求为纽带连接起来，组建了相互作用而又共同发展的三重螺旋体系。三者之间应该是既彼此独立又相互联系、相互作用、相互促进，进而通过某种机制而形成创造区域和国家创新体系的持续发展动力。三重螺旋日益受到全世界所有希望通过创新谋求发展的国家的重视，从这个意义上可以说，三重螺旋模型是目前产学研研究中最前沿、权威、严谨的理论解释。西格尔 2003 年指出，影响高校同企业间技术转移的主要障碍在于文化存在冲突、机构缺乏灵活性、利益分配体系设计不合理以及高校技术转移机构缺乏有效的管理等，而政府和中介组织的介入能更好地解决这些问题。

二、国内相关研究

我国对产学研合作中政府作用的研究始于 20 世纪 90 年代，随着产学研合作的不断发展，关于产学研合作的研究成果也层出不穷。起初很多学者多偏重于发达国家理论和经验的引进与借鉴，或者对产学研合作主体、模式以及机制的研究，而对我国政府在产学研合作中，究竟应该发挥什么样的作用研究甚少。

（一）产学研合作政府作用经验借鉴方面的研究

鲁若愚等人通过分析各国政府在产学研合作中的职能，发现各国政府通过积极制定政策和建立制度，采取有效措施，不仅从宏观上引导和促进产学研合作的发展，而且通过参与大量具体的组织、协调、管理等工作，切实地保证产学研合作的顺利进行，从而最大限度地发挥各国产学研合作的互补优势，加速创造出更多的新技术、新产业萌芽，推动经济不断向前发展。袁韶莹、杨瑰珍在对日本的产学研现状进行了详细的调查和深入分析后，阐述了日本在推进产学研合作上有新举措，提出了不少值得研究和借鉴的经验与做法。刘力在《政府在产学研合作中的作用透视——发达国家成功的经验》一文中以美国、英国、德国和日本的成功经验为基础，分别介绍这几个发达国家的政府在促进产学研合作方面采取的主要措施，开阔了国内政府在产学研合作中可发挥作用的思路。吴宏元、郑晓齐介绍了日本政府为促进产学研合作推出的一项支持制度——"协调者"制度，认为"协调者"制度对我国产学研合作及合作协调机制的建立和发展可提供借鉴与启示。胡畅送等通过对美国产学研合作的历史、发展趋势以及各个阶段形成的产学研合作模式进行总结，分析了美国产学研合作的优点和不足，指出政府在推动产学研合作方面功不可没。科技部专题研究组在借鉴国外经验的基础上，认为从产学研已经广泛地融入到整个国家创新体系的角度来说，政府有必要推动产学研的合作。

（二）产学研合作政府作用或角色方面的研究

从所有可查阅的文献中，都认为政府在产学研合作中发挥着重要的作用和具有不可替代的地位。事实上，自 20 世纪 80 年代以来，即使在市场经济高度成熟的国家，积极鼓励与引导产学研合作的角色，大多也是由其政府来承担的。在我国，社会主义市场经济体制还不够完善，人们的市场经济观念还没完全建立，产学研各方之间自觉地按市场经济规律走产学研合作的道路的内在需求不强烈。因此，政府发挥组织、协调、规范、激励、引导等作用更是十分必要的。政府是产学研合作发展方向的引导者，是产学研合作良性运行的护航者，是产学研合作全方位的服务者，是产学研各主体关系的协调者。

李丹、陈雅兰认为，从我国目前来看，政府在推进产学研合作中，既不能越位，也不能缺位，要扮演好四种角色：一是宏观决策者的角色；二是服务者的角色；三是监督者的角色；四是管理者的角色。海峰、张丽立认为，产学研合作离不开政府的调控、监督与服务。为了正确引导和推动产学研有效合作，政府部门应当着重从以下方面发挥自己的作用：即产学研合作计划的制订、立项制度的建设、鼓励政策的制订、机构的建设等。马玉梅认为，随着社会政治、经济的发展，产学研合作的层次和范围不断地拓展，产学研合作正朝向更高的形式——"三重螺旋"式发展，而政府在产学研合作中的调控、扶持和政策支持等的作用成为产学研合作顺利开展的根本保证。王飞绒、吕海萍和龚建立基于浙江省产学研联合的调查情况分析认为，不管是地方政府还是中央政府，从发展区域经济和提升整个国家的经济实力角度而言，均不能不对产学研联合给予极大的关注。但纵观我国的产学研联合情况，政府的作用并没有充分发挥出来。吴文华认为，产学研合作是企业、高校、研究机构三方优势互补的自主行为；产学研合作的主体是企业，合作可视为企业运营的一种战略选择和组织行为。但是产学研合作并不排除政府的政策激励、制度规范和对合作的引导和影响，政府在产学研合作中具有不可替代的作用。因此，除了一些涉及国家和社会整体重大利益的重要项目外，政府不再直接出面组织产学研的合作，而是积极采取鼓励性的政策措施，为产学研合作创造良好的环境和条件。如：政府要大力抓产学研合作的宣传发动工作；政府应以资金为杠杆，鼓励和支持产学研合作；政府努力创设产学研合作的配套措施，为合作创造良好的环境与条件；政府应制定和完善相应的法律法规，促进和保护产学研合作。赵兰香对产学研合作的动力机制进行分析研究认为，无论是企业、高校或科研院所，生存和发展是合作最主要的动力来源；已有合作关系是合作的动力因素之一。而"完成上级任务"与"政府计划"牵引，在推动产学研合作中已不占重要地位。这表明现阶段产学研合作主要是市场经济的产物，市场竞争直接推动产学研合作。认为政府应该做的工作是采取重要措施，建立中介服务机构为产学研合作服务；且国家在确定技术攻关的重点项目时，应鼓励企业积极参与。韩喜梅运用三重螺旋理论、交易费用理论、合作博弈理论、集群理论和创新型城市理论对政府在产学研合作中的职能进行理性分析发现，政府在产学研合作中应该发挥引导、促进、协调、监督和服务职能，具体包括：政府在引导产学研合作的方向上应制定政策和规划；为促进产学研的发展，应加大科技投入，合理配置资源；为协调产学研合作中的各种问题和矛盾，应设立专门的管理机构；为保证产学研合作健康发展，应进一步完善监督评估机制和知识产权保护机制；为做好产学研合作的服务工作，应推动中介服务机构和技术交易市场建设。王玺认为在"产学研联合培养基地"的筹备阶段，政府部门更多是依靠其行政力量来推行该政策的，其角色定位是"基地"的首席主持人、规则制定者和裁判者；在"产学研联合培养基地"的建设与发展阶段，政府角色的实际定位是导向者、保障者和沟通者；在"产学研联合培养基地"的持续建设与完善阶段，政府仍然承担着主体的中心角色，即"掌舵者"与"保障者"的角色。

（三）产学研合作运行机制及技术创新模式的政府作用方面的研究

产学研合作机制的合理选择是产学研合作成功与否的关键所在。世界各国都在努力建立适合于本国产学研合作发展的良好机制。我国经过多年对产学研合作发展的理论研究与实践，初步建立了自己的运行机制和合作模式。

秦旭、陈士俊认为，政府对提倡、推动、组织、协调、激励和引导产学研合作正常、深入、有效地开展具有重要的职能和不可替代的作用，所以要建立政府保障机制。肖久灵认为，在产学研合作中，合作机制的合理选择是产学研合作成功与否的关键所在。而产学研合作的运行机制大致可以分为三种类型，即单元型合作机制、股份型合作机制和跨越型合作机制。但目前在政府协调机制中缺乏各级政府部门、产业管理部门的紧密配合和有效管理，协调配合程度不够，目标与实践往往有不一致现象，阻碍了产学研合作的良性循环。这类问题的解决对策是政府建立促进产学研合作的社会协调机制，如法律机制、行政管理体制和融资机制。万彭军对产学研合作中政府协调机制的问题进行研究认为，首先是产学研合作缺乏各级政府部门、产业管理部门的紧密配合和有效合作；其次是政策措施不配套，体制不顺畅；再次由于高校与企业管理分属两个系统，协调配合程度不够，目标与实施往往出现不一致现象，使产学研合作难以实现良性循环。要求进一步完善产学研合作中政府宏观调控机制，即建立政策法规保障体系、行政调节、技术价值评估调节。陈玉祥认为，从治理的角度看，官产学研合作各利益方是一种平等、互动、制衡的关系。为实现官产学研合作的有效治理应建立起：法规驱动机制、利益互惠机制、激励导向机制、有效制衡机制、科学评估机制。这些治理机制的引入可以减少交易费用，降低代理成本；减少官产学研合作中的机会主义；可建立官产学研合作的良好契约关系，实现利益的分享。具体对策上，要转变政府职能；改造高校的组织结构；创建官产学研合作的治理结构。孙俊华、汪霞认为，为了有效地建立和管理政产学研合作，就必须要从政产学研合作的产生、知识溢出与转移、治理与协调、利益分配等机制及其各自的地位着手，研究分析了解其内在作用机制，促进技术转移和应用的政产学研合作。连燕华认为，产学研合作的实质是促进技术创新所需各种要素的有效组合。同时，产学研合作在实现科技与经济紧密结合过程中的大循环、促进企业成为技术创新的主体、构筑适应社会主义市场经济的新的科技体制等方面，也有着至关重要的作用。仲伟俊、梅姝娥、谢园园认为，在产学研合作技术创新中，联合开发处于绝对主导地位，委托开发和咨询也发挥重要作用，但成果转化和创新创业处于次要位置，因此，不能用科技成果转化率衡量产学研合作水平，产学研合作应由基于成果的合作向注重能力的合作转变，加快提升产学研合作技术创新水平的关键是要增强企业技术创新的积极性和能力，应建立相应的评价机制及保障机制。陶丹等通过博弈分析认为，在产学研合作中，政府的作用至关重要，政府能够帮助产学研合作在合作中实现帕累托纳什均衡。根据政府在参与产学研合作的不同阶段，从动力机制、信息机制、保障机制、孵化及反馈机制这几个维度进行探讨，最后提出了对政府相关政策的建议。杨栩认为，目前我国的政治、经济、科技及教育体制改革尚不完善，产学研合作的良性运行机制尚未形成，是制约我国产学研合作进一步发展的关键因素；并指出进一步深化各项体制改革、加快社会主义市场经济的培育，同时建立一个融计划与市场为一体的新的产学研合作运行机制，并相应地建立促进产学研合作的企业科技管理机制、高校科技管理机制及社会有效机制是解决问题的根本途径。同时，杨栩指出，许多发达国家产学研合作成功的实践表明，产学研合作中，政府的作用至关重要。但是，相比较而言，我国政府部门在这方面做的努力还是不够的，政府在产学研合作中的重要作用还没有发挥出来，在合作的许多环节还需要加强。

第五章　高校产学研合作的人才培养

第一节　高校人才培养的现状分析

进入 21 世纪以来，我国高等教育进入快速发展阶段，高等学校也加快了扩招的步伐。教育部 2017 年 7 月 10 日发布《2016 年全国教育事业发展统计公报》显示，全国各类高等教育在学总规模达 3699 万人，高等教育毛入学率达到 42.7%。全国共有普通高等学校和成人高等学校 2880 所，普通高等教育本专科共招生 748.61 万人，比上年增加 10.76 万人；在校生 2695.84 万人，比上年增 70.55 万人；毕业生 704.18 万人，比上年增加 23.29 万人。高等教育模式早已从精英教育转变为大众化教育。随着高校招生规模的不断扩大，高等教育结构也向多元化发展，国内高等院校人才培养质量保障及评估受到社会公众的广泛关注，政府部门、教育界、民间组织乃至工商企业也参与到高校的人才培养质量的评估工作中来，高等院校人才培养质量评估是研究热点问题。

当前，我国已经建成了世界上最大规模的高等教育体系，为现代化建设做出了巨大贡献。但随着经济发展进入新常态，人才供给与需求关系深刻变化，面对经济结构深刻调整、产业升级加快步伐、社会文化建设不断推进特别是创新驱动发展战略的实施，高等教育结构性矛盾更加突出，同质化倾向严重，毕业生就业难和就业质量低的问题仍未有效缓解，生产服务一线紧缺的应用型、复合型、创新型人才培养机制尚未完全建立，人才培养结构和质量尚不适应经济结构调整和产业升级的要求。

一、人才培养目标不明确，目标缺乏层次性

我国目前在人才培养模式方面存在着较大的问题，这一问题的根本因素在于我们的培养目标不明确。这与我国高等教育发展的历史有着一定的关系。我国在设计高等教育体系的过程中，把本科层次的教育定位于高级理论教学，而把实践教学工作交由高等职业院校来完成。也就是说，我国本科层次的培养任务是培养高端理论人才以及高级管理者，而专科层次主要培养从事生产实践的人员。但是，随着我国经济社会的快速发展，以及我国教育现状的改变，我国目前的教育已经不适应当时的实际情况。目前，我国本科层次成为培养从事社会经济产生实践的主要力量，而理论培养工作更多的留给研究生教育阶段。从这一点上说，如果高等院校不改变以往的对自身的认识，那么我们就难适应当前社会经济发

展的需要，难以培养出适合我国企业发展的应用型人才，难以为我国经济建设提供有力的
人才支撑。

（一）人才培养层次的缺位

企业目前需求量最大的是中层以下的管理者，这些管理者主要从事维持企业日常运营
的活动。但是，现在本科层次管理中过多的进行管理理论的教学以及战略管理的教学工
作，学生对企业日常运营的情况了解很少，这样学生进入到企业内部之后，对于一切管理
活动都非常陌生，难以尽快地适应企业的实际需理。有的企业还要花费精力对招聘进来的
毕业生进行二次培训才能上岗从事实际工作，这样造成了大量的资源浪费。很多专业的培
养目标定位都比较笼统，没有进行很好的分流，培养目标缺少层次性。通常都是将培养目
标定位为培养本专业知识与专业能力兼备的人才，对于具体如何根据学生个人意愿与实
际情况分层次地培养在目标中并没有很好地体现。到底是培养应用型的一线员工、基
层管理人员还是培养高校科研院所的研究型人才，很多学校也没有一个清楚的定位。
由于学生个体自身的差异性，全部按照一个目标进行培养，体现不出人才培养的层次
性。专业培养目标的不明确不具体，直接导致了人才培养模式上的"重理论轻实践"
这一现象的产生。

（二）人才培养目标的偏差

随着我国社会的发展以及经济模式的转变，我国社会出现了大量的中小企业，这些中
小企业对于解决我国目前的就业问题有着重要的意义。这些中小企业需要大量能够快速投
入工作并且具有较强实践能力的人才。但是，我国高等院校所培养的人才对于这一点并没
有给予高度的重视。很多高校培养出的人才还是都停留在理论阶段，而没有按照市场的需
求来提供具有较强的实践能力的人才。这一点充分反映了我国目前高校的人才培养目标存
在偏差，没有真正认识到培养应用型人才是我国未来社会的主流。这种思想认识严重影响
了我国目前的高等院校人才培养模式的改革，必须对这一问题加以重视，改变原有的对本
科院校的认识，结合我国社会新的发展形式来设计新的人才培养模式。高等院校应该从自
身的资源出发，结合社会对人才的基本需求，制订合理的应用型人才的培养目标。特别是
一些经济类和管理类专业，更要扭转过去过多停留在理论教学层面的局面，提高学生参与
实际工作的能力，使高等院校培养的人才能够适应我国经济社会的发展和变化。

人才培养定位不准确，发展思路不清晰，部分地方高校在转型过程中把自己定位于教
学研究型或研究教学型甚至研究型大学，以学术型人才为培养目标，但学校自身又缺乏相
应的软硬件方面的办学条件，既造成发展定位相近，也使其在发展过程中面临困境。另一
部分地方高校虽然明确定位于应用型大学，但仍然按照惯性思维发展，在建设过程中沿袭
传统本科的办学思路，以学科体系为基础设立二级学院及专业。由于学科跨度较小，专业
之间界限分明，故难以满足用人单位对跨学科、复合型人才的需求。同时，这种人才培养
结构与按照职业和岗位需求设置专业并培养人才的应用型人才培养要求相矛盾，这也是造

成学生职业素质较弱、就业不畅的主要原因。还有一些地方本科院校在人才培养结构方面依旧定位于"热门＋特色"，所设置的专业以经济社会需求的"热门"专业为导向，在人才培养目标、课程设置等方面依然参考"211"、"985"等高校的人才培养模式，没有长远、系统性、符合学校办学定位的学科建设发展规划。

二、教学体系不完善，课程设置不够科学

要达到培养创新人才、应用人才的目的，必须完善课程体系、科学的设置人才培养的相关课程，对基础知识积累、人才成长、综合知识结构等规律缺乏全面的认识是造成人才培养模式改革过程中问题产生的重要原因。

"应用型"最重要的内涵是使培养的学生更加符合社会的需要，学校具备更好地服务地方、服务行业和产业的能力，落脚点是办社会满意的教育。然而，首先，目前我国应用型本科高校多数沿用或者参照研究型大学构建其教学课程体系。这种课程体系设置强调学科体系，注重专业知识结构的系统性、完整性，而没有体现"应用型"的特色，按照行业、企业及其岗位的需求进行重构与改革，也尚未将培养学生的创新意识、应用实践能力提高到主要的地位。其次，课程体系建设过程中缺乏动态调整机制。我国部分应用型本科高校在课程设置、教材编写和选用方面，尚与日新月异的现代科技发展存在着一定的差距，没有及时跟踪学科发展前沿，对课程及其内容进行动态更新，使其更符合市场经济不断发展的需求。最后，一些地方高校的课程体系尚未足够重视对人才的综合素质，尤其是创新、创业意识与能力的培养。现代企业不仅要求大学毕业生要具备专业知识水平与合理的知识结构，也非常注重团队合作、科学精神、人文素质等方面的综合素养。而在我国"大众创新、万众创业"的社会背景下，创新、创业意识及其能力的培养，也是增强学生就业能力、获得良好的职业发展路径的重要保障。然而，目前我国部分应用型本科高校的综合素质培训课程，仅限于体育、计算机课程与思政课程，缺乏开拓性的创新举措。

课程设置是由人才培养方案决定的，实践类课程设置较少，理论学习与应用实践脱节情况比较严重。首先，应用型人才强调培养面向生产、服务一线，面向岗位需求的人才，这就需要高校应在深入开展行业、企业调研，充分了解用人单位人才需求的基础上制定、完善人才培养方案。而一些地方高校以理论体系的系统性和完整性作为制订人才培养方案的标准，人才培养规格仍追求"宽口径、厚基础"，缺少地方、行业、学校特色，不能满足社会需求的变化。应用型本科教育的办学目标是为地方经济建设和社会发展需求培养高级应用型人才，但部分本科院校忽视对地方经济结构和办学条件的综合考虑，缺乏对当地经济发展的调研，缺少对人才需求的科学预测，盲目效仿其他地区院校，不切实际地设置专业，造成与地方经济发展严重脱节。其次，应用技术型人才培养要求投入大量经费，用于校内外实践教学条件建设。而一些地方高校的实习、实训等实践类教学环节比例明显不足，存在"重理论轻实践"、教学内容与企业实际需要脱节、实训内容与生产实际不相符

等问题，且由于地方本科院校普遍存在的基础差、底子薄、经费紧张等原因，使得实践教学环节也不能很好地落到实处。很多学校的实践课程仅仅是以案例照本宣科，而不是真正让学生从事实践活动，以自身的理论知识来解决实践中的问题的。所谓实践课程就是按照现有的案例要求学生进行分析，虽然这些案例是企业内部真实发生的，但是依然没有脱离理论教学的模式，依然没有使学生自身参与到实践中去。最后，教学体系单一，有助于拓展学生综合素质与能力、依托学科特点和专业发展的课外教学环节少，效果不尽如人意，既影响了学生专业兴趣的培养，也不利于创新型、高素质人才的培养。教学体系的不完善造成了学生就业后从事理论研究功底不足、从事实务运作动手操作技能较差的情况，直接影响了人才培养质量和学校的长远发展。部分专业没有涉及相关的应用型课程。工科专业由于自身的学科特点在这一方面的情况要好于其他专业。部分专业自身没有意识到实践性教学环节对于整个教学工程的教学工作。这种情况使得我国高等院校在人才培养模式中的实践工作严重缺位。有些专业仅仅重视理论教学工作以及理论学习的考核，而忽视了实践学习对理论学习的促进作用。这种情况长期发展下去对人才培养模式的创新极为不利。要强调绝大多数专业需要在教学活动中涉及应用型课程，推进实践教学的开展，提高人才培养的整体质量。

另外，当前高校的课程安排缺乏对创新人才成长规律的了解，在课程安排上忽略了与中小学教育直接的衔接，并人为地将专业知识学习和基础知识学习截然分开。首先，人的成长要遵循循序渐进规律，当前的高等教育当中普遍割裂了中小学的教育，中小学教育难以很好的衔接高等教育，中小学教育与高等教育本应顺利过渡与良好衔接的状态难以寻觅。我们不难发现在当前的高校创新人才培养的过程中依然存在"学生感慨仿佛大学学习跟高中学习毫无关系"的现状，这种人为的割裂中小学教育和高等教育的行为就是未真正认清、系统看待两种教育的实质与关系的体现。其次，很多高校纷纷采取分阶段的方式，在进入大学初期集中 1～2 年时间进行基础知识的积累，而缺乏对专业相关知识的渗透。这种人为地将基础学习和专业学习截然分开，必将因其缺乏两者间的过渡导致学生心理上的不适应。基础知识的学习就如大树主干的生长，而专业知识的学习应该如大树的枝叶一般一同生长，在创新人才的培养过程中，我们应遵循基础知识和专业知识同时培养，但要注重基础知识和专业知识学习的比重，在进入大学的初期，更应注重基础知识的积累，而在后期更应注重专业知识的学习，以期让树枝"开花结果"，实现创新产出。人才培养是一个长期的过程，创新人才培养同样需要从小开始，唯分数论、唯升学率依然主导着中小学教育的进程，素质教育的全面推进仍然举步维艰，我国基础教育对创新素质的缺乏培养必将乃至长期影响我国的创新人才培养的绝对水平。

三、教学理念不够先进，教学方式忽视全体性

创新人才的培养很大程度上要依靠教师的实现。教师的教学观念与授课方式直接关系到学生知识的掌握、能力的提升，但是很多高校教师的教学理念仍然较为传统，教师在知

识传授上仍然未遵循知识结构的综合化要求。由于学生人数较多，往往几个班合在一起上课，教学并不能有效地照顾到每一个学生，能力培养提高的也仅仅是部分学生的能力，在一定程度上忽视了全体性。

在课堂教学中，以学生为主体，充分发挥教师的主导作用，是提高教学质量的保证。教师作为知识的传授者和教学的设计者及组织者，其主导作用主要体现在能否最大限度地引导学生参与教学过程。要使学生积极参与教学过程，教师就必须为学生创造获取知识的条件，调动学生学习的积极性，使学生处于学习的主体地位。现实中，大多高校教师教学观念仍停留在教师中心和教材中心上，课堂仍然是以教师教授为主，学生很难撼动教师的主体地位，学生的主动性依然未能得到发挥。教学方法仍然以知识传授为主，虽然加以点缀有讨论法等其他教学方法，但知识传授这一传统的教学方法仍然处于统治地位，教师给予学生仍然是枯燥无味的知识，启发式教学缺乏。传统的、单一的、以语言知识传授为主的"输入式"教学仍然是教师采取的教学方法和手段，而教师教学方式很大程度上决定着学生思考问题的方式方法，也决定着学生的创新意识能否得以激发，学生学习的主动性能否得到发挥。

此外，教师教授知识依旧是以教材或者讲义为中心的，部分教师的讲义更新程度远远落后于知识的更新程度，很大一部分的教师仍然停留在只关注课本知识和讲义知识上，缺乏对新事物的启发与教育。弟子不必不如师，师不必贤于弟子，闻道有先后，术业有专攻。教学本是教学相长的过程，然而，纵观当前教育界，教育者(教师)与被教育者(学生)二者界线依然分明，教师把自己当作是知识的载体，以教育者自居，高高在上；学生以受教育者的姿态被动地接受教育，教师教什么，学生学什么，学生的教育主体地位被忽视。事实上，只要我们认真地回顾一下自己求学和从教的经历，就会发现两者本来就是"教"、"学"相长的过程。如今高校教师说教太多，倾听不够的现状仍未改变，学生没有更多的表现自己、施展能力的机会。高校教师仍然扮演的是经验传递者和灌输者的角色，教师在继承原有的优秀经验方面表现得淋漓尽致，而在谋求改变、力图创新方面可谓是蜻蜓点水，在运用新的教学方法和新的教学观念的时候往往畏首畏尾。此外，学校繁杂的教师教学管理机制，让教师犹如井底之蛙无法跳出"教学评价"的井外。教师主导、学生主体的课堂教学理念仍然是浅尝辄止，抑或是貌合神离。当前，传统的教学观念正在影响并一定程度上阻碍高校学生创新意识的激发与培养，因此，教师教学观念的改变势在必行。

素质教育要求教育要面向全体学生，而很多高校的教学方式并不能关注到每一位学生。以"转动课堂"为例，虽然一定程度上尊重了学生的主体性，调动了学生的学习积极性，但是其也存在一定的弊端。由于每个小组都过于专注于准备自己的部分，所以当其他小组上台讲解时，大部分的学生都无心倾听，而是专注于自己所负责的部分，这样就造成了学生对自己所负责部分记忆深刻，而对其他学生所讲部分了解不深，进而造成知识掌握的片段化，没有一个整体的系统性。同时，课堂交流通常也是采用小组讨论发言的形式，而选取的小组代表往往是平时善于表达的那部分学生，而不善于表达自己的那部分学生的各方面能力并没有在课堂上得到很好的锻炼。所以，虽然传统以讲授法为主的课堂存在问题，但是现在的新式教学方式仍然也有其弊端。这样的新式课堂，并不是每个学生都有思考和陈述自己观点的机会，并不能有效地照顾到每一个学生，提高的仅仅是部分学生的能力，在一定程度上忽视了全体性。

四、产学研合作不到位，实践环节流于形式

高校与企业之间缺乏沟通与合作是制约人才培养模式转变的重要因素。人才培养模式的建构要以市场的发展为基本导向，也就是说，市场需要什么样的人才，高等院校就需要着力培养什么样的人才，只有这样才能够为经济社会的发展提供有效的人才支撑。从目前的情况看，高校与企业之间没有形成良好的沟通与合作机制，高校按照自己的方式进行人才培养，到了毕业季节形成高校毕业生就业难的问题。而企业也没有及时地与人才培养一方进行信息沟通与合作，也没有参与到高校人才培养的活动中来，使得企业越来越觉得人才招聘成为制约企业发展的重要因素。如果这种情况不能得到有效解决的话，则我国经济社会的发展必然会因为人才断层而受到严重的影响。

许多应用型高校对于产学研合作不重视，没有成立专门部门，也没有在学校进行很好的宣传，更缺乏科学严格的管理，校企互动没有真正落到实处，结合形式过于简单和肤浅。在企业方面，由于学校没有很好地开展产学研合作活动，企业积极性无法调动，专业教师不愿意进企业进行实际调研，所以难以形成互动双赢的局面。首先，与教育部直属的一流大学相比，地方本科高校的科研实力相对较弱，应用性科研、开发力量不强，获得的纵向、横向课题层次较低，直接应用于区域行业企业的科研成果较少，服务社会经济发展的能力较低，因此，很难得到企业的信任和投入，企业整体参与度不高，导致校企合作的深度不够。其次，虽然有些高校也与多家企业签订协议，搭建校企合作平台，但多数仅停留在学生进行参观性实习或者生产线实习，学生的参与度较低或者与专业对口的实习非常少，无法真正通过校外实习获得解决专业问题能力的有效提升。同时，企业往往从自身利益出发，缺乏校企联合育人的积极性、主动性，造成校企合作育人力度不够，效果不佳。最后，多数地方政府尚未建立和完善校企合作、产教融合的相关制度与机制，相关部门也没有发挥好高校与行业企业之间的桥梁纽带作用，不能切实提高企业参与合作办学、合作育人的积极性，产学研合作教育得不到真正的贯彻与落实，不仅使校企合作流于形式，更直接影响着院校人才培养的质量。

目前，我国以产学研合作为核心的人才培养模式还没有建立起来，其中主要的问题在于我国高等院校的多数专业在教学实践环节上没有真正落实有关产学研合作的实践教学工作，而是将实践环节当作一种形式，走走过场，拼一拼手续，没有真正起到实践性教学的目的，主要体现为以下四点：

第一，实践教学体制不健全。很多高校在进行实践教学活动设计时没有将实践的作用

认识清楚，而仅仅是将实践环节作为一种形式，要求学生到实习单位取得相关的实习证明即可获得学分，这种做法体现出了我国实践教学环节存在着管理体制的漏洞。在体制设计上，没有把实践课程作为教学中的重点，而是将实践环节作为最后一个学期的程序，只要学生找到实习单位按照程序取得实习证明交给学校，相关的学分就可以获得。这种情况下，多数学生尤其是忙于考研的学生为了获得学分就通过各种关系取得一个证明了事，而没有真正获得实践方面的教育。从高校方面来说，学校没有监督学生实践环节的学习情况，而是只看单位开具的实习证明。因此，我们可看出目前的实践环节完全没有按照教学活动来管理，缺乏体制建设。

第二，实践考核环节设计缺位。在我国目前的高等教育体制中，多数专业没有根据实践环节的实际工作效果来为学生提供实习成绩，这种情况导致了目前高校实习环节完全没有考核环节。高校没有与实践单位形成一致的教学活动设计方案，实习单位也没有设计相关的课程，而仅仅是将来实习的学生安排在办公室待一段时间走一个形式。这种情况下，学生没有获得实习的机会，而仅仅是取得了单位给开具的实习证明。学生在实习单位学习了什么，在实习单位从事了什么样的工作，在实习单位取得了什么成绩，高校教学单位一无所知。这种情况下，学生没有实践教学的意识，没有努力完成实践性任务，无法得到实践锻炼，也就很难达到实践教学的目的。这种走形式的实践教学形式使得高等院校实践教学完全没有起到应有的效果。

第三，实践教学资源配备不足。实践性教学需要学生参与到实际的工作中去，因此需要学校或者实践教学单位提供相关实验室及设备。但是，目前我国高校没有把这一问题作为教学工作的重点来抓，相关的财力投入和物力投入都显得匮乏。这一情况是多方面造成的，有高校财务能力有限的因素，同时也显示出我国高等院校对实践环节重视不足的现状。实践教学资源的不足直接导致的相关实践性教学活动无法开展，学生没有良好的实践教学场所进行实践学习，无法完成相关的实践任务。

第四，实践平台搭建不完善。实践平台的搭建是学生创新能力提高的必然需求，实际当中，校外基地难以建立，学生实践平台搭建不足，学生实践组织难以运行等使得学生创新能力提高平台依然不够完善。丰富多彩的实践活动形式是学生实践能力提升的催化剂。当前学生实践活动形式薄弱的原因主要是校外基地较难确定，以营利为目的的企业担心学生的实习影响其正常的生产，因此基于企业竞争、保密的要求和制造单位安全生产的考虑，越来越多的企业不愿意接受大学生参观和实习，故而很多高校教师只能依靠与企业的私人情感联系实习基地，而这种靠情感因素建立起来的基地也就导致了开展活动时过多情感因素的介入，使得教师不好意思经常麻烦企业接收学生到企业实践实习，企业在接收学生实践实习上也缺乏实质性的开展，基本仍停留在参观、游览的形式上，在活动形式的突破上依旧未能实现。

校外实践基地的建设中还存在学校与实践基地联系不足、指导学生方面互相推诿、学生管理职责不够明晰，因此学校与实践基地共同培养人才的管理模式与运行机制亟待完善，共同管理、联合培养不应仅仅停留在理念上，更应在具体的制度上、实际的行动中加以落实。此外，如何让利益至上的实践基地依托单位愿意接收学生实习，也是应该讨论的一个话题，因而国家教育行政部门、高校等应建立相关的实践基地激励制度鼓励和吸引相关单位、相关企业愿于接纳、乐于接纳学生去实践实习。

五、管理制度不够合理，创新教育效果不佳

高校制定了相关的制度以保障人才培养的平稳运行，但在学生管理制度和教师管理制度上仍然存在着制度不够合理、运行存在缺位等问题。制度的僵化，使得教师、学生动辄得咎，循规蹈矩之下导致创新意识培养仍然匮乏、创新能力水平依旧低下、创新人才培养效果不够明显。

首先，学生管理制度过于功利。当前高校在创新人才培养的过程中，创新制度建设并未真正的得以建立。史金联(2013)在对现行教学管理制度进行研究时，总结出当前教学管理制度重"管"轻"理"、重"秩序"轻"质量"、重"形式"轻"落实"、重"条块分割"轻"体系完善"等四大特点。高校对学生的管理基本上均以刚性的要求居多，缺乏较好的灵活性和宽容度。在对学生的评价上主要采取的依然是以考试、考核为主，学生的整体评价仍然是以分数论，而即使学生的评价制度当中考虑到了创新因素，也仅仅是通过课题的数量等详细的条条框框去评定的，忽略了学生在创新实践中的整个参与过程中的表现，这种重"结果"而轻"过程"的评价制度必然使得学生片面追求"分数"的功利化。此外，在整个中国高等教育中，学校对学生英语水平等的严格要求，使得学生近乎癫狂的沉浸在英语的学习当中，这也使得学生用大量时间和精力去学习英语，从而牺牲在众多科学领域进行创新知识学习和参与创新实验实践的时间。

其次，教师管理制度过于僵硬。与学生管理制度比较相近的是在教师的管理制度上也大多是些硬性的要求，这种整齐划一的对教师教学课时、科研量、指导学生数量等刚性的要求，缺乏对教师的人文关怀。新中国成立以来，我国高校一直实施的是行政型教学制度，是一种利用行政方法、手段进行教学管理的一种模式，强调的是规范化、程序化和制度化，规章制度的柔性不足。这种管理模式具有集中统一、有章可循的特点，可以避免各行其是、任意行事，在我国教育发展史上起过非常积极的作用。但随时代的发展，其缺点和弊端已越来越明显，高校在对教师的评价上狂热追求教师科研成果，使得课堂教学的主要地位早已被高校弃之一旁，不得不深思，一个不重视课堂教学、只重视论文的高校如何去培养创新人才。教育制度要发挥它的作用，它不仅需要符合制度制定者的需要，也必须满足公众的选择与需求，在很多高校纷纷采取聘请知名教授、博导给本科生上课，担任本科生的指导老师以期提升教学质量，然而这些肩负着研究生指导工作和较重科研工作量的教师又有几个会选择从事教学任务和指导任务，当然，我们也可以发现一些真正的热爱教学、热衷教育的教授参与到教学当中，但也有不少的教授选择了参与却无暇投入较多的精力。

美国著名教育心理学家兰祖力在其个体—环境互动的优化教学理论中提到，掌握知识不是目的，掌握有效地处理现实问题的工具，包括创造新知识的工具才是目的，只有当学生的兴趣被充分调动和学生的个体爱好被尊重时，学生的兴趣热点、投入程度、执着程度、对问题的敏锐性、设想的新颖性才能在具体的教学情境中显示出来，这一理论倡导实施丰富教学模式，揭示了在实施个性化教育中注重学生的兴趣爱好、个性发展以及成长环境对学生的个性培养具有重要作用。虽然当前高校在创新人才培养上取得了一定的成效，但总体来看仍显不足。

　　创新意识培养匮乏主要体现在学生依然处在被动的创新上，学生自我创新兴趣整体上比较薄弱，个体创新的内部动机不强。通过诸如挑战杯、大创项目等活动难以培养学生的综合创新实践能力，这种试图通过某一两种创新活动形式来培养学生的做法让人哭笑不得，似乎繁荣的学术氛围中又产生出了多少有价值的东西。学生习得的知识结构基本上停留在简单知识模块的拼凑，而对于相应情境中综合知识模块的掌握仍然欠缺，学生不能将习得的规律性知识运用到现实当中的不同领域，难以解决现实当中的问题。中小学基础教育当中对创新素质缺乏培养，使得高校的创新人才培养无法跳出"水平"依旧低下的"枷锁"。创新人才培养的效果如何，是检验创新人才培养的终极标准。高校在今后创新人才培养的深化改革中，应充分认识到环境因素对学生创新意识培养的重要性，通过创设浓厚的创新文化环境，营造创新氛围，使得创新教育在深厚的土壤之中生根发芽，进而成长为参天大树。

第二节　高校产学研合作与人才培养质量的提升

一、高校产学研合作培养人才的政策要求

　　中共中央、国务院在《关于深化教育改革全面推进素质教育的决定》中指出："高等教育要重视培养学生的创新能力、实践能力和创业精神"，"高等教育实施素质教育，要加强产学研结合，大力推进高等学校和产业界以及科研院所的合作，鼓励有条件的高等学校建立科技企业，企业在高等学校建立研究机构，高等学校在企业建立实习基地。"我国《高等教育法》第五条规定："高等教育的任务是培养具有创新精神和实践能力的高级专门人才，发展科学技术文化，促进社会主义现代化建设。"基于以上指引，《国家中长期教育改革和发展规划纲要(2010—2020)》明确提出了坚持以人为本、推进素质教育改革发展的战略主题，并提出了促进高校、科研院所、企业科技教育资源共享的产学研合作教育的指导方针。

　　教育部、国家发展改革委、财政部 2015 年发布的《关于引导部分地方普通本科高校向应用型转变的指导意见》提出：推动转型发展高校把办学思路真正转到服务地方经济社

会发展上来，转到产教融合校企合作上来，转到培养应用型技术技能型人才上来，转到增强学生就业创业能力上来，全面提高学校服务区域经济社会发展和创新驱动发展的能力。要求确立应用型的类型定位和培养应用型技术技能型人才的职责使命，以产教融合、校企合作为突破口，根据所服务区域、行业的发展需求，找准切入点、创新点、增长点，制定改革的时间表、路线图。

国务院办公厅 2017 年发布了《关于深化产教融合的若干意见》，指出：深化职业教育、高等教育等改革，发挥企业重要主体作用，促进人才培养供给侧和产业需求侧结构要素全方位融合，培养大批高素质创新人才和技术技能人才，为加快建设实体经济、科技创新、现代金融、人力资源协同发展的产业体系，增强产业核心竞争力，汇聚发展新动能提供有力支撑。将产教融合作为促进经济社会协调发展的重要举措，融入经济转型升级各环节，贯穿人才开发全过程，形成政府企业学校行业社会协同推进的工作格局，充分调动企业参与产教融合的积极性和主动性，强化政策引导，鼓励先行先试，促进供需对接和流程再造。构建校企合作长效机制深化产教融合的主要目标是，逐步提高行业企业参与办学程度，健全多元化办学体制，全面推行校企协同育人，用 10 年左右的时间，使教育和产业统筹融合、良性互动的发展格局总体形成，需求导向的人才培养模式健全完善，人才教育供给与产业需求重大结构性矛盾基本解决，职业教育、高等教育对经济发展和产业升级的贡献显著增强。

二、高校产学研合作是提升人才素质的必要途径

传统意义上将高等学校的社会职能分为：人才培养、科学研究、社会服务三个方面，实质上根据高校对于职能的侧重不同，其定位也不同，即人才培养哪一层级的，主要从事科研还是应用；科学研究侧重基础性还是应用性；社会服务是技术支持还是文化服务。无论高校定位如何，人才培养应是首要地位，人才培养是核心要点。研究型高校和应用型高校都能培养学术型、专业型等人才，只是在人才培养的侧重点、培养方式上略有差异。研究型高校主要强调学生学术、科研创新等能力，多为精英教育，人才培养主要以科研创新人才为主、探索知识表象背后的规律、探究知识科技与劳动成果的转化为目标，因此可以发现，研究型高校在应用型人才的培养上主要侧重于知识的继承与表达，个人能力更侧重于研究能力上，工作方法则注重学生对事物特性及其发展方向的探索。应用型高校主要进行应用性教育，强调专业性，培养的人才应是面向社会、面向地方，以实际的社会与地方需求为主导，力求培养能解决生产实际问题、将所学所想变为实践操作运用的应用型高素质人才。因此，应用型高校对应用型人才的培养注重实践知识的传授，使得学生理论知识扎实，在个人能力上更看重学生的操作能力，要求学生具有更强的动手能力，实现的是知识技能的运用与转化，在工作方法上则强调怎么做事、如何做事，讲求事件或技能的具体操作。

应用型人才相较研究型人才的区别在于对知识向技能转化的动手操作能力；应用型人才区别于技能型人才的地方则是在对已有知识结构的重塑再造，改进创新。传统观念中将应用型人才等同于高职院校所培养的学生，在实质上更强调技术能力的培养，高职院校主要是培养充分掌握劳动技能与知识，进入社会后能直接上岗，从事相关技术工作的各行业职业人才与半专业或非专业的高素质劳动者。现如今，社会经济不断变化，产业结构与行业发展都不断革新以应对经济的变化，应用型人才也不仅仅是停留在对技术能力的掌握上，而是以实际工作需求为指导，以解决工作需求为目标，根据社会发展不断变化的条件，面对新情况、新问题，及时对已有知识进行探索，挖掘潜在知识，以应用为基础，以求得知识更新与知识转化的人才。总的来说，应用型是一个相对的概念，主要是相对于学术型而言的，有学者在高等学校分类定位的研究中，提出将中国高等学校分为综合性研究型大学、专业应用型的多科性或单科性的大学和学院、职业技能型高等院校三种基本类型，与之对应的人才培养类型分别为学术型人才、应用型人才和技能型人才，并将应用型人才定义为"运用客观规律为社会谋取直接利益"的人才，其作用是"在一定的理论规范指导下，从事非学术研究性工作，其任务是将抽象的理论符号转换成具体的操作构思或产品构型，将知识应用于实践"。

产学研合作作为一种开放性、合作性的教育形式，将社会资源纳入到学校教育过程中，使得社会力量参与到学校办学之中，既可以让学生在学校教育中获得理论基础知识与专业知识的培养，又能让学生深入到生产实践，锻炼个人能力，把理论学习与实践操作有效统一，充分利用学校、生产企业、科研机构在应用型人才培养中的各方优势，突破现有的人才培养方式，解决过去人才培养过程中学校教育环境以课堂教学、传授间接知识为主，而无法与获得直接实践能力和经验的生产实际环境相结合的困境，让学校、教师与学生同社会、企业建立联系与合作，在实际生产、交流等过程中培养学生能力，提升学生应用型发展。

产学研合作弥补应用型人才培养学校教育功能性缺失的主要表现：第一，产学研合作为应用型人才培养提供了创新实践、知识转化的平台。学校教育使得学生在应用型人才的培养过程中获得了扎实理论知识与专业知识，产学研合作则要求学生进入到生产实际工作中，在企业生产中接触企业生产工艺、生产设备，在实际工作中探索，参与企业技术攻关等，然后发现科研课题，让学生能有机会创造性地使用基础与专业知识，把"学"转化为"用"，提高自身创新与实操能力，施展学生所拥有的才华，做到理论与实践有机结合。第二，产学研合作改变学校教育中学生长期处于学校环境中，无法深入社会的困局。已有的学校教育中，学校为学生提供了良好的受教育环境，但长期生活在校园中学生不能进入社会，对于学生了解、熟悉和适应社会生活并无好处，学生能力的应用得不到锻炼，不利于应用型人才的培养，也会对学生未来就业、择业产生影响。产学研合作能够让学生参与到实际劳动中，在完成学校教育要求的同时，还需要完成劳动生产任务，承担和参加一定的项目科研，让学生知识和技能的应用更接近实际生活，完成学校教育与实践教育的结合。在学校和社会两种教育环境下协调培养，这对于应用型人才在思想、业务以及职业行为素质方面都有益处。第三，产学研合作能有效拓展学校教育，缓解学校资源紧缺。在应用型人才的培养上，只依靠学校力量远远不够，特别是高等教育扩招以后，学校教育资源短缺的问题日益明显。扩招带来的一个明显问题就是在学校教育中由于人数的增加，使得学校在实践应用性知识的传授上往往不足，理论知识教育可以通过课堂统一授课，而实践应用却不能经常性展开。产学研合作有效地将社会资源和社会力量纳入学校教育中，共同培养应用型人才，充分利用社会企业在人员实践能力培养中的优势，拓展人才培养渠道。

此外，产学研合作有利于促进应用型人才综合素养提高，加速人才应用型发展进程。首先，产学研合作有利于学生创新意识和能力的发展。应用型人才的培养重点之一在于如何实现书本理论知识向实际生产技能的转化，而学生的创新意识和创新能力的提高则是实现转化的突破之一。产学研合作应用型人才培养将人才培养全程协调融入到学校环境和社会环境中，紧贴产学研合作实际，以工读结合为方式，科研项目探索研究为入手点，在理论学习的同时紧抓实践，突出学生创新意识和创造能力的培养。产学研合作能让学生更早的接触到社会，在社会中更多的学到在书本中无法获得的知识，因为有的社会经验、生产实践等只有通过亲身经历才能了解，同时又可以让学生将所学专业理论知识灵活应用到社会生产实际，创造性地使用书本知识；在实际实践锻炼中，能更全面的让学生认识到自身的不足与缺陷，认清自身实力与社会实际需求的差距，更加明确努力方向，增强自身应用性技能的培养，突出创造性，让学生在市场竞争中更具优势。其次，产学研合作对于职业道德培养提供了良好的实践场地。应用型人才不应该简单地理解为拥有专业技能知识、在生产上应用能力突出、"用得上"的人，而应是在个人素质方面全面实现发展的人。对于应用型人才来说专业知识和技术研发能力很重要，但职业道德同样也不可缺少。产学研合作能让学生进入社会、进入企业，在实践中切身体会企业产品研发与生产工作的艰辛，企业管理发展经营的困难，同时也能让学生更好地感受来自于企业研发人员的工匠精神、坚毅朴实的工作作风，期望在这样的体验中让学生感受这些精神，培养学生务实、吃苦的精神。产学研合作中校企合作为学生思想道德教育，特别在职业道德方面提供了一个良好的教育环境，能有效解决思想教育与实践相脱离的问题。在企业实践的过程中，学生及早地融入了社会生活、融入企业，在企业文化的熏陶下自觉地接受职业道德教育，增强思想道德教育的有效性与针对性，在实践经历的帮助下，更易让学生接受。最后，产学研合作有利于提高学生综合素质，推进应用型人才成长。在传统学校教育中，特别是理工科类专业通常进行专才教育，目的在于培养细分专业的高精尖人才，这样的教育方式一来人才培养模式单一，二来人文教育比重较轻，培养出来的人才常常有"偏科"的情况，即在知识储备、技能培养上有优势，而在综合人文素质培养上有缺点，并不能很好地适应和满足社会与企业的发展需要。产学研合作应用型人才培养，将人才培养置于学校教育与企业实践教育两个情境下交替进行，在实践中无论是企业发展规划还是产品、技术研发，都需要具有独立的工作能力、协调管理与他们合作的能力以及心理素质等，这些能力素质的锻炼在实际工作中能得到更好的体验，对于人才全面发展是最好的训练。同时，学生在产学研合作中提早进入企业实践，感受企业内部与社会外部的竞争压力，能提升学生学习进步的急迫感，缩短学生适应社会、企业的时间，加速学生应用型成才的过程。

三、高校产学研合作人才培养的模式

产学研模式可以概括为，它是一种以培养学生的全面素质、综合能力和就业竞争能力为重点，充分利用学校与企业、科研等多种不同的教育环境和教育资源以及在人才培养方面的各自优势，把理论学习和实践活动较好地统一起来的培养模式。经过国内外长期以来的实践探索，产学研合作教育模式在人才培养过程中所显示出来的有别于传统人才培养模式的优势和特点越来越突出。它对于突破单一的学校育人环境，完善学校的教育功能是十分有效的。因此，产学研结合的教学方法是培养创新人才的有效途径之一，是培养具有全面素质人才的有效模式。我国在开展产学研合作教育试点实践的同时也对产学研合作教育的理论进行了十分有益的研究和探索。如海南大学热带农业专业实验区通过学生参与教师科研、开展生产经营活动、参加技术开发与推广、建立课外科技活动体系等来实施产学研培养模式。在学生参与教师科研工作方面，参加热带植物组织培养技术开发等系列项目；在开展多种生产经营活动方面，进行香蕉高产栽培、木瓜高产栽培、热带果树生产经营、茶叶生产经营、肉鸡肉鸭养殖生产经营；在参加技术开发和技术推广服务方面，实际参与热带作物种苗培育与推广；在建立学生课外科技活动体系方面，创立学生农学协会和课外科技兴趣小组开展科研、生产多种试验活动。

（一）产学研合作应用型人才培养的基本模式

产学研合作应用型人才培养模式是在社会主义市场经济的需求下，顺应高等教育改革潮流与方向，适合新时期教育发展的一种合作教育，其合作教育模式主要体现了产学研合作中"产"、"学"、"研"三要素，共同构成的一个固定的框架，在固定的框架中，根据市场规律与发展需要、切合高校办学主旨与定位、不同学科不同专业特色打造形式多样化的人才培养新模式。目前我国产学研合作应用型人才培养形式多种多样，但主要以借鉴国外经验为主，并结合地方特色，形成四种不同的基本培养模式。

1."3＋1"模式

"3＋1"模式主要是借鉴了德国应用型人才培养的经验。德国在应用型人才培养上，主要是以应用科技大学为主，形成了独具特色和体系完善的模式。首先在学制上，采用的是四年制，其中包含了一年的实习期，因此被称为"3＋1"学制。其次在课程体系、专业设置与教学方式上，都以职业发展与实践为导向，秉承社会企业需要什么、学校教育就培养什么的原则，同时将实践学期分别安排在第三学期与第六学期，主要是对学生进行技能实践与岗位实习。教学上，以知识应用、提高应用能力来设计，并通过企业合作增强学生实际操作动手能力，成为名副其实的应用型人才。我国有不少高校采用了这种模式，主要是本科生根据学校教学计划习得全部课程后，由学校分配到与本专业对口的单位进行一年的顶岗实习，待实习结束后根据岗位工作需要选择培养专业技能的相关课程，并针对用人单位的实际工作需要确定课题进行毕业论文的撰写。

该模式具有顶岗时间长、顶岗职位明确等特点，在这个模式下学生的顶岗时长一年，在这一年里学生能够对企业的内部运作以及工作流程全面了解，如发现问题能在相关工作人员的指导下分析并找出解决问题的途径，这有助于提高学生的实践技能、应变等综合能力。第二，企业会明确安排实习生的工作岗位，这就弥补了以往学生因为见习时间短而走马观花式的社会实践所带来的不足。第三，学生在校学习与在企业实习的时间安排非常集中，因此使高校和企业在教学组织以及实习工作的统筹安排上便于管理；用人单位通过一年的时间可对学生在实习工作中的表现做出全面评价，以选择企业需要的人才。最后，该模式中实践教学的比重比较大，实践教学的目的在于加深学生对工作岗位的理解和认识，同时培养和提高学生运用科学知识和方法解决实际工作中存在困难的能力。

2."三明治"模式

"三明治"模式是产学研合作应用型人才培养的一种传统模式，主要是指学习与工作相互交替进行，根据工作时间与工作周期的长短又可以分为"薄三明治"式和"厚三明治"式。"厚"是指工作的时间段短，时间期长。这种模式最早出现在英国高校，把工程设计、实验、教学和研究融为一体，使学生能获得书本和实践知识，又具有较高的创造力。"厚三明治"模式是把学习分为三个不同的阶段，第一阶段以校内培养为主，学生需要完成基础课、专业基础课、专业课以及实践基础课；第二阶段以企业培养为主，学生预分配到工厂或研究所，以实习的身份参加部分工程实践，培养其工程技术能力；第三阶段学生回到学校，自行选择专业方向和课程，并完成自己在工作实践中选定的毕业设计或毕业论文，完成学业。这种学习—实践—再学习，双向参与的模式，是培养具有较强实践能力的工程应用型人才的有效途经。与"厚三明治"模式实践时间集中次数少相比，"薄三明治"模式是指每次实践时间短，但是次数多。学校安排学生多次进企业实践，每次实践的时间一般不超过半年或一个学期，从基础到专业、从理论到实际、从课堂教学与工程实践交替进行。这样的模式实现了理论和实践多次循环，使学生理论和实践更紧密结合，符合高校的教学规律，有利于学生在理论和实践方面的进一步提高。

3.实践教学基地模式

校企共建实践教学基地是产学研合作最基本的方式之一，也是产学研合作应用型人才培养的最简单的形式，国内很多高校都有与企业共建的实践教学基地，这不仅解决了高校学生实习实践缺少基地的困难，同时对于企业吸引和引进人才也起到了宣传和推动作用，使得学校学生在企业内部工作，深入了解企业，通过在基层的实践对企业业务范围、业务流程等有更深入地了解，并且在实践过程中与用人企业建立良好的沟通渠道，这也将会影响学生未来就业的选择与企业对用人的选择。校企共建实践教学基地可以建立教学实习基地与专业技能实训基地等不同模式，培养学生实践能力、创新意识以及专业技能，实现多元化培养、多元化办学。校企合作共建实践教学基地是培养学生实践能力的有效手段，通过在基地里进行实际操作训练，有助于学生更深切地领会所学的理论知识，形成操作技能。如果条件允许还可以让学生顶岗参与实际工作或管理，在真实的工作环境中更快地掌握实践技能，更好地培养专业业务能力和人际交往能力。

4．共建实体模式

高校与企业或科研机构共同建设工程技术中心、共享科研实验室以及建立高新技术产业园，形成高校教师与企业和科研机构技术人员共同联合攻关，发挥各自在设计、研发、制造和市场开发上的优势，以共建实体为载体，以技术为纽带，以资金为支持，利益共享，优势互补，风险共担，一方面解决企业研发技术困难的问题，另一方面向社会提供技术服务和支持，承接项目，实现共赢。该模式中一方面有利于企业或科研机构参与学校建设和管理，通过实体发展，引导学校人才培养的方向，同时在实体运营中向学校反馈人才需求上的信息；另一方面，高校通过实体的运行，能深入了解市场，制订相应的人才培养方案，设置相应课程，培养适合企业发展的应用型人才，同时共建实体为学生提供更好的实习与实践机会，实体中项目的合作能充分体现和反映企业与市场的实际需求，学生在实体中能更好地适应从理论知识到实际操作的转化过程，应用性的特点更能得到发挥。

（二）产学研合作应用型人才培养的特色模式

除了以上四种基本模式以外，以北京、上海为代表的高校聚集区也形成了各具特色的产学研人才培养模式。

1．以北京地区为中心的产学研合作人才培养模式

北京地区聚集了全国顶级的多所高校，特别是中关村地区有清华大学、北京大学等著名高校作为坚强的科技后盾，因此产学研合作的发展程度在国内处于领先地位，该地区的产学研合作发展模式可概括为以下三种。

第一种是以平台企业为主体的产学研合作模式。大学科技园是国家继高新技术开发区后，于1999年开始推行的一种推动国家源头创新的形式。清华科技园、北大科技园等以孵化为主要功能的大学科技园是专业的产学研合作平台企业。

第二种是以高校企业为主的产学研合作模式。像清华紫光、清华同方、北大方正等企业，由于它们是大学或科研机构自己创办的企业，与大学等科研机构有着天然的血缘关系，因此在产学研合作人才培养方面也有着独特的优势。由清华大学主导，清华紫光等单位参与的一种产学研合作模式，其基本思路是：允许科研项目的研发者离开学校两年，全职参与项目的转化和产业化，从而确保转化和产业化的成功。这种模式不仅对学校的教师适用，而且也对学校的学生适用，从而大大增加了产学研合作的对象，也促进了产学研合作人才培养的发展。清华大学的大型集装箱检查系统就是这种模式成功的典型案例，1997年，清华大学针对大型集装箱检查系统的技术特点和产业化需求，派曾经在科技攻关阶段

担任专题负责人的核技术研究所常务副所长到同方核技术公司兼任总经理一职，带领一批年轻学者开始了项目产业化工作，如今这批项目已成功实现产业化，也带动了学校教学与人才培养的发展。

第三种是企业＋中心(实验室)合作模式。清华大学成立的北京博奥生物芯片有限责任公司就是这样一种模式。北京博奥生物芯片有限责任公司成立之时就确定了以企业为主体，公司＋中心(实验室)的模式，其中的公司就是清华大学企业集团，而中心(实验室)为清华大学生物芯片研究与开发中心。博奥公司作为项目建设法人单位，同时承担生物芯片北京国家工程研究中心的投资建设和运营管理任务。如此一来，博奥公司既是一家严格按《公司法》成立、法人治理结构完善的公司，同时还通过其全资投入建设的生物芯片北京国家工程研究中心，承担了"863"、"973"计划等多项国家重大科技攻关课题，这一切都可以证明"公司＋中心"模式在产学研合作促进科技创新、成果转化和人才培养等方面的价值。

2. 以上海地区为中心的产学研合作人才培养模式

长三角地区及东部沿海地区产学研合作随着大中小企业的不断发展壮大，同时有上海、浙江、江苏等地多所高校的科研支撑，以及多家研究院的技术支撑，产学研合作的发展势头也逐渐凸显。该地区的产学研合作发展模式主要有以下两种：

第一种是学科性公司合作模式。这是由中南大学提出的产学研合作新模式，旨在实现教育、科技、经济的一体化，具体表现在三个方面：一是创建基于人力资本实现的教育、科技、经济一体化发展的科技创新，突破以往的研究型大学的教育、科技一体化和技术创新的技术、经济一体化的固有模式；二是创建基于大学学科建设的以人才和知识产出为目的的企业法人组织，突破以往单一的以盈利为目的的企业法人组织模式；三是创建基于人才培养和研究发展的大学学科建设组织模式，突破以往的单一由政府主导的或社会资助的大学学科发展模式。

第二种是订单式人才培养模式。比较典型的例子如上海交通大学与上海宝山钢铁股份公司组建联合研究室。上海交通大学是教育部直属的全国重点大学，具有雄厚的科研实力，有一支勇于探索、富有创新精神的科研队伍；上海宝山钢铁股份公司(以下简称宝钢)是中国最具竞争力的钢铁精品生产基地和钢铁工业新技术、新工艺、新材料的研发基地，是现代化程度最高的特大型钢铁企业，产品畅销国内外市场，是中国竞争性行业和制造业中首批跻身世界 500 强的企业。为了集中企业的生产优势和高校的科研和人才优势，上海交通大学和宝钢成立了联合实验室。双方有相对固定的组成人员，其中，上海交通大学有教授 5 人，副教授 8 人，博士生 8 人；宝钢有教授级高工 3 人，首席研究员 3 人，高级工程师 10 人。联合实验室成立十多年来，双方优势互补、资源共享，完成了一批国家"863计划"，发表论文 140 余篇，培养了一大批高层次研发人才。

北京和上海的成功经验表明，产学研合作不能仅仅停留在企业和高校合作水平较低、方式单一的阶段，产学研合作必须成为国家创新体系的重要组成部分。北京和上海等先进地区在产学研合作模式的探索方面出现了一些具有创新性的突破性思路，如建立"技术入股、联合攻关、成果共享、风险共担"的联合体，建立各种形式的长期联合开发中心，围绕企业的核心技术进行长期的合作研究同时为企业培养高层次人才，高校与企业组建股份制上市公司。特别是高校科技产业以及大学科技园的建立与发展，使产学研合作更有活力，更有力地推动社会经济的发展。我国国内产学研合作实践的先进地区主要集中在科研水平较高的高校，以及能承担一定科研项目经费的企业聚集的地区。产学研合作的发展中高校、科研机构和企业都是主要的参与者，高校是中心主体，科研机构和企业是结构性主体。政府的作用也不可忽视，政府是协调与导向性主体，它为产学研合作的发展提供政策环境和执行环境。政府虽不会成为产学研合作的主要执行者，但是政府提供了政策性的导向和舆论性的协助，在产学研合作过程中也发挥着必不可少的作用。

当然，在产学研合作人才培养的实践中，既有以上成功的经验与模式可供借鉴，也有失败的教训值得思考。以辽宁日报社与沈阳师范大学的合作为例，但该项目于 2004 年启动，由沈阳师范大学和辽宁日报社联合培养，沈阳师范大学为主要培养单位，辽宁日报社为协助培养单位。沈阳师范大学按照辽宁日报社的要求为其培养报刊发行的专业人才，毕业生由辽宁日报集团负责接收。但该项目仅仅维持了两年，就停止了招生，其原因是多方面的，企业自身无法履行派教师到学校上课的职责，高等院校内部对于这种校企合作的教学方式也存在认同上的障碍，使得这一以报刊发行为专业导向的合作项目以失败告终。这说明企业没有认清参与高等院校的人才培养工作是对自身的人才保障，企业的这种态度严重影响了以实践为导向的校企合作培养模式的发展，也使以产学研为核心的人才培养模式流于形式。在这一过程中，政府相关部门工作不到位，缺乏相关制度保障企业人才需求与高校人才供给信息流动。在高等院校与企业之间缺乏信息沟通机制的情况下，教育主管部门应该积极进行工作，开展高等院校与企业之间进行信息沟通，完善人才需求与人才供给信息的有效流动。政府部门必须构建相关的制度规定，把交流人才供给与人才需求作为高等院校与企业双方的责任来对待，要通过这种制度的建立来完善信息交流，确保高等院校能够及时了解社会人才需求的方向，调整自身的培养方式，提升自身人才培养的质量。大多数企业对开展产学研合作比较重视，主要动力为公司发展需要。对于产学研合作的发展，企业是很重要的一个环节。近年来企业发展需求科技意识日益增强，通过合作，特别是通过高校院所的参与，联合打造升级的步伐，提升企业自主创新能力，把更多的机会提供给大学生以便于发展培养更多的高能力高技术型人才。

相对于教育部直属高校雄厚的科研实力、丰富的各种资源，地方高校产学研合作面临很多困境和无奈，归纳起来，制约地方本科高校开展产学研合作的主要因素有：

第一，产学研各合作主体思想认识上存在误区。一些企业对地方本科高校缺乏全面的认识和了解，参与合作热情不高。由于认识上有偏差，导致合作实践出现错位：一是将合作教育等同于安排常规的生产实习；二是将合作人才培养局限于岗位技能培训；三是企业缺乏全面育人的合作理念。地方本科高校认识比较片面，服务市场意识不强。很多地方高校将产学研合作定位在科技合作与成果转化上，或者将产学研合作等同于合作教育，不重视通过产学研合作平台和协同创新体培养拔尖创新人才，片面强调专业对口合作，缺乏全面育人的思想。同时，高校作为人才和技术的供给方，过于重视科研成果的学术价值，忽视其经济价值和社会价值。地方政府的认识不深入。地方政府既未充分认识到产学研合作对提升人才培养质量的重要价值，也未认清自己在产学研合作中的作用与责任。政府主管部门在职能转变中的认识不到位，投入少，引导和带动作用不理想。

第二，产学研合作的协作机制不健全。产学研合作中介机构不完善，协调合作的机制不健全，是影响我国产学研合作有效开展的重要因素。在我国行政管理系统中，高校、政府以及企业属于不同的管理部门，条块分割的管理体制使得各合作主体只重视与自己上级主管部门建立良好的关系，而对横向职能部门的联系不够重视。因缺乏协调的中介服务机构和管理体制，致使合作主体之间经常由于渠道连接不畅，信息沟通不灵，造成合作过程中的许多活动无法协调，这在一定程度上影响了合作的成效。

第三，产学研合作缺乏有效的评价体系。目前，有关产学研合作的成效，至今没有一个使用有效的评价体系。尽管有些专家学者就合作教育质量评价构建了一些评价体系，但都是基于高校层面个案研究的基础上构建的，形式比较单一，普适性较差，难以满足企业创新的需求。有些地方政府也根据地方实际构建产学研合作评估指标体系，但由于这些指标体系过于形式化和表面化，缺乏一定的操作性，故难以对产学研合作起到必要的监控导向、激励和推动作用。产学研合作效果体现在多方面，不能仅以项目数量多少、发表多少论文和申报多少成果奖和专利来评判，重要的是人才培养质量和科研成果转化效益如何衡定。

第四，地方高校内部产学研合作的管理机制不完善。尽管高校都成立了合作组织，但因为未配备专职人员和活动经费设备，导致合作组织成为虚设。高校的科技开发政策没有明确规定教师科研必须深入企业，根据企业和社会发展进行选题，科研开发注重的是自办科技企业发展和成果转化，不重视与企业共同开发。高校教师引进与聘用注重高学历、高职称、有课题研究成果的人员，而对于企业或科研一线具有实践经验的科技人员重视不够，致使高校的"双师型"教师严重不足。一方面，多数高校都追求高学历人才，人才招聘的基本条件都是博士或博士后，造成了青年教师在高校毕业后直接进入高校从事教学、科研工作，既没有行业企业工作和实践经历，也缺乏对企业工作流程及生产环节的了解和工程经验。另一方面，部分高校组织教师利用假期进行企业顶岗实践，但由于时间短、不系统、不能深入工作实际，因此所获得的实践经验仅是局部、片面的，缺少整体性、系统性。同时，由于行业、制度等方面造成的壁垒，具有丰富实践经验的企业高级工程技术人员、高技术技能人才也难以到高校兼职。而教师工程实践经验和能力的缺乏，也成为限制学生工程实践能力、创新创业能力提升的主要制约因素。另外，高校科研评奖制度和教师职称晋升制度偏重于科研成果导向，对于承担企业课题的成果很少纳入到科研成果评价体系中去，高校和企业人员交流出现阻碍，难以合作。

第三节　高校继续教育与产学研的互动

继续教育作为一种新型的教育制度在全球迅猛发展，并成为一种潮流，是源于科技、经济和社会的巨大进步，知识日益成为经济发展的决定因素，人才成为重要的资源。传统的学校教育在满足巨大的科技发展和社会进步需要面前，暴露出其不足与缺憾，从而导致了大教育思潮的诞生，终身教育的观念被广泛接受。继续教育是终身教育的体现，是实施科教兴国伟大战略的具体措施，也是世界教育发展的方向。

根据教育部 2016 年 11 月"关于印发《高等学历继续教育专业设置管理办法》的通知"，要求从 2018 年起，普通高等学校将不再举办本校全日制教育专业范围外的学历继续教育，新入学的学生全部按照新目录内专业进行招生。《高等学历继续教育专业设置管理办法》指出："高校设置高等学历继续教育专业要根据学校自身办学能力，发挥办学优势和特色，主动适应国家战略和经济社会发展需要，坚持终身学习理念，以满足学习者学习发展需求为导向，以学习者职业能力提升为重点，遵循高等教育规律和职业人才成长规律，培养具有较高综合素养、适应职业发展需要、具有创新意识的应用型人才"。

普通高等学校举办学历继续教育，在很长一个时期里，满足了受教育者接受高等教育的需要，也给受教育者选择接受高等教育提供了多元途径。但是，普通高校举办学历继续教育，也存在诸多问题。首先，随着每年高考升学率不断提高，我国部分普通高校在统一高考中都已经无法招满学生，与之对应，我国接受学历继续教育的需求也大幅减少，一些举办学历继续教育的机构面临严重的生源危机。其次，为了抢生源，近年来，我国一些名校的学历继续教育项目，混淆学历性质，进行欺骗性招生，严重败坏高校形象。再次，普通高校的学历继续教育，被质疑为是学校贩卖文凭，从中谋利，而一些受教育者选择读学历继续教育，也只是看重名校的学历身份，而不是提高自己的能力。

随着高等教育发展，我国普通高校的继续教育，从学历导向以学历教育为主，转为非学历导向以继续教育培训为主，是大势所趋。高校进行非学历继续教育，是高校向社会辐射教育资源，提高受教育者的终身就业能力，非学历教育由于没有学历的"卖点"，因此，无论是受教育者，还是高校非学历继续教育培训项目，都会关注培训质量而非学历文凭。而且，随着非学历继续教育培训得到社会认可，社会也会淡化学历情结，那些以前到名校学习专科继续教育者，可选择到大学接受非学历继续教育培训如果因为没有学历，就不去接受培训，那接受教育的出发点就有问题。这也正是我国继续教育、终身教育的根本问题，还是围着学历教育转，满足社会的学历需求。

近年来，我国部分高校已经在对继续教育转型，包括整体取消学历继续教育和部分压缩学历继续教育，转而进行非学历继续教育培训。非学历教育培训近年来也得到大发展。但要解决好转型问题，一方面，需要高校摆脱学历导向，以教育培训质量吸引学生，目前看来，还有一些名校在学历上做文章，一些培训也存在"蹭名校"、拿学校资源牟利的问题，这使高校的继续教育培训也产生新的乱像。2017 年，中央巡视组巡视清华大学，就指出该校存在"有的单位利用高校资源谋取不当利益，有的干部或工作人员以权谋私"问题。另一方面，需要受教育者接受继续教育转变学历思维。在当前，由于整个社会还存在以学历识人的问题，学历影响收入、晋升，因此很多接受继续教育者很关心获得什么学历文凭，甚至是冲着文凭去接受教育。这种局面必须改变。在国家层面，要改革人才评价体系，真正做到淡化学历文凭，扭转"唯学历论"，否则，非学历继续教育在学历社会就难以深入，终身学习社会也无法建立(获得文凭后就不再学习)。而每个个体，也要主动转变学习心态，现今已有不少大学生大学毕业后"回炉"上没有学历的技校，这意味着社会已经在变，提高自身就业竞争力才是第一位的。

　　通过深入开展继续教育提高全民素质，不断推进社会政治、经济、文化等不同领域发展提升。在我国现有教育体制下，非学历继续教育颠覆了传统教育模式，它给人们提供灵活、个性、丰富多样的学习体验，提供切合时代发展、具有前瞻性的课程内容，让人们不断提升个人内在素质，适应社会发展、工作生活的知识需求。积极开展非学历继续教育合作办学是我国高校践行和倡导终身教育的需要，是参与建设学习型社会的需要。继续教育发展到今天，面临新的发展环境：普通高等教育已由精英化转变为大众化教育，同时，随着经济结构调整和世界经济一体化，必然需要大量既有专业知识又有熟练技能的专业人才，从而对学历层次的追加补偿已不能作为发展重点，而必须把对新知识的追加补偿短期继续教育作为发展重点。而作为对新知识的追加补偿的短期继续教育，它与市场衔接更为密切。它需要"短、平、快"，把世界各国的"新理论、新技术、新方法、新技能、新信息、新知识"传授给受教育者，使之成为掌握新知识、新技能并能创造性解决经济社会发展实际问题的专业技术人才，这就需要教育者、学习者关注社会需要即市场的变化；同时，对于企业，它也需要学、研的支持，迅速及时地为其提供合适产品，解决实践问题。

　　继续教育的自身特点使其发展必须以市场为导向。继续教育具有现实针对性强、岗位指向性明显、课程内容先进等特点，因此，对于培训项目和教育内容的研发，要结合国家经济发展战略以及行业、部门和企业的发展、人的职业生涯的发展需要。具体课题的开发与确定，在很大程度上应该取决于受教育者而不是施教者，取决于国民经济的需要而不是施教者的主观臆测。因此，在具体内容的选择和教育方式上，需要大力推广产学研合作，以知识创新、技术创新和促进科技成果向生产力转化为目标，及时组织教学内容，开展教学工作。继续教育过程中产学研三方存在以解决人力资源供需矛盾为中心的相互关系，从实现产学研各自利益最大化出发。

一、继续教育的要素分析

（一）对继续教育的重要阵地——高校的分析

　　继续教育是人力资源开发的重要途径，高校是继续教育的重要阵地，产学研的合作是经济与科技、教育紧密结合的必然趋势，是国际继续教育发展的大趋势，也是今后继续教育发展的方向和必由之路。在新的历史时期，高校发展继续教育面临更广阔的市场。作为人力资源开发的重要途径的继续教育，服务于地方社会经济是继续教育的首要目的之一。高校发展继续教育要具有培养目标的职业针对性、教育内容的产业性和办学过程的社会性(即地方性与行业性)，要能够培养出生产、服务、管理工作一线所需要的人才。同时高校的教学必须依托地方、行业和企业的技术与管理人员、基础设施和职业工作环境，以产学研结合为纽带，以服务求支持，与地方相关行业、企业建立密切的合作伙伴关系，建立健全产学研合作教育机制。高校要树立新的继续教育教学质量观。在竞争空前激烈的今天，高校的生存和发展主要取决于办学的质量。继续教育必须树立开放的观念，与国内技术水平同步、与国际市场接轨，走开放办学、产学研结合之路。要利用人才、技术方面的优势，和企业、行业、地方紧密结合，形成融资渠道多样化、办学主体多元化、实训基地化，保证教育教学的质量。高校还需紧跟市场变化，增强产品市场适应性，满足企业所需要的大量既有专业知识又有熟练技能的技术人才。高校要相应的提供与市场需求相匹配的教育服务，同时针对办学目标设计教学计划、改善课程设置、优化培养模式，最终培养符合用人单位需求的人才；还要在教学过程中积极发挥高校优质教育资源，发挥市场调节的作用，整合不同的资源，实现非学历继续教育市场化管理模式。

（二）对继续教育的合作方——企业的分析

企业是人力资源的消费者，基于自身利益需要，又可能成为产学研合作的一方。企业要在激烈的国际竞争中立于不败之地，求得发展，则必须培养和造就大批高层次专门人才和复合型人才。一切有远见卓识的企业家，无不把企业振兴发展的希望寄托在人才资源这个支撑点上，然而各类高素质人才的匮乏是当前困扰企业的最大问题之一。企业必须转变观念，根据生产、经营发展目标，建立自己的人才资源开发系统，多方吸纳、积极培养、合理使用。现代企业要改变长期以来主要依靠物质资本和货币资本外延增加来发展生产的传统习惯，要更加重视改善和提高企业人才资源的质量。企业能否壮大发展，是否具有发展后劲，其员工素质是重要因素。人们不能不认识到，我国企业中科技人才的数量和整体水平远不能适应生产发展的需要，多数管理干部出自技术队伍，对现代科学管理、经济法规不甚了解。企业的职工教育部门长期以来主要从事一些层次不高的岗位培训。因此单靠企业自身的教育资源难以胜任现代科技和管理人才的培养任务。企业的人才培养既要立足自身，又必须借助高等院校的力量，依托高等院校丰富的教育资源，实行校企合作，为企业培养在职高层次实用型科技、管理人才和高素质的劳动者。校企互动，开展继续教育是学校、企业的共同需要，继续教育能发挥自身特点和优势，对具有一定专业知识基础的在职人员进行拓展、提高，培养出一大批熟悉国际经济、金融、贸易、工商管理、财务结算等领域的专门人才，从而解决企业的实践所需。双方合作，在理论与实际，教育与科研、生产，知识与经济上互相渗透、互相补充，是社会经济、教育深入发展的必然趋势。

（三）对继续教育的对象——受教育者的分析

在新的历史时期，人力资源市场呈现新的特点：一方面就业压力大、求职难，在岗者有失业的危险，另一方面又人才紧缺，呈现"招聘难"，表现出一种结构性矛盾。这是由于现阶段存在经济转型、信息技术更新速度加快等新情况。因此，作为继续教育服务的接受者、人力资源销售者双重角色的社会个体就业者、求职者，需要更新知识，接受新技能的训练，在社会整体就业压力大的背景下，能胜任本职工作，免遭淘汰，或者在激烈的竞争中找到适合自己的岗位。而接受继续教育是他们更新知识、接受新技能训练的主要途径和有效方式。人才强国战略已成为我国经济社会发展的一项基本战略。成人是国家经济社会建设的主体，所以继续教育的主要对象是成人，《国家中长期人才发展规划纲要》指出："加快发展继续教育。继续教育是面向学校教育之后所有社会成员特别是成人的教育活动，是终身学习体系的重要组成部分。"

在我国发展的各个历史时期，我国高校的继续教育对推进我国科技进步和国民经济高速发展，以及提高我国专业技术人员的素质都发挥了重要作用，成为我国科教兴国和人才建设的重要手段。发达国家的经验证明，继续教育已经成为国家腾飞、民族富强、企业振兴、个人发展的必然选择，是提升科技工作者整体素质和能力的有效方法，是改善科技人才队伍结构、建设人力资源强国以应对国际科技竞争与合作的主要途径和手段。建立终身教育体系和终身学习社会成为世界教育改革和发展的共同趋势，大力发展继续教育是建立终身教育体系的重要途径。继续教育是快速提升我国自主创新能力、加快国家创新体系建设的战略选择，是构建终身教育体系和学习型社会、实施人才强国战略的重要途径。继续教育是人力资源开发的重要途径。企业是创造社会财富的经济实体，是国家腾飞、民族振兴的希望所在，是继续教育的主体，高等学校是高水平继续教育的提供者和重要阵地。国外一流大学十分注重产学研结合，学校与政府、企业密切合作开展新理论、新技术、新方法的继续教育，加速了国家、地区经济和学校的发展。目前我国高校继续教育的定位太低，提供的继续教育水平与科学技术的迅猛发展和经济的迅速增长是极不适应的，与发达国家高校的继续教育有相当大的差距。我国各类继续教育中，最薄弱的是科技人员高层次、高水平的继续教育。

面临的新形势和新任务，我国高等学校继续教育需更新继续教育观念，以加强人力资源能力建设为核心，大力发展非学历继续教育。紧紧围绕国家经济和社会发展宏伟目标，加强政、产、学、研的合作，推动继续教育向高层次、开放性、信息化发展，向社会提供新理论、新技术、新方法的继续教育，为国家人力资源建设做出应有的贡献。国家的发展给继续教育带来了新的机遇和挑战，高校的继续教育如何面向经济建设主战场，为适应经济、社会发展对继续教育的要求，如何围绕区域发展战略，打造教育特色和优势，提高教育服务当地经济社会发展的能力？如何加强地方政府、高校和企业的合作，怎样围绕工厂企业的科研、技术改造、技术创新和产品开发开展多种形式的继续教育，为国家经济建设培养急需的高层次人才？诸如此类课题是高等学校开展继续教育有待深入研究和实践的课题。为了满足社会上不同层次、不同状况的科技人员对继续教育的需求，开展继续教育的理论研究、政策研究和协作活动，加强与国内外行业学会和协会的联系和交流，及时了解国内外继续教育的发展动向和趋势，促进继续教育管理干部队伍观念的转变，以科学发展观开拓创新，实现继续教育管理规范、科学和现代化，以多层次、多形式、多规格的办学形式为社会和国家经济建设服务是必需的。

二、产学研结合开展继续教育的理论根据

（一）产学研结合开展继续教育是建设创新型国家的客观要求

当前我国正处于现代化建设的关键时期，也是我国企业发展壮大走向世界的重要阶段。培养一大批掌握先进技术、具有科技创新能力的人才，是建设创新型国家、推进新型工业化、加速经济结构战略性调整、提高企业竞争力的客观要求。产业结构优化和升级、发展高新技术和新兴产业、用高新技术和先进实用技术改造传统产业、用信息化带动工业化等，最终都要依靠科技创新和职工队伍素质的提高。当前我国要在全球产业结构调整中占据有利地位，形成和发展我们的比较优势，就必须培养造就一支规模宏大的高科技人才队伍。

（二）产学研结合开展继续教育是高等学校的历史使命

"加快建设一批高水平大学，是我国加速科技创新、建设国家创新体系的需要"，高等学校要紧紧围绕国家、行业和区域经济建设中关键性、前瞻性、基础性的问题，规划科学研究方向，搭建科技创新平台，创新科研组织形式，充分发挥科技创新团队和拔尖创新人才在完成重大科技任务等方面的作用；要倡导"论文写在产品上，研究做在工程中，成果转化在企业里"，大力开展应用性研究，提高科技成果的转化率、科技创新的自主率、科技难题的破解率，通过与企业的合作形成"成果转化、基础研究、培育新成果、成果再转化"的良性循环；着力构建"产学研"有效衔接的模式，构建产业技术创新战略联盟，建设一批具有竞争力和影响力的科技成果转化基地、技术转移中心和人才培养基地，全面开展多层次、多形式的科技服务，为经济发展培育新的增长点。

（三）产学研结合开展继续教育是企业发展的内在需要

随着市场经济发展和科学技术的进步，企业基于自身发展需要成为继续教育的主要力量。在科学技术应用到企业生产实际，并使科技成果转化为新产品的过程中，需要科研人员、工程技术人员和技术工人的广泛参与，因此，通过产学研结合开展继续教育，培养造就一支科技人才队伍，是企业持续快速发展的迫切需要，是推动企业技术创新和科技成果转化的迫切需要，对于提高企业竞争力起着重要作用。企业是开展继续教育的责任主体，要建立职工培训制度，采取措施鼓励职工参加科技培训、技术革新和攻关项目，要结合企业技术改造和项目引进，结合国家重大工程和重大科技计划项目的实施，以及重大技术和

重大装备的引进消化吸收再创新等来开展继续教育。

（四）产学研结合开展继续教育是校企共利共赢的途径

深入推进企业与高等院校发挥各自优势，大力拓展产学研合作，是加快继续教育发展、促进企业科技人才队伍建设的一条重要途径。产学研结合开展继续教育就是以培养学员的综合素质、科技创新能力为重点，将课堂理论学习和企业科技创新实践统一起来，最有效地把知识、科技转化为生产力，转化为企业的核心竞争力。要树立为企业、行业和地方经济发展服务的思想，以市场需求为载体，以科技创新为动力，以学科专业为依托，坚定不移地走产学研合作道路，开展多形式多层次的继续教育，深化企校在科技攻关、人才培养等方面开展广泛合作，实现共利共赢，共同发展。

三、产学研结合开展继续教育的实现途径

（一）以校企合作攻关重大科研项目为纽带

要以校企合作攻关重大科研项目为纽带，有针对性地开展多种类型的科技培训，才能增强继续教育的针对性和实效性，同企业科技创新的实际需求紧密结合，不仅有利于调动各方面的积极性和责任感，而且可以推进企业科技创新团队的建设。企业的科技创新和生产过程涉及到专业、工种、岗位等，对职工进行新知识和新技术的培训是必需的。围绕重大科研项目的联合攻关，高等学校要组织科研人员和教师等到企业对职工进行面对面的科技培训和专业知识讲授，或者邀请企业所选定的部分骨干直接进入高等学校，进行强化培训和学习。

（二）围绕企业发展需求开展多层次的继续教育

要紧密结合企业科技创新的战略需求，开展多层次订单式的成人学历教育，高等学校要紧密结合区域经济发展情况，积极与大中型企业进行产学研合作，围绕企业科技创新和人才队伍建设的发展战略，大力开展多层次订单式的成人高等学历教育。通过成人学历教育，提高企业人员的整体素质和知识水平，为企业的长远发展提供良好的人才基础和智力支持，也满足在竞争激烈的市场环境中企业对高学历、高技术人才的需求。从专业设置、教学计划制订与实施、实习、实训等方面，使课堂教学和企业车间无缝隙对接，理论教学和实践教学实行零距离互动，真正实现产学结合、校企结合、车间和课堂结合，使继续教育的办学目标越来越明确。

（三）深化校企合作，走实现校企良性互动的产学研创新联盟发展道路

要想引导和支持创新要素向企业集聚，促进科技成果向现实生产力转化，高等学校就必须积极参与到"以企业为主体，以市场为导向，产学研相结合的技术创新体系"的建设中去，主动瞄准企业发展中的重大技术、科学问题，承担企业的重大项目。加强科研攻

关，并积极促进科研成果向企业的转化，以提高企业的自主创新能力以及核心竞争力。在此前提下，建立校企良性互动的产学研创新战略联盟。充分发挥学校的智力优势、学术优势、多学科综合优势和人才培养优势，将学校的科研成果优先向产学研合作单位转让，并发挥学校在企业、科技攻关、技术改造、职工继续教育和培训等方面所具有的独特优势；通过科技项目的合作攻关，促进高等学校师生进入到企业科技创新和生产实践领域，参加科研和工程项目的研究，拓宽教学科研的视野，有利于形成成果转化、基础研究、培育新成果、成果再转化的良好局面。

（四）推进教学科研组织改革，把高等学校办成生产力的促进中心和创新人才的培养高地

高等学校应该面向不同行业、面向企业集群、面向地方经济发展，突出科技创新服务，深化教学科研组织改革，积极建立不同专业和学科应用方向的科技创新服务平台，设置科技创新服务中心、研究院所、研究中心等，实现教学科研组织的扁平化、虚拟化、柔性化，提升适应能力和竞争能力，促进教学科研资源的优化配置，构筑科学研究团队，激活大学组织的运行效率，积极与不同行业、企业、科研机构在科技创新和人才培养等方面进行深度合作，建立"科技创新服务型"产学研结合的继续教育模式，把学校办成生产力的促进中心和企业创新人才的培养高地。

四、产学研结合开展继续教育的有效措施

（一）紧密结合企业科技创新的需要，推进继续教育教学改革

校企联合开展继续教育要与企业改革、结构调整、技术改造、科技攻关等结合起来。第一，要以市场需求为导向、以职业岗位为依据、以科技含量为参数、以创新能力培养为目标、以学科专业的交叉复合来综合研究，合理制订人才培养方案和专业教学计划。第二，要以提高科技创新能力为核心精选教学内容，构建课程结构，形成有专业和职业特色的课程体系。既要加深学员对操作技能知识的理解和提高分析解决问题的能力，又要着眼于企业的发展和新技术新工艺的推广使用。学员要通过企业的生产实践和工程项目完成毕业设计的选题和研究，为企业解决生产、经营、管理等方面的技术难题。第三，要加强考核、注重实效。考核要与出勤、课堂表现、作业情况相结合，尤其要与解决企业实际问题相结合，切实为企业培养合格人才。

（二）围绕企业发展战略，加强产学研规划，推进继续教育的持续发展

在激烈的市场竞争中，企业不仅要组织职工学习新知识、新方法，以提高整体创新能力，还要集中培训企业紧缺的专业技术人才，以适应实际工作的需要。因此，企业要制订自身的发展战略，加强产学研规划，明确科技创新的方向、重点和步骤，高校和企业要将重大技术攻关项目、改造项目等作为继续教育的重点课题，推进继续教育的持续发展，使继续教育直接为企业的生产经营和技术开发服务。产学研结合开展继续教育要注重培训一

代、储备一代和构思一代，形成继续教育培训项目寿命周期系列，从而为企业的发展战略服务。

（三）要努力实现教育手段的现代化和网络化

随着计算机网络和多媒体技术的进步，继续教育的手段也应该适应时代发展的要求，实现现代化和网络化。继续教育可以大量应用多媒体网络技术手段进行教学，也可以利用微课、慕课等方式进行网络教学。高校可以依托校园网络建立自己的网络教育平台，与企业建立信息共享机制，开展网络化教学，保证教学质量，降低教学成本，提高办学效果。

校企合作开展继续教育在许多国家的经济、科技和高等教育的发展中发挥了很大作用，这种现象不是偶然的，是由当代经济、科技和高等教育发展的内在联系和客观要求所决定的。在激烈竞争的市场面前，最有竞争力的应该是自身独立持久的技术创新能力，因为创新是企业的生命。企业必须使自己具有比竞争对手学习得更多、更新、更快的能力。企业不论是科技的发展还是生产和人才的发展，都应以高校的高智力作为后盾。高校将是企业成为"学习型组织"的最好帮手、伙伴，这早已为世界经济发达国家所证明。高等教育必须在体制和教学内容上全面开放，更加社会化，把自己的教学、科研优势即知识优势向社会渗透，与经济结合，为发展经济所用。近年来，联合国教科文组织一直致力于在全世界范围内提醒人们注意促进大学与工业界合作的重要性，并在世界范围大力倡导开发产学研合作项目，合作的重要领域之一即为加强继续工程教育，即大学对产业界工程师进行再教育。校企合作培养企业人才，符合时代的需要，是高等教育新世纪的历史使命，也是发展中国继续教育的根本途径。随着科技进步和创新的加速，大规模地培养各类人才，为劳动者提供各种层次、各种类型的不间断的学习培训，这些都要求由继续教育来完成。坚持校企联合，走产学研结合的道路，是高等学校广泛开展继续教育的有效途径。随着国家的重视、政府的扶持与引导，已有法规贯彻落实的加强，使得继续教育产学研结合的领域和层次必将更加广泛和深入。

第四节 高校产学研合作培养人才的对策

产学研合作教育将高等教育原本封闭的教育环境变成了开放式的教育环境，为高校开辟了更广泛的教育和实践空间，使高校的人才培养更符合社会需求。同时，还能引导学生主动关心社会需求，激发他们探索未知领域的兴趣，提高解决实际生产、生活难题的能力，为社会输送更加有创新性和实践能力的人才。因此我们要不断完善产学研合作教育，使整个人才的培养流程变成一个教学、科研、生产相互交叉、相互渗透、互相攀升的过程。高校产学研合作教育的实施，打破了以往教育模式中大多"重理论、轻实践"，甚至"无实践"的传统，其将高校教育与生产活动、科研实践有机结合的人才培养体系，更适应当今科技迅猛发展及竞争激烈的社会需要。如何才能在遵循人才培养规律的前提下，找到科学、可行的方法解决高等教育面临的学生缺乏实践能力和研究能力的实际问题，从而培养出创新型人才，是高校产学研合作亟待解决的问题。

一、创新产学研合作人才培养模式理念

政府应树立积极作为的思想，产学研合作要协调发展，离不开政府的领导与协调。政府作为政策制定者和资源的拥有者，应通过制定发展规划，提供资金支持，进行有效资源调配，促进产学研合作的集成创新。企业应树立合作创新的意识，企业可通过与高校共建重点实验室等项目合作，解决制约企业发展的重大技术问题，突破一批核心技术，带动一批企业发展。企业可深入高校参与人才培养方案的制订，通过参与高校合作人才培养，可以选择企业需要的优秀人才；通过合作研究中心与创新平台的搭建，可以获得优质研究资源，提高企业科技创新能力。高校要树立合作办学的理念，高校应结合自身特色与区域经济特色，同用人单位共同研究课程设置。在高校内部，应注重产学研合作与创新活动的宣传教育，通过多种渠道让广大教职工了解和认识产学研合作；同时，在学校顶层设计中，应体现产学研合作的办学思想，在人才培养方案、教学实践和教学管理中要贯穿产学研合作的理念，聚集社会、企业和科研院所的优势资源开展创新人才培养与科学研究的合作，从而使产学研合作质量和水平不断提升。

首先要认识到，社会经济要发展离不开教育发展，同时教育的改革创新也要以社会经济发展为目的，教育离开社会发展这个范畴，势必带来人才培养在目标、方式上的盲目性，因此将教育结合到社会经济发展之中，形成产学研合作，为社会发展、经济建设提供知识技术支持与人才培养服务，是社会发展对教育提出的必然要求。产学研合作中，生产企业是参与主体之一，如果简单地认为有实践过程，特别是有的地方学校认为校内实践基地或校办企业的实践就是产学研合作，那么这样的方式实际上缺乏社会经验，生产实际并不能完全同社会生产企业对等，在应用型人才的培养上自然也是不完整的，这样的培养实际走回了"旧式封闭式"的教育模式。产学研合作是实现科学技术、教育研究与生产经济相结合的重要形式，是顺应知识经济时代人才培养的有效形式，也是面对知识经济挑战的举措之一。

其次要认识到，地方高校改革转型发展和职能升级转变，产学研合作是必由之路。随着市场经济的发展，经济体制的进一步完善，市场在资源配置中的作用越发明显。高校走产学研合作道路有利于学校转型改革，有效整合社会资源，用市场的需求引领学校教育培养目标，用市场的用人标准培养人才。牢固树立并切实贯彻创新、协调、绿色、开放、共享的发展理念，习近平总书记强调，在五大发展理念中，创新发展理念是方向、是钥匙，要瞄准世界科技前沿，全面提升自主创新能力，力争在基础科技领域做出大的创新，在关键核心技术领域取得大的突破。同时，创新发展居于首要位置，是引领发展的第一动力。

这就要求深化科技体制改革，加快建设国家创新体系，着力构建以企业为主体、市场为导向、产学研相结合的技术创新体系。创新的实现势必要求高校转变学校职能，改革教学与人才培养方式，培养适应企业发展需要的应用型人才，研发具备市场潜力的科研产品。产学研合作应用型人才培养在高校中要获得实现，不改变思想意识上的认识是很难实现的。通过产学研合作应用型人才的培养，一方面能提高高校自身科研等实力，增强教育教学的质量，另一方面通过科研成果的转化，可以加深与企业的合作，拓展经费获得方式，形成高校、企业、社会多方面共赢的良好循环。

最后，产学研合作能促进地方高校学术水平、师资队伍水平的提高，课程与教学内容的革新。现代科学技术的发展源自于新科技探索、突破性的技术成果和市场需要的相互结合、协调统一，因此要推进高校内部不同学科之间加强联系，形成集群化专业学科建设，让学科建设与实际市场紧密结合，而产学研合作为这样的学科建设提供了可能，同时也促进了高校专业发展。高校在产学研合作应用型人才的培养中，要实现人才的应用型发展，适应企业对于用工和科研的要求，对于原有学科的革新、转型是必要的，促进专业学科的调整有利于高校发挥在人才培养中的综合性优势。产学研合作推进了企业与学校沟通交流的加深，应用型人才的培养中也包含了应用型教师的成长，产学研合作项目更多，教师能更多的参与到企业实际工作的过程中，更容易接触到企业发展过程中的生产技术、经营管理等难题，接触到企业技术发展的新方向，这样对于教师来讲，有利于拓展实际经验，加速更新知识的频率，推进教师对最前沿科学技术、管理技术的研究探索，提高自身的业务能力与水平，增强高校师资能力的建设。社会经济发展要求科技水平的提高，而这将对人才需求和人才培养标准带来新的变化，通过产学研合作高校进一步了解企业对于应用型人才在知识结构、个人素质能力等方面的新要求，革新教学思路，适时调整课程与教学内容。

正是基于以上三个方面的内容，产学研合作对于应用型人才培养有着重要的影响，因此高校在转变学校办学思路，走应用型发展、培养应用型人才的道路上必须要在思想上进行转变，从思想上正确把握产学研合作的重要意义。

二、树立产学研合作人才培养模式原则

（一）目标性原则

课程培养模式是以培养应用型人才为目标的，教学课程是高校首要的职能。从最开始的单一教学职能，发展到目前的教学、社会服务、科研三大职能结合的院校，在本质上而言，其最为重要的职能还是教学。加强产学研结合教育的目的就是促进教学质量的提高，实现学生的全面发展。在教学课程设置中，一直以来，大部分院校课程设置有针对性的内容比较少，没有目标，理论与实践之间存在着脱节现象，所以，一定要有目标性的强化实践教学。强调专业技能、创新能力的培养，已经逐渐成为教学过程中至关重要的环节。同

时，在实际教学中，一定要重视学生对专业基础知识的学习，扩展教学内涵，为学生学习相关知识与技能奠定可靠的基础。在实际教学过程中，一定要面向市场，有目标性的分析投入与产出，核算运行成本，并且重视实践教学的开展，逐渐培养学生全方面的能力。将产学研结合当成是学校改革、面向企业、服务社会的基础与前提。有目标性的在学校教育过程中，将教学基地、师资队伍、学科专业这三方面的建设融为一体，通过产学研结合模式的运用，激发办学活力。在实际教学中，一定要安排足够的时间，围绕生产实践情况，规范教学环节，设立实习、毕业设计等实践教学模式。产学研合作教育依然是教学环节，无论是生产实践还是科研，均是其中一环，其主要就是促进教育活动的顺利进行，是学校办学适应社会发展需求的重要手段。加强产学研结合教育的目的就是促进教学质量的提高，实现学生的全面发展。

（二）协调性原则

产学研结合模式中，学校、企业、科研既是独立的，也是互相联系的，三者地位平等，享有一样的权利与义务，互相协调、互相合作。各方均是独立个体，有着不同的发展方向与标准，但是三方又可以通过人才培养与技术创新进行结合。针对学校而言，最终发展目标就是培养高素质、高技能，并且符合社会发展需求的复合型、应用型人才；针对企业而言，最终发展目标就是获取最大利益。学校具备科研条件，但是如果缺少资金支持，则也无法得到相应的科研成果；企业具备充足的资金与资源，但是缺少科研开发。由此可以看出，加强学校与企业的联合，可以有效促进彼此的发展，开展科研项目，取得相应的科研成果，并且得以有效的运用。产学研合作模式和教学质量提高、创新人才培养模式有着密切的关系，为社会培养了一些高素质创新人才。产学研合作模式的运用，可以有效发挥学校的潜能，提高办学实力，促进学校的可持续发展；同时，扩大了科研领域，促进了学校学术水平的提升，为企业技术水平提高奠定了坚实基础；加强了科教兴国战略的落实，实现了传统产业高新技术产业化的目标，为社会经济的发展提供了可靠依据。各院校一定要和企业达成共识，创建产学研结合的教育模式，实现三方优势互补、互惠互利、互相协作、互相协调。在此模式下，学校一定要充分发挥专业、学科、人才智力等方面的优势；企业一定要充分发挥自己的资金、设备、技术、产品等方面的优势。通过对学校与企业优势的结合，可以有效促进科研成果的运用，进而实现人才培养目标。

（三）科学性原则

学校在培养应用型人才的同时应符合规律，符合人才培养规律，符合社会需求规律，应该合理的安排一些人才培养模式体系的一系列课程。随着社会的不断发展与进步，知识经济时代的到来，要想立于不败之地，就要掌握先进技术，这样才可以推动经济的发展，处在经济发展的最前端。企业要想得到进一步的发展，就一定要加大科研力量的投入，加强科学研究，进而促进自身的长远发展。加强科研也是促进社会经济发展的重要环节，为人类社会发展提供服务，促进社会的和谐、可持续发展。因而，在教育过程中，落实产学研结合模式的时候，一定要加强对科研的研究，将其转变为生产力，促进教育事业的全面发展。并且企业通过对学校科研成果的运用，可以有效提高企业的创新能力与生产能力，使其更加符合社会的发展需求，走在行业前端。由此可以看出，加强对科研的重视与研究，加强对科学的创新研究，可以有效解决生产实践中存在的技术难题，促进实践教学的全面展开，实现预期的教育目标。

（四）一致性原则

产学研合作教育为核心的人才培养模式也构成了学校—企业—科研机构—政府之间的利益链条，它们的目标是一致的，在培养人才的同时，达到利益最大化。同时我们必须充分认识到这一利益链条对人才培养模式创新的影响，通过对相关利益主体的研究来促进人才培养模式的转变。只有让相关的利益主体都能够在这种人才培养模式中获得利益，这种人才培养模式才能够有效的推行下去，才能达到学校、企业、科研机构目标的一致性。在这一利益链条中，政府虽然处于主体地位，但是政府在这一过程中没有经济利益的考虑，而是追求社会利益最大化。政府需要的利益包括提高学校的培养能力、解决学生的就业问题、促进企业的进一步发展、提高科技发展水平，就会达到利益最大化，这些利益都需要我们积极促进产学研合作模式来完成。学校是积极开展该项合作的利益方，学校主要希望通过这种合作来获取实践教学中的资源，使得学校不用投入更大的人力、物力和财力去建设实践教学基地。企业在产学研合作过程中的短期利益是较小的，企业在这一过程中主要是获得长期的人才利益，为企业构建稳定的人才招聘渠道。因此，在这一合作模式中，我们必须通过优惠政策的设计来提高企业参与的积极性。科研机构在这种合作模式中处于非主体地位，因此我们要通过政策手段来促使科研机构参与到产学研合作中来。只有这样，相关的利益主体才能更好地在合作教学模式中发挥自身的优势，促进教学水平的提高。

三、完善产学研合作人才培养模式体系

（一）构建系统化的教学体系

产学研合作应用型人才培养教学体系主要包括理论专业课程与专业实践指导课程，产学研合作要求高校完善人才培养方案，增加产学研合作教育课程的设置，突出产学研合作实践教学所占的比重。在教学内容上，要建立学校与企业联合编制教学内容体系，利用学校、企业不同的视角，根据应用型人才培养的目标筛选有针对性、实用性的教学内容，优化应用型人才素质、知识以及能力结构，突出实践能力培养。在革新教学内容的同时探索产学研合作课程实施模式与路径，推进教学方法和手段的改革，开展启发式、讨论式教学方案试点活动，鼓励在实践教学中运用案例教学。在课程改革中建立课程教育质量监督监管制度，确保产学研合作课程改革从制订到实施的规范性和有效性。产学研合作有利于高

校教学改革和培养目标的调整，使人才培养实际化与多样化。新经济时代下的教育应以培养符合市场需求的劳动者为目标，其培养模式应该与市场需求紧密联系，以市场需求为出发点和落脚点，产学研合作正是各高校为顺应这种教育模式而逐渐摸索和实践而产生的多途径教育培养之路。构建高层次应用型人才的教学体系主要包括三个方面：理论教学体系、实践教学体系和素质拓展体系。其中，理论教学体系根据各专业应用型人才的能力结构和要求，优化基础和专业知识，对相关课程知识内容进行整合，优化教学内容和教学环节，改变传统的通识基础课、专业基础课和专业课的教学体系，构建基础、拓展、复合三个层次教学课程体系，减少理论学识和必修课比例，选修课比例达到 40%以上。实践教学体系包括构建生产实践、课程实践、技术实践、社会实践、科技实践、毕业设计实践等六个实践教学环节，强化学生能力的系统化培养。实践教学学分占学生毕业总学分的35%以上。构建文化素质教育教学体系，促进学生的全面发展。构建人文素质教育课程、社会实践、创业创新主题教育、国际文化节活动、讲座和学术报告、学生社团活动、二级党校教学等素质教育平台，提高学生的综合素质。在教育模式上要建设多层次、立体化的课程结构。重视学生们的个性化培养，强化实习实训的理论教学以及社会实践能力方面的锻炼，大力开拓在教育教学方面的空间，不仅要把基础的专业课程教育抓好，还要将学生们的创新创业精神与能力的培养作为人才素质培养的主要目标。

（二）调整专业课教学内容

紧密联系实际，推进课程教学内容改革，培养学生兴趣。将生产、科研中出现的新技术、新成果，或分解后的科研项目转化为教学内容。促使专业课教师将本专业相关的科研项目细化分解，结合课程进度融入到教学中，也可以延伸为大学生科技创新课题。定期邀请企业、研究所的专业人员来学校开设专题讲座或者讲授行业、科研动态，使学生更多地了解学科发展的前沿态势，有利于学生形成合理的知识体系及创新思维。还可以将最新科研成果转化为实验教学内容，与实际的生产生活接轨，既可加强学生对本专业的认知度，又能增强学生的动手能力，更有利于培养学生解决实际问题的综合能力和创新能力。在专业学习中，应该让学生参与其中，不仅仅是单纯的教师授课的形式，也不仅仅是知识讲座、专业讲坛的形式，应该让学生自主学习，开展一系列演讲、辩论赛、趣味问答等活动，让学生从游戏中学习到专业知识，从而加深学生的印象。学校方面，应该从教材方面及时更新。教材是教学的主要工具，是提高教学质量的重要保证，也是体现教学内容的关键，要与我们的教学目标相一致。选择更优秀，更适合我们的教材，从而改变相应的教学内容。每一本教材都有其不足之处，教学课时减少也是大势所趋，这就要求任课教师在授课的同时找出重点，对教学内容进行整理和规划，把一些不太重要的章节改为自学内容。要十分注重对学生兴趣的培养，充分调动学生学习的主动性和积极性，给学生更多思考问题的空间和自学时间，使学生学会学习，学会思考，这是培养大学生创造精神和创造能力的前提。

（三）强化专业性实践环节

依靠企业与科研单位，完善产学研实践教学基地建设，培养创新型人才产学研的合作教育，不仅仅简单停留在走马观花的参观上，而是在学生从最初的参观实习对企业文化、企业生产流程有了初步认识之后，就进行全方位的、更深层次的合作。如采用让学生进行顶岗锻炼、假期实践、到企业做毕业设计以及企业到校内培训等方式，使学生融入企业，成为企业的一分子，在实际生产中承担相应的责任，不断提高学生的实践能力；鼓励其在生产中发现问题，用所学知识解决问题，培养其创新精神。增加专业性实践环节，建立专业的实践基地，建立有体系的实践考核。实习环节是学生对已经掌握的专业知识的应用，也是目前我国高等院校实践性教学的主体部分，但是我国目前高等院校实习环节的管理存在很大的问题，需要重新进行制度设计。实习是对已经掌握的专业知识的考核，因此需要针对实践的结果对学生进行考核，把实习成绩作为学生毕业成绩的重要组成部分，提高实习的整体质量。学校要与实习单位建立正规的实习管理合同以及实习考核制度，由实习单位派出实习教学人员，并由实习教学人员对学生的实习结果做出评价，给出实习成绩。只有我们对实习环节进行强化管理，学生才会因此而重视实习环节的作用，才能认真完成实习期间的学习任务，从而改变以往学校只看实习单位出具的一纸证明就随意给成绩的情况。与此同时，学校要积极与企业进行联系，为学生提供良好的实习岗位和实习环境，学校要对企业自身的能力和资源进行评价，构建完善的实习管理体制。实习环节的考核是我们提高实习质量的重要环节，也是保证人才培养模式转变的关键点。学校要明确学生在实习单位的任务，同时明确对这些任务的评价标准。实习单位要严格按照与学校协商之后的标准对学生进行要求和指导，保证学生顺利完成实习任务。在实习结束之后，实习单位要向学校出具反映真实情况的实习报告和实习成绩单，学校根据这种实习成绩单给出学生最终的实习成绩。我们必须提高实习成绩在总成绩中所占的比例，提高学生对实习环节的重视。加强实习环节管理与考核问题要从两个方面进行改革，一方面是要加强学校与实习企业的联系，形成正式的实习管理条例；另一方面是学校要改革实习管理模式，提高实习所占比重，将毕业一次实习转变为学期之内多次实习，学生每一个学期都要参加定期的实习学习，掌握和消化相关的理论知识，促进学生对企业内部实际运作机制的了解，提高学生实际动手和操作能力，将理论和实践紧密结合起来。

四、健全产学研合作人才培养模式机制

（一）构建产学研合作的评估和筛选机制

建立一套产学研合作的评估和筛选机制是企业和高校的一个重要需求。在产学研合作中，企业在选择产学研合作项目时需要对高校项目质量进行评估判断，企业可以选择那些附加值高、有较好市场前景的项目进行合作；高校则需要评估企业的实力和生产能力。一个有效的预评估机制可以帮助产学研主体选择到好的合作项目或合作伙伴。而对于政府来

说，评估机制的建立也有利于发挥政府信息资源丰富的优势，在充分了解行业基础的前提下，筛选出市场急需、创新水平高的项目和实力雄厚、转化水平高的企业，创造校企合作平台，促进双方合作的开展。要加强对参与校企合作企业的资格审查，特别是一些重要项目如国家级项目的参与企业要进行严格审查。充分发挥各类企业参与校企合作的积极性，鼓励民营企业参与校企合作，以公平、公正、公开的原则确定项目的承接单位。建立第三方评估机构对产学研项目的项目申请、中间进展以及完成情况等进行评估。重要的产学研项目要在立项时遵循市场导向的原则，开发具有竞争性和行业共性的技术，同时根据国外先进技术领域，确定产学研合作项目的方向。对完成情况的考核和在科研项目成果验收时要注重成果的创新水平、应用能力和产业化前景。对于项目进展过程中发现的弄虚作假的产学研合作要进行严厉的制裁，保障产学研项目的有效性及稳定性。

一是要完善政府层面的评估机制。国家教育主管部门在对高校的综合评估中，可将产学研合作和社会服务工作纳入评估或考核的范围；省级政府在对下属地市政府施政业绩的考评中，也可将地方政府在促进地方高校与企业合作和社会服务方面的工作纳入评估考核范围，以调动高校与企业合作的积极性。二是建立信誉评估机制，加强对合作各方行为与信誉度的评估。以执行合同状况为主要依据，定期对参与合作单位和法人进行信誉的评估，及时公布评估结果，以消除产学研合作中随意终止合同，缺乏诚信的短期行为。三是建立合作要素评估机制。对合作双方项目执行的能力进行评估，帮助那些信息不充分的单位免受损失。通过这些评估机制的建立，推动企业积极寻求与高校在人才和技术等方面的交流，促进产学研合作发展。

（二）改进产学研合作人才培养评价机制

要使产学研合作持续、健康发展需要建立一套科学合理的评价机制。目前效果评估体系没有有效地建立起来，导致产学研合作更多的是注重过程，考核易流于形式。建立评价机制应从政府和高校两个方面着手：一方面政府应建立对产学研合作的评估体系，有序开展产学研合作工作，同时政府应提高对高校开展产学研合作的评价权重；另一方面高校也应该详细制订校内各个专业开展产学研合作的具体评价指标，纳入高校教学质量保障体系中，以不断检验、改进产学研结合工作。要改变传统上重理论轻实践的人才培养评价机制，树立以实践能力培养为主要内容，实践成果与知识理论并重的新型评价体系，促进产学研合作应用型人才培养的发展。高校在产学研合作中首先要改革传统以学术论文、理论知识为重点的评价体系，将实践能力与创新能力等应用性能力作为学校教育教学水平评价的重要组成部分，在继续优化学生理论研究的实践性问题上，特别是对于学生论文研究实践问题给予支持，探索增加学生实践技能毕业评价机制，将学生创新型设计、发明专利、应用操作技能等作为学生毕业和人才培养的重要参考标准，同时纳入学生毕业评价指标中，借此鼓励学生尽可能多的参与到产学研合作项目中，激励学生应用型发展，优化评价机制的引导作用，促进产学研应用型人才的培养。

对从事教学、基础研究、应用技术研究和成果转化的不同工作进行分类考核，将分类考核引入教师职称评审制度中，使各类不同人员具有同等地位。彻底改革以科研项目、学术论文为主的传统的教师考核、聘任及职称晋升制度，对工程类应用学科专业教师的职务聘任与考核要以评价工程项目设计、专利、产学研合作和技术服务为主，优先聘任有在企业工作经历的老师，教师晋升时要有一定年限的企业工作经历。改革完善教师职务聘任、考核制度，建立有利于培养人才的师资队伍。高校要主动服务企业，深化产学研模式，合作建立实习基地，职工培训基地，这是创新产学研合作平台的重要举措。通过构建产学研合作联盟和协同创新平台，积极开展与企业和地方政府的科技合作行动，积极引导科技人员与地方政府、企事业单位进行科研合作，解决社会和地方经济发展中的重大技术问题。鼓励学校科技人员到企业和农村进行技术咨询服务，并利用协同创新平台培养社会急需的人才，为地方经济社会发展提供人才保障。

（三）完善产学研合作责任与利益分配机制

合理分配利益是确保产学研合作持续进行和激励学校、企业等产学研合作参与主体积极性的有效手段，在公平分配利益的同时要注意明确合作主体之间的责任，否则对于产学研合作应用型人才培养实质性的发展以及合作效果的保证会产生影响。因此，建立合理有效的产学研责任与利益分配机制显得尤为重要。

由于产学研合作是由各方参与共同完成的合作，所以产学研各主体在实现自身利益诉求时，必须兼顾其他主体的利益。这就需要准确把握投资者、科研人员以及一线员工贡献的大小，在利益分配时以此为参考，保持贡献和回报的一致，提高利益相关者的积极性和凝聚力。政府要以法规的形式明确产学研合作主体的利益分配和协调机制，协调产学研主体在资金投入、合作方式与渠道以及产学研合作创新中的具体细节问题，保障技术发明者的根本利益，提高产学研合作的成功率。有的产学研项目需要政府的配套资金或政策资助，合作过程中产生成果时，就要协商一个妥善的利益分配方案，使国家和学校都得到相应的回报。对于企业和政府联合向项目投资的情况，产权则由三方共享。就高校而言，要建立产学研合作专项经费，支持产学研合作人才培养教学单位或基地在教学设施设备、教学条件上的改进及建设，对参加产学研合作人才培养教学的机构、企业以及专兼职教师予以经费上的补贴，激发其培养应用型人才的积极性，保证教学效果。在实现利益公平分配的同时，必须在产学研合作参与主体间明确和分配各自责任，设立责任追究与监管体系，最终达到激励与约束协调统一，实现产学研合作有效持续地开展。

五、强化产学研合作人才培养模式保障

（一）政策保障

目前的情况下，高校产学研合作缺乏持续性发展的动力，在政府层面主要体现在产学研合作信息交流缺失平台以及政府中介服务不足，原因主要在于我国对于产学研合作没有

合理完善的整体系统，法规、政策以及配套措施相对较少。近些年我国也出台了大量有关科技创新、协同创新的政策文件，其中涉及提倡发展产学研合作的文件也不少，但是并没有形成成体系的可供实际操作的实施细则，特别是在地方性文件中对于产学研合作的支持显得含糊不清，这对于高校实施产学研合作支援地方建设产生影响，也不利于社会企业参与到学校应用型人才培养之中。

政府能够运用法律和政策手段引导和支持产学研合作，同时，政府还能够调动中介机构组织的积极性，在法律上确定中介组织的社会地位，并给予大力支持，确保它们的公正性和持续发展。在推进产学研结合的人才培养过程中，政府在转变职能的基础上，加强立法和制定政策的力度，不断加强科技政策法规系统和产学研合作人才培养模式的政策机制保障，通过完善经济政策和人才培养模式的相互协作，形成完善的高等教育人才培养体系，努力为产学研结合的人才培养创造良好的环境。与此同时，政府在政策上、资金上对企业和中介机构给予必要的资助与引导，进一步规范其发展，运用法律法规不断加强和完善管理与监督机制。

在政府层面设立促进产学研结合的专项资金对企业和高校的合作体系建立具有重要的推动作用，同时可以借鉴许多发达国家宝贵的成功经验，对产学研联合申报的项目给予一定支持和帮助。很多大型企业缺乏产学研合作的动力，政府的专项资金可以通过无偿或者贷款的形式鼓励大型企业与大学的合作，而一些中小企业对产学研合作也有着强烈的需求，但在创业阶段的中小企业在融资方面有很多的困难，政府可以设立专项资金支持创业初期的中小企业与高校的合作。有些重大的产学研合作项目风险较大、投资金额比较高，单靠政府的财政投入难以承受巨额资金需要，因此政府应当建立起风险投融资机制，鼓励风险资本介入，完善风险资本的运作机制，对于长期稳定的产学研合作人才培养机制的构建具有十分重要的意义。在以产学研合作为核心的人才培养模式中，企业的作用是不可忽视的，离开了企业，高校难以完成复杂的实践教学任务。那么，如何让企业积极地投入到合作教学活动中去就是我们必须研究的课题。

国外的很多企业愿意接受实习生，因为国外招聘成本较高，使用实习生能够有效地节约企业的成本，提高企业的利润率。这种结果自然激发了企业参与到合作教学的活动中来，但是这种激励机制在我国并不存在。国内由于相关法律法规并不健全，很多企业通过法律漏洞来节约用人成本，很多临时工的成本比正式员工低廉得多，最后再通过将临时工转变为正式工人的方式来招聘。这样，由于这些临时工人的存在，使得企业不会通过实习生来降低人力成本。这样我们就必须通过其他形式来激励企业投入到产学研合作教学活动中去。政府部门必须建立相关制度来提升企业在相关合作教育活动中的利益，这些政策主要包括给予企业更多的税收减免、给企业在相关领域开展业务提供更多的便利政策等，只有通过这种利益激励，企业才能积极投入到产学研合作中来。

首先，我们可以通过税收优惠来促进企业参与合作。在我国目前的税收管理体制中，很多方面运用税收方式进行企业激励。例如，企业录用的残疾人的工资可在计算企业所得税中进行加计扣除，这种方式也可以引入到产学研合作教学活动中来。财政部门可以规定，企业每与高校建立一个产学研合作教学基地，就可以获得一定比例的税收减免，或者企业每接收一个学生并顺利完成实习任务，就可以获得一定的税收减免，通过这样的方式来支持企业参与产学研合作活动。但是，这一过程中也需要注意个别企业通过这一方式来骗取税收优惠政策。教育主管部门要加强监管，同时政府部门也要防止个别高校与企业联合进行骗税活动。其次，政府有关部门可以通过协调活动给企业部分优惠。例如，可以在土地使用、行业准入等方面给予那些参与合作教育互动的企业优惠，通过这样的方式来刺激企业积极参与产学研教学活动。最后，政府可通过财政补助的形式补贴企业所培训的实习人员。这种方式在部分地区已经开始使用，但是在推进的过程中出现了大量企业招聘应届毕业生，出具虚假实习报告和相关手续来骗取政府补贴的情况，这就加大了政府监管的难度。因此，如果采取这种方式来进行激励，政府有关部门以及高校主管部门必须加强监督和管理，对那些采取虚假手段骗取政府补贴的行为进行严厉打击。以上这些优惠活动可有效地提升我国企业积极投入到合作教育中去，促进高等院校积极开展人才培养模式的转变。

（二）师资保障

"双师型"教师主要指的就是不仅要掌握深厚的专业知识，也要具备一定的教学技术。高素质的"双师型"师资力量是高校自身硬实力的一种表现，是实现高校产学研合作、学校稳定发展的基本要求，更是应用型人才培养的有力保障。在实际教学过程中，教师一定要坚持"教师主导，学生主体"的原则，让学生可以在教师的指导下进行学习与运用，进而实现预期的教学目标。为了建立双师型师资队伍，教师应深入到企业生产活动中，提高教师的教学水平和实践操作能力，从而为学生传授更多的知识和技能。为了提高教师的实践技能，学校也可以为教师提供培训基地，注重教师业务和教学水平的培养，建立专业化、素质化的师资队伍。另外，企业应为学校引进专业的技术人员，要求企业专业技术人员承担整个教学工作，将企业生产中的专业知识和技能传授给学生，并加强学生实践操作，以学校建立的实训基地为载体，加大科技和生产项目的研发，将学生所学习的理论知识应用在技术研发上和生产实践上，实现产学研结合的教育模式，建立双师型师资队伍，从而实现学校与企业双赢的目的。

丰富教师实践经验，完善知识结构，帮助科研教师了解技术发展的前沿动态。企业的生产一线所需要的新技能很难进入高校教材，教材新版速度赶不上企业设备和技术的更新速度。对于科研教师来说，如果不能够积极主动地了解本专业领域的新技术、新成果，努力把握专业技能知识发展和区域经济社会发展的最新动态，就难以创设逼真的教学环境，充实教学内容，难以激发学生的学习热情与潜力，更难以形成开放、动态、批判、创造的知识观念。由于受传统知识观的客观主义和普遍主义特征的影响，使得有关教师专业化知识基础的研究大多成为一种外显的、空洞的说教，少有突破性进展。因此，要使教师专业化知识基础的探讨取得更加深入的进展，就应当关注教师知识基础的默会层次，建构起新的教师专业化知识基础观，在关注知识客观向度和普遍向度的同时，注重教师默会知识的建构和生成。

在指导技术创新中提高教师自身技术研究能力、提高学生技术应用与创新能力是产学研合作人才培养的基本诉求与显著特征之一，学生技术创新与技能操作能力的高低，是产学研合作教育质量的最直接体现，指导学生开展技术创新，参加技术大赛，既是课堂教学内容的补充与延伸和对教学内容的总结与提高，更是教师了解行业生产前沿技术结构与发展动态的有效抓手之一。对学生技术创新活动的指导和参与，要求教师本人必须具有较高的知识素养和技术研究能力，特别是要求教师对技术创新的过程、策略有一定的了解和研究，懂得技术技能形成的条件、过程与机制。教师也必须在具有先进的知识观的基础上形成科学的教学观，才能更好地指导学生进行技术创新。而技术创新的指导与参与又在一定程度上更新着教师传统的知识与教学观念，推动着教师知识观的转变与产学研合作的持续发展。

高校应改革"双师型"教师的认证和考核制度，按照专业理论、实践能力、成果应用等方面建构认证标准，明确学校"双师型"教师所应有的职业素质，改变教师激励机制，从注重学历层次转向学历引领、学习工作经验全面结合，从以发表论文数量、级别转向注重研究实际成果与论文发表级别并重，从片面重视理论教学转向实践指导与理论教学齐头并进，在评优评选中加大实践应用成果的比重，鼓励、引导教师向"双师型"转变。鼓励高校教师特别是缺乏专业实践经验的青年教师到企业、研究所参观、培训，使学校教师充分接触生产实际；积极组织教师参加各级各类教改立项的研究与实践。另一方面要逐步改善教师的生活和工作条件，努力创造机会让教师进行再培训，不断完善教师的知识结构，以适应创新教育发展的需要。到企业参加实践的教师要开展行业或专业的社会调查，了解自己所从事专业目前的生产、技术、工艺、设备的现状和发展趋势，以便在教学中及时补充反映生产现场的新科技、新工艺；要带着教学中的一些课题，到企业去向有丰富实践经验的工程技术人员请教，在他们的帮助下提高嫁接、推广和应用新技术以及进行科研开发的能力，提高教学质量。此外还要加强学校与企业的经常性沟通与联系，为产学研结合建立纽带。

（三）基地保障

产学研结合是一种科研、人才培养与企业需求之间的互动，是一种互利互惠的协作关系，因此，人才培养也是产学研合作的一项重要内容，是单位开展产学研合作的主要动力之一，也是产学研合作的主要成效。共建生产性实践基地是适应市场经济过程产学研合作人才培养较为高级的人才培养模式。生产性实践基地可以建立在企业，也可以建立在高校，虽然这种模式在目前产学研合作人才培养中所占比例不高，但却是提高大学生创新能力的重要手段。实践基地主要包括研发中心、开放性实验室、研究所等，这种模式利用高校的技术、人才、资源等优势，培养高校学生的创新能力，使高校学生参与产品的研究与开发的全过程，而企业可以利用资金、技术等优势来进行成果产业化，这种人才培养模式适合有专业优势的高校与大中型企业联合研究开发。高校一方面可以提高学生的科研能力，另一方面可以对研究的成果进行转化。

高校与企业共建生产性实践基地应具有非常明确的服务目标和清晰的战略规划，在组建之初就要从体制、机制、功能和文化上突破以往各种模式的局限，以全新的组织形式和制度提供企业创新服务和人才培养服务。将高校人才培养的部分环节放到企业当中，转变以课堂为中心的传统教学模式，专业课程普遍采用贴近企业实际的现场教学法，理论与实践相结合，边讲边练，突出学生上岗能力的培养；同时根据岗位能力要求，来重构课程体系，加大实践教学。通过与企业建立长期的教学实习基地，增强与企业的合作，提高高校学生就业与创业教育的连贯性和统一性。针对某些高校和企业进行的项目合作的规模比较小、对人才培养质量的提高也十分有限等问题，当前高校在人才培养方面应当广泛开展与企业的合作，让更多的学生参与企业的研究项目中来。以企业科研项目为依托，由企业和高校共同商讨人才培养的方向和方案。企业和高校可以共同申报科研项目课题，使高校学生能够理论联系实际，提高动手能力和研究创新能力。

产学研协同创新是产学研合作的新发展，除了建立实践基地外，也可以通过产业技术创新战略联盟及校企共建大学科技园的模式来保障产学研合作的人才培养。产业技术创新联盟是高校与企业开展的深层次、多领域、高水平的合作模式，是将某一具体行业的企业、相关高校及其他机构紧密联系的产业组织形式。产业技术联盟以提高产业技术创新能力为目标，有效提升企业和产业竞争力，通过联合开发、优势互补、利益共享的机制运作，构建科研、设计、工程、生产和市场紧密衔接的技术创新链条，有效解决产业集中度分散、技术领域原始创新匮乏、共性技术供给不足、核心竞争力受制于人的突出问题。校企共建大学科技园是在高校中建立的与企业运作模式相似的组织实体，根据企业化、市场化的机制进行运作，能够有效降低产学研合作过程中矛盾或冲突产生的可能性。高校可以通过技术成果入股的方式参与到大学科技园的建设中，高校中科研人员个人持股也可以提高科研人员创新创造成果的积极性。要坚持按照市场规律，探索新的分配机制，充分发挥创业者、科研人员的积极性。

（四）平台保障

在产学研合作中，企业和学校由于体制与机制的差异，导致高校和企业之间的联系受到影响。高校注重学术导向，从技术思维角度出发，而企业则以利润为导向，盈利是其动机。这种导向的差异使得作为科技成果的生产者的高校和作为科技成果的消费者的企业之间无法形成合力。因此，政府有义务和责任承担起中介服务的角色。通过市场培育，引导高校和企业积极合作，成为命运共同体。建立促进产学研合作创新的中介机构，通过科技中介服务组织的建设，加强企业与高校之间的信息沟通与合作。制订科技中介人员资格认证制度，提高科技中介服务人员的专业素质和水平，规范科技中介运作，形成专业程度高、服务范围广的运作体系。鼓励高校建立技术授权部门，可借鉴斯坦福大学特有的技术转移模式——OTL 模式，高校申请专利后许可给企业，完善科研成果的技术转移。放宽相关的政策限制，为企业和高校合作创造一个宽松的环境。鼓励高校主动加强与企业的联系，让企业参与学校的科研规划，并根据企业需求进行项目规划，解决企业面临的技术难题。建立和健全我国产学研合作的中介机构。在市场经济条件下，要真正实现产学研合作，必须充分发挥各种类型的中介服务机构作用。建议政府设立专项资金，用于中介机构的建设，鼓励中介服务机构为产学研合作和高新技术成果转化提供服务。对促进产学研合作以及科技转化有重大贡献的中介组织，给予政府鼓励。

完善产学研合作信息网络平台。充分利用互联网资源丰富的优势推动不同领域的产学研合作，构建面向全社会各领域的产学研联合信息网，发布政府最新出台的政策。为产学研合作各方提供信息交流的平台，解决产学研各方信息不对称的问题。要加快信息服务相关的建设，应尽快建立和完善产学研合作方面的信息数据库，其内容包括合作单位、合作内容、合作形式、合作的效果与效益以及学生、科技人员等方面的各种信息。通过组织平台与信息数据库的建设，使合作各方及时了解彼此的信息和需求，从而选择合作对象和合作内容，确立新的合作关系。必须重视科技查新工作，建设网络科技查新系统，为产学研合作项目提供一个快捷、高效的检测平台。企业可以通过科技查新对产学研合作项目的质量进行成果质量鉴定；高校可以通过科技查新避免科研工作的低水平重复；政府可以通过网络科技查新系统鉴定产学研合作的深度和水平，在给予资金配套和政策支持时作为参照标准。进一步完善科技成果评估和对知识产权保护，加强对产学研合作项目中科技成果的评估、管理和认定，依照国家有关管理办法对科技成果进行客观、公正的评估，要优先转化市场前景广阔、效益好的科技成果。通过建设知识产权公示平台，整合更新国内外最新的知识产权认定数据进行公示，提供产权的查询、检索、登记等服务。

以产学研合作为核心的人才培养模式是近几年来我国高等教育领域改革人才培养模式的主要方向，从目前的情况看，我国高等教育逐步改变了传统的人才培养模式，使高等教育与社会需要逐步靠拢。但是，在这一过程中还存在很多急需改进的方面，需要理论工作者进一步研究和探讨。以产学研合作为核心的人才培养模式就是要把培养的目标从传统的理论教育转变为理论与实践相结合的培养目标上来，使高等教育培养的人才能够尽快适应企业内部的实际工作。因此，改变人才培养模式是一项系统的复杂工程，需要教育界、企业界以及政府部门的合作实施。创新人才培养模式是提高高校培养质量，提升高校对社会经济发展的人才供给智能的重要途径。这种改革要尊重教育的规律，尊重经济发展的规律，同时结合世界各国的成功经验以及失败教训，提出符合我国实际情况的高等教育人才培养模式改革之路。因此，我们必须从制度的层面来讨论人才培养模式的创新，促进以产学研合作教育为核心的人才培养模式的转变。人才培养模式转变的核心是培养学生的实践能力和创新能力，让学生在学习期间就能够了解和熟悉企业实践需要的技能，这是解决就业难问题和技工荒问题的关键所在。我们必须通过教育教学体系的改革来促进这一目标的实现。

目前，我国国内主要是学校与企业的初步合作，以学校在企业内部建立实习基地或者企业进入学校建立实践实验室的方式开展合作，这种合作仅仅是初级的合作，没有形成校企之间的深度合作，没有形成联合培养的体制机制。为了更好地面向市场提供合格的人才，高等院校应该充分利用自身的优势，进一步与企业开展深度合作，促进实践教学活动的全面展开。只有这样才能促进学生培养质量的提高，促进实践教学体系以及相关制度的形成，这是我国高校在未来必须思考的问题。同时，政府有关部门还要完善相关制度，促进产学研合作模式的改进，促进高等院校人才培养模式的创新，通过制度创新提高高校人才培养的质量，为我国经济社会提供有效地人才保障服务。

总而言之，随着教育改革的不断深化，人们对教学方法与手段的研究越来越深入，并且对学生素质能力的培养越来越重视。产学研结合教育的人才模式的提出，可以全面培养学生的素质能力，在实现教学目标的同时，培养了学生的实践能力、创新能力，是一种非常高效的教学手段，也是创新教育的重要途径。

第六章　高校产学研合作的科研成果转化

第一节　高校科研的本意

正确解读科研的本意，是决定高校发展方向和发展策略的重要问题，是新时期高校改革的一个重大内容。突出科研的"教育性"，提高科研的"双效性"，是高校科研充分发挥职能的重要途径。

一、科研的"教育性"

大学的主要任务是培养人才，但是为什么大学要做科研？因为科研是社会与政府评价学校和教师的重要手段。人才培养的质量不好评价，科研成果相对容易评价。评价教师的根本标准应该是人才培养质量。但是一个学生能不能成才，成为什么样的人才，那是几十年后的事。所以要判断一个年轻人是否可以成为教师或者优秀的教师，需要一个评价指标。目前，全世界最通用的标准就是：科研业绩。那么，为什么科研业绩可以用来评价教师或者大学的人才培养质量呢？看看大学里科研的正常步骤：① 说服政府或企业科技管理机构，获得科研经费；② 招学生，指导学生做研究；③ 说服审稿专家，发表论文。这三个步骤中，第一个步骤是说服别人给钱，第三个步骤是说服别人给名，这两个方面做得好的人，大多数具有良好的教育能力。通常情况下，良好的科研意味着良好的学术声誉与人才培养能力。

突出高校科研的"教育性"，发挥科研的育人功能要培养创新人才，首先就要求在指导思想上明确科研的价值，用创新的杠杆激励学校的科研和教学活动。在教学实践中，应充分利用科研的成果，及时更新教学内容，准确把握学科前沿，使教学内容紧跟时代发展的步伐。应倡导师生共同研究的风气，拓展科研的主体，从而把科研作为培养创新型人才的重要手段，实现科研育人的目的。高校科研的开展应该结合学校学科发展实际，切中社会经济发展的脉搏，把服务于人才培养和服务于经济社会发展作为主要价值取向。

二、科研的"应用性"

如果大学只具有传播的职能，则将永远处于社会的边缘，而只有教学与科研相结合，才能使大学成为名副其实的学术组织。大学具有非常重要的企业属性，而且好的大学是非常成功的企业，比大多数企业都有钱，比大多数企业的寿命都长。企业是通过出售产品获利的，那么大学是通过什么获利呢？低层次的大学通过提供教育，收取学费获利。在我国，目前主要是三本院校以及各类培训学校通过此种方式获利。通常的大学是通过政府拨款和社会捐款获得经费支持的。那么政府拨款与社会捐款的依据是什么呢？不会根据毕业学生的人数，否则，普通省属院校应该得到和985高校一样的经费。私人的捐款，可以完全依据"捐款人"的个人喜好。但是政府的拨款，尤其是现代的政府，钱花出去必须要有理由。人才培养质量无法量化，只有可以量化的科研数据才能提高大学的排名。所以说，大学科研的根本目的是"评价"学校，提高学校的声誉，获得更多的"经费"。因此，科研工作是高校活动的重要组成部分，高校的科研工作必须提高其"应用性"。

教师从事科研不仅会使学校具有较高的声望、为学校吸引资金，同时使吸引优秀学生的能力也得到提高。而较多的资金和优秀学生又是取得高质量教学的重要基础。从事科研、取得成绩的教师对学生更具感召力，他们的思想观念、道德风范、科学态度、敬业精神对学生的道德提升均起到潜移默化的作用[1]。所以，社会上普遍认为，科研做得好的人可以成为优秀的教育家。大多数情况下，事实就是这样。所以近年来，高校为了追求知名度，极力追求科研的数量和高级别的成果，高校的激励政策明显向科研倾斜，教师的岗位聘任、学科带头人等各类拔尖人才的遴选等，科研成果几乎是唯一的条件，而且这种趋势越来越明显[2]。

第二节　高校科研成果转化的现状

教育部高等学校科技统计资料显示：2012年，我国高校共签订技术转让合同10 275项，合同成交金额387 616.8万元。在国家的政策引领与支持下，我国高校在技术市场的技术转让呈良好发展趋势，2016年我国高校共签订技术转让合同5 402 729项，合同成交金额3 800 941万元。

2012年全国高校申请专利106 714项，其中，发明专利66 342项，增长206%；实用新型29 091项，增长69%；外观设计11 281项，增长72%。2016年全国高校专利授权68 971项，其中，发明专利34 294，增长286%；实用新型25 818项，增长126%；外观设计8859项，增长113%；专利转让2357项，合同金额82 109.6万元，当年实际收入43 489.8万元。

中国高校产学研合作成效——2016年中国高校产学研合作技术转让数量，如表6.1所示。

---

① 周盛全. 浅谈对高校教师教学和科研的一点认识[J]. 科技信息. 2009, (32).
② 郝玉柱. 高校教师如何认识和处理教学和科研的关系[J]. 山西财经大学学报(高等教育版). 2010, (2).

表 6.1　2016 年中国高校产学研合作技术转让数量

	合同数(项)						
	合计	国有企业	外资企业	民营企业	其他	合计	国有企业
合计	8617	2575	226	5092	724	5 402 729	1 601 788
按学校规格分							
211·及省部共建高等学校	3913	1025	123	2389	376	4 222 080	1 135 390
其他本科高等学校	4400	1537	103	2477	283	1 179 139	466 060
高等专科学校	304	13	0	226	65	10 510	338
按学校隶属分							
部委院校	633	199	13	336	85	1 824 871	238 819
教育部直属院校	2525	666	91	1691	77	2 156 327	814 890
地方院校	5459	1710	122	3065	562	1 421 531	548 079
按学校类型分							
综合大学	2247	405	36	1665	141	1 178 163	451 440
工科院校	4323	1512	120	2335	356	3 532 189	984 850
农林院校	1316	549	24	541	202	331 824	92 289
医药院校	154	18	4	126	6	223 188	29 062
师范院校	454	71	36	334	13	114 170	40 496
其　　他	123	20	6	91	6	23 195	3651

数据来源:《2016 年高等学校科技统计资料汇编》、教育部。

近年来，中国高校在产学研合作、实现高校科技成果向科技型企业的转化、促进区域经济的发展方面，虽然取得了显著成绩和长足进步，但仍然面临着非常大的困难和障碍。

一、对高校开展产学研合作认识不足

对高校开展产学研合作认识不足，一是高校对产学研合作的重视程度不够，没有专门负责产学研合作的管理机构，有些高校只是由某个处室的一个科室兼管，或者出现几个处室都可以管的多头管理现象，使产学研合作的开展缺乏组织性；二是高校领导的观念还停留在高校开办低端校办产业的思维上，在选拔学校产学研合作管理部门的负责人时，既不注重专业知识和实践经验，也不强调创新思维和创新能力；三是高校没有开展产学研合作的氛围，教师和科研人员的思想观念受旧的传统教学模式的禁锢，按部就班地沿袭着封闭或半封闭式的传统教学模式，意识不到产学研合作对学校发展和科技进步的推动作用。

二、管理体制和评价体系不合理

管理体制和评价体系不合理，一方面是高校对科研成果和产学研合作的管理体制创新不够，评价体系仍然沿用多年来重"学术价值"轻"市场价植"、重纵向课题轻横向课题的模式，在评价科研成绩和学术水平时，往往单纯以获得政府项目拨款经费、获得的奖励级别和数量、证书以及发表论文的数量和参与人的学术地位高低来确定。这种体制和评价体系制约了高校教师和科研人员开展产学研合作的积极性，导致教师和科研人员单纯追求研究的学术价值和地位，无视研究的市场需求。另一方面是高校职称评聘标准陈旧不合理，职称评聘时多以论文数量、纵向科研项目和成果作为主要成绩依据，横向课题和产学研合作所创造的经济效益或社会效益都没有作为评聘的考核指标。

三、产学研合作要素有效供给不足

高校参与产学研合作的基本要素主要是人才、技术和科研成果这几个要素的优势决定着产学研能否合作和合作的可持续性。而目前很多高校缺少产学研方面的高端人才和团队；高校缺乏中试基地，大部分科研成果停留在实验室小试阶段，或工艺技术集成度小，成果成熟度低、技术不配套，科技成果向现实生产力转化的可能性低；传统的科研方式在研发之初缺乏对市场的准确定位，难以产生重大创新成果，得不到企业和社会的认可，只能流于理论和实验性阶段，无法实现成果的转化或产业化，导致高校每年承担和产生的各级各类科研项目和成果数量虽多，但真正被市场接纳的却为数很少，实用和有效的产学研合作要素供给不足。

四、资源利用不足，合作模式单一

部分高校在开展产学研合作时没有充分利用学校人才、技术、设备、场地、无形资产等资源优势，往往只是单一利用某一个要素的肤浅合作，甚至只是挂个"产学研基地"的牌子却没有实质性的合作内容，既没有资金和技术的投入，也没有科研技术人员之间的互动；学校的资源不集中，个人单打独斗多，团队合作少，无法形成合力去寻找和开展大的合作项目；高校的自有资金不足，融资渠道少，难以独自开展成果转化或产业化，只能以项目形式采取"短平快"式的合作即合一下就分的合作，使合作难以稳定和深入持久。

五、人才和信息流动不畅

人才和信息流动不畅，一是由于缺少学校层面对产学研合作的有效组织，高校与企业间的联系少，没有常规性和规模性的人才流动和互动；二是没有良好的全面的信息交流平台，无法创造以人才、设备和科研项目为纽带的产学研合作的机会；三是高校对产学研合作中的"媒人"即中介机构缺乏正确的认识甚至有抵触轻视情绪，导致供需双方没有牵线搭桥人信息不畅通，高校的科研项目或成果在通过常规的验收和鉴定之后就成了束之高阁的展品，成为存档的数据资料而不是产学研合作的要素。

六、利益分配机制不合理

在产学研合作中，经济利益是合作各方追求的主要目标之一。很多高校仅有产学研合作的外部分配机制，却缺少内部(即个人与部门部门与学校间的利益)分配机制或利益分配不合理，分配关系不明确这是影响高校开展产学研合作积极性的主要原因之一。比如，学校内部对参与产学研合作的科研人员没有制订相配套的经济利益鼓励或奖励政策，分配比例不明确，合作产生的收入归学校或部门所得，个人得不到经济利益回报或回报很少，加之在职务或职称晋升中、业务或业绩考核中也不计入成绩，其结果是高校教师和科技人员参与产学研合作的积极性不高，参与合作的成员满意度降低，最终导致合作的失败。

第三节　促进高校科研成果转化的措施

一、技术转让模式

在产学研合作模式中，技术转让模式是一种新兴模式，指的是在产学研合作中，学研方进行技术研发并把研发成果出售给产方，由产方进行成果产品化的合作模式。现在产学研合作中，技术转让模式已经逐渐发展成熟。技术转让模式根据主体取得技术成果的不同，分为两种表现形式：一是高校自身在进行科研的过程中衍生出来的有助于企业发展的成果，高校再通过一定的途径采取转让或者技术入股的形式和企业合作；二是企业根据市场需求，结合自身状况，向高校等科研机构提出课题需要，提供资金支持，高校完成这一课题后即直接将科研成果应用于企业生产过程中。

作为高新技术产业化先头军的技术转让模式，是一种相对比较松散的产学研合作模式。截止到目前，从历史经验看，这种模式在世界范围内的成功率低于其他模式的成功率。探究其原因，主要是由于企业技术力量相对较弱，缺乏相应的技术吸收能力；同时，由于技术转化是一种高风险、高投资的形式，尽管其投资回报率高，但失败率也很高。有研究表明，科研成果产品化所需资金通常为技术研发费用的百倍以上，而我国企业，尤其是中小企业通常负债率较高，从银行获得的资金支持又比较少，因而无力承担高额的转化费用。从产学研面临的环境来看，国内的知识产权保护机制尚不成熟，没有达到发达国家的水平，这严重地影响了国内产学研合作的进程。因此，单纯依靠技术转让模式很难真正实现产学研合作。

二、校办企业模式

校办企业模式是指一些综合实力较强的高校依靠自己的科研优势，创办科技企业，推动高校科研成果产品化和产业化的一种产学研合作模式。此时的高校具有双重身份,即高校和企业的双重身份,校办企业也是高校产学研一体化的表现形式之一。校办企业作为高校内部产学研合作模式之一,是高校将科研成果转化为生产力的重要基地,校办企业模式的优点在于:一是可以加快科研成果转换的速度,使科研成果转变为生产力的速度变快,能更好地为社会做出巨大的贡献;二是可以充当高校连接社会的桥梁,弥补了高校自身的缺点,促进了高校体制改革;三是通过创新校办企业,可以弥补高校经费不足的问题,同时还可以提供新的就业机会,缓解社会就业压力。

三、合作开发模式

合作开发模式是一种较紧密的产学研合作形式,其成功率较技术转让模式高很多。合作开发模式一般可以分为高校和企业共同开发和企业委托高校开发两种模式。前者是产学研合作的各参与方结合在一起,企业投入大量的人力、物力和资金,高校提供科研设备和科研人才;后者是产学研合作参与方的一方委托另一方(一般是企业委托高校),企业根据市场需求和企业自身发展的需要,委托高校研究新产品、新技术、新工艺或新材料。在当今技术发展迅速、分工越来越精细的时代,企业、高校、科研机构的专业化趋势日益明显,任何一个经济主体都应专注于自身的优势核心业务,而不可能在所有竞争中占据优势,正因为如此,企业和高校需要通过合作开发或者委托研发等形式,集中企业和高校的人力、物力、财力等资源,优势互补,形成合作开发模式,这也是产学研合作模式的重要形式。

合作开发模式的典型代表为日本。日本的合作开发模式有两种表现形式:一种是就某个领域问题,以项目或课题的形式,在国立大学与企业之间展开合作;另一种是有实力的国立大学与其他科研机构、地方政府、企业共同成立研究中心展开研究合作。研究的活动场所、设备和人员由高校(或科研院所)提供,企业(或地方政府)提供研究经费。企业和高校共同享有合作研究成果所带来的利益。

四、大学科技园模式

大学科技园模式是以科研型高校为依托,主要任务是促进科技成果转化,孵化高新技术企业,为企业培养创新型人才。大学科技园将大学的智力资源与社会优势资源结合起来,为产学研合作提供了重要的支撑平台,是高校与社会之间联系的纽带,同时也是高校科研功能的扩展,科技创新活动十分活跃。

从大学科技园的内涵来看,主要有几个方面的功能:一是科研成果转化。大学科技园是技术创新的主要阵地,是企业的孵化器。科研成果孵化是大学科技园必备的功能,只有具备这一功能,大学科技园才能起到真正的作用,因而科研成果的转化是大学科技园的功能之一。二是高新技术企业孵化功能。这也是大学科技园的核心功能。在整个区域或地区创新系统中，大学科技的桥梁作用是整个创新系统的重要枢纽，带动着整个地区创新系统的发展。拥有较强科研实力或拥有自主知识产权科研成果的科研企业团队可以在大学科技园内创办高科技企业，大学科技园通过一系列优惠政策，可以使科研企业团队不断发展壮大，最终通过大学科技园的孵化功能，将初创高科技企业孵化成具有一定市场竞争力的高科技企业。三是创新人才的培养与集聚。人才是大学科技园存在的关键，大学科技园是高科技人才的集中地。大学科技园都不仅需要高校的科研人才，还需要产品销售、企业管理等人才，各类人才通过大学科技园集聚在一起，发挥其应有的作用，促进地区的经济社会发展。

大学科技园模式的典型代表为美国斯坦福大学建立的"斯坦福工业区"。1951 年，位于美国硅谷的斯坦福大学划出一片校园用地建立了"斯坦福工业区"，以地租转让的形式提供给新企业投资建厂。斯坦福大学设立的各种基础学科和应用学科，为硅谷的发展提供了丰富的科研资源和技术人才，不断地使科学研究成果转化为生产实践，使硅谷形成了教学—科研—生产一体化的高技术产业园区。

第七章　高校产学研合作的国际经验

随着经济与科学技术全球化的进一步发展，知识创新已经成为企业乃至国家发展的重要推动力量。作为一种崭新的综合体，产学研把基础知识和应用知识以及供需紧密联系在一起，既促进了企业竞争力的提高，同时又促进了国民经济的持续发展。高等院校是产学研合作的主体之一，纵观整个世界现代化的发展历程，许多重大的科学发现和重要的技术突破大都源于高等院校，其中，美国、德国和日本的高等院校最为典型。回顾产学研发展的历史，产学研关系的建立，经历了由原始的"一体化"到"分离"再到"现代结合"的过程。从高等教育的诞生到十八世纪末，高等教育的职能只是传授知识，洪堡于 1810 年首先提出"教育与科研相统一"的原则，使高等教育的职能增加为教学与科研。二十世纪初，美国维斯康星大学提出了大学应当适应并服务社会于社会经济，使高等教育的职能增加为教学、科研和社会服务，二十世纪中期又产生了各种形式的产学研联合体。现如今，西方的一些发达国家已通过立法引导，为高校产学研合作营造了良好的外部环境，进一步促进了高校产学研合作的发展。虽然我国高校产学研合作起步较晚，但已经得到国家的高度重视。1998 年，我国在高等院校中实施了 985 和 211 工程，建立了一些工程研究中心、重点实验室，同时还扩大了高校的办学规模，使我国高校的人才培养能力和科技文化实力都得到较快的提升。然而，与美国、德国和日本相比较，目前我国高校产学研合作仍存在一些差距。借鉴美国、德国和日本的有益经验，对于充分发挥我国高校在产学研合作中的重要作用具有重要意义。因此，本章主要阐述美国、德国和日本高校产学研合作的主要模式及特点、产学研合作教育的主要模式及特点，并通过对其产学研合作模式及成功经验的评价分析，为我国高校产学研合作提供借鉴和启示。

第一节　美国高校产学研合作的经验

美国是产学研合作的发源地，在美国产学研合作发展的过程中，美国高校曾先后参与了多种类型的产学研合作模式，其中已经产生广泛影响和最具代表性的产学研合作模式主要有：工业—大学合作研究中心模式、科技园区模式、科技企业孵化器模式、专利许可和技术转让模式、高技术企业发展模式等。另外，还有其他模式，诸如咨询服务、产业合作和高新技术教育等。多年来，美国高校通过采取与政府密切合作、与企业开展合作研究和人才培养、产学研合作机制创新、建立专门的中介服务机构等多种形式，充分发挥了高校在产学研合作中主体作用，并积累了丰富的高校产学研合作经验。

一、美国高校产学研合作的实践

（一）美国高校产学研合作的主要模式

1. 工业—大学合作研究中心模式

工业—大学合作研究中心模式(Industry/University Cooperative Research)简称 I/UCRC 模式。20 世纪 70 年代，美国国家科学基金会(NSF)陆续制定了"大学工业在材料研究方面的合作计划"、"大学工业合作研究计划"等许多个支持高校产学研合作创新的科技计划，并于 1978 年正式命名为"工业—大学合作研究中心"。目前，I/UCRC 已成立将近 120 个中心，其中主要分布在电子技术、制造业和生物科技等十一个科技领域。这些中心还与 700 多家行业合作伙伴、100 多所大学、联邦政府机构以及众多国家实验室之间有着广泛的合作。I/UCRC 模式主要有三种组织形式：一是由一所大学与多个企业分别建立研究合作关系；二是由多所大学与多家企业共同建立研究合作关系；三是大学以签订协议的形式与科研院所、大企业和联邦实验室等建立研究合作关系。可以说，I/UCRC 模式现已发展成为美国最完善的产学研协同创新模式。在组织管理方面，由于 I/UCRC 模式是以大学为基地创建的，因此大学承担主要的管理责任，外部机构则承担辅助的管理责任。大学校长、科研副校长、资深教授、合作中心主管和产业赞助者等组成的产业委员会和学术委员会承担研究项目决策和资源分配等任务；国家科学基金会主要是起到提供启动资金的作用，并对 I/UCRC 模式的运行过程实施监督、评价和评估。另外，还通常把一个大的研究项目分解为若干个具有共同产业利益的小的研究项目，大学里的各院部系科研人员包括研究生也都能参与其中。I/UCRC 项目有的是大学为多个产业部门的共同需求而确立的，有的是大学为某一产业的特殊需求而确立的，但无论是哪种研究取向，I/UCRC 项目都可以充分利用多方的优势资源，以确保成员共同参与。

2. 科技园区模式

科技园区模式(Science and Technology Park，简称 STP)是在美国首先兴起的，它是一种把生产、科研和教育紧密结合的模式。科技园区已经成为推动技术创新、加速知识转移、加快经济发展的重要方式，是全球知识经济中企业和研究机构创新、创业的最佳栖息地，是研究开发活动与产业化的关键联结点，也是地区和城市经济发展和竞争力的重要来源。第一代科技园区是在大学、科研院所周边自发形成的，旨在加快科研成果技术转移。第二代科技园区突出创新孵化的概念，整体规划，强调科技与产业紧密结合。第三代科技园没有统一规划，它的资金和技术都是自发形成的，完全市场配置，突出城镇效应和大尺度、多样性，包括众多研发机构和高科技企业的城市科技产业带，最具代表性的如美国

"硅谷"。目前，在美国科技园区的引领下，全球的科技园区相继出现了第三代科技园区。第三代科技园区是为了适应世界经济形势的发展趋势，基于合作创新的理念，突出网络科技的驱动发展，强调区域经济融合，并以知识和人才为依托，以提升创造力为核心的新科技园区模式。第三代科技园区与前两代相比，其共同之处都是围绕高校和科研院所建设的，其不同之处是第三代科技园区的重点是放在刺激新的管理范式和支持开放式创新。美国的科技园区大都建立在高校密集的地区。如硅谷科技园附近的加州理工、斯坦福、伯克利等世界知名大学；波士顿 128 号(Route 128)公路高技术园区附近的麻省理工学院、哈佛大学和波士顿大学；"亚特兰大高新技术园"附近的亚特兰大大学、佐治亚州理工学院。另外，还有以北卡罗来纳州立大学、达勒姆市的杜克大学和教堂山市的北卡罗来纳大学为基础形成的"三角科技园"等。可以说，作为世界著名高科技产业区的"硅谷"、"Route 128"、"三角科技园"现已成为世界高科技的典型代表。回顾"硅谷"、"Route 128"和"三角科技园"的发展历程，它们的成功都是与产学研合作密切相关的。作为第一个科技园区，硅谷是以斯坦福研究园为依托发展起来的，并为美国乃至全球科技园区的发展树立了典范。硅谷位于加利福尼亚州旧金山南部，地处圣克拉拉县境内，硅谷经过五十多年的发展，现已成为世界上最大的微电子工业中心。硅谷的崛起与斯坦福研究园的兴建密不可分，斯坦福研究园之所以能够建立，得益于特曼教授的建议。他建议校方要将校园内尚未开发的土地租给工业公司，这样既可以增加大学的经费收入，又可以将科研力量雄厚的大学和高新技术企业联合起来，充分发挥各自的优势，从而促使最新科技成果产业化。20 世纪 50 年代到 70 年代初，沿波士顿 128 号公路两侧新建了近千家研究和开发机构，汇集成著名的波士顿 128 号公路科学园区。麻省理工学院作为 128 号公路创造发明者，通过产学研合作，对 128 号公路高技术园区的建设起到了发明创造的摇篮作用。波士顿的"Route 128"之所以独领风骚，正是依托哈佛、麻省理工等大学的科技成果和科技人才，并使其成为美国科技和工业创新的中心。北卡罗那州的"三角科技园"也是依托北卡罗那州立大学、杜克大学和北卡罗那大学的科技资源，使其成为目前世界上最大的科技园区的。北卡罗那州的"三角科技园"吸引了一批诸如杜邦、IBM 和爱立信等的大公司以及美国环境与健康研究所等国家级的研究所，同时还带动了整个地区经济的发展。从中不难发现，美国科技园区拥有高等院校、高技术导向型企业、大学协作运营的研究机构以及其他私立或公立的研究机构。科技园区以大学的研究力量为依托，以政府的支持为坚强后盾，"大学—企业—政府"之间的相互关联和互补互动，不仅具备了支持新型风险企业成长的作用，还吸引了大量风险资本的注入，同时还创造了一个又一个的世界奇迹。另外，科技园区的财富和吸引力是大学的科研能力和知识资产，以苹果、谷歌、英特尔、谷歌、朗讯等大公司为首的高新技术企业群和日益增加的中小科技企业为园区还可以增加工作岗位。任何一个工作岗位都需要人才，人才是科技园区最宝贵的财富。比如，著名的惠普公司最早是由斯坦福大学的毕业生威廉·休利特和大卫·帕卡特创立的；著名的 Google 公司是由当时在斯坦福大学攻读理工博士的拉里·佩和谢尔盖·布卢姆共同创立的。美国大学是根据科技园区内科技企业对技术人才和管理人才的需求，有针对性地制定和修改专业科技人才培养计划和教学大纲的。同时，科技园区还建立了大学以及教授之间的交流机制、企业家和教授常规互换交流机制等，使大学能够把产业界亟待解决的问题作为优先科研课题。这样一来，既可以留住高端人才，又可以引来企业和投资，从而实现整个经济持续发展的良性循环。

3. 科技企业孵化器模式

科技企业孵化器模式(Business Incubator)是一种培育新的小企业和创新产品的产学研合作模式。科技企业孵化器是美国为实现其宏观经济目标，培育新的小企业和创造就业机会的工具。孵化的对象必须是具有商业化前景的高新技术成果，孵化出来的是小企业和新产品。美国科技企业孵化器的主要任务是向新企业提供各种支持性的服务和经济实用的场地，为管理、技术、融资援助创造条件，并创造与专家、企业家的交流机会等，从而促进企业的发展。作为非盈利实体，美国科技企业孵化器相当一部分都附属于大学。由美国高校主导的企业孵化器模式最早可以追溯到 20 世纪 70 年代伦塞勒综合工学院推行的"培育箱计划"，通过该计划的实施，扶植了一批基础力量比较薄弱的小型高新技术企业，效果十分显著，并积累了比较成功的经验，此后不久，美国的企业培育模式开始逐渐流行。由于公共政策支持企业孵化，使得科技企业孵化器模式既有许多孵化成功的案例，也存在许多孵化不成功的案例，特别是近年来企业孵化器的投资和效力受到一定程度的质疑。但是，美国政府一直都高度重视科技企业孵化器的建设，据统计数据显示，美国政府对企业孵化器的直接投资和间接投资占孵化器基本投资的 51%~57%。在目前美国的孵化器类型中，并不是所有的企业孵化器都是由高等院校主办的，大学和研究机构主办的孵化器类型约占孵化器总数的 18%。这类孵化器类型是大学为了吸引高级研究人才和科技项目，扩大高校与工业界的联系，向工业界转让推广研究成果，提高高校所在地区的研发活动效率而创建的。在地域企业集群为主导的孵化器类型中，高校也发挥着十分重要的作用。比如，全球的医学名校约翰·霍普金斯大学就坐落在以医药生物技术等行业为主的马里兰州新兴技术中心 ETC(Emerging Technology Center)，为新企业的设立提供人才和技术支持。

4. 专利许可和技术转让模式

专利许可和技术转让模式就是作为技术拥有者，大学和研究机构可以通过向企业发放专利许可和进行技术转让来实现产学研合作的。专利既是美国政府用来保障科技成果发明人权利的一种制度，也是鼓励企业家对科研进行投资的一种手段。美国的专利可分为发明专利、工业品外观设计专利和植物专利三大类。发明专利的有效期为 17 年；工业品外观设计专利的有效期为 14 年；植物专利是一种特殊的专利，其有效期为 17 年。

5. 高技术企业发展模式

高技术企业通常是从大学和研究机构中剥离出来的。国外的实践表明，剥离是知识从实验室向市场流动的重要渠道之一。所以，高技术企业的数量多少是衡量知识流动的一个重要指标，也是产学研合作的一种发展模式。

（二）美国高校产学研合作模式的共同特点

1．政府高度重视，与高校密切合作

美国高校的产学研合作最早可以追溯到 1862 年美国国会通过的《莫雷尔赠地法案》，在此之后，20 世纪初，美国威斯康星州立大学历时十年，采用了把教学和科研与社会服务紧密结合的办学模式。在此期间，政府通过立法的形式引导美国高校产学研合作的发展；二战时期，美国政府又引导许多高校参加科技创新计划，二战后的军转民并联合大学还创建了国家科技创新体系，比如，1950 年通过的设立"国家科学基金"(NSF)，1986年通过的《联邦技术转移法》等，这些都充分体现了政府的科技政策和法规对于高校科研的导向作用和制约作用。

2．高校拥有固定的资金来源

对于高校而言，科研经费对其开展科学研究具有十分重要的作用。美国高校的资金来源主要有三个渠道：一是联邦政府和州政府设立的专项产学研合作基金；二是企业的投入与捐赠；三是地方政府、社区的经费支持，主要用于地方、社区所需人才的培养及相关问题的研究。正是由于有各个机构给予高校强有力的资金支持，拥有固定的资金来源，才使高校对于产学研合作投入了极大的热情，并取得了大量的创新性成果，从而使美国的科研水平始终领先于全球。

3．高校与企业联合研究

在美国高校产学研合作中，高校与企业的联合研究是产学研合作的主要模式。高校与企业的合作形式主要有：一是高校按照企业的要求，先确定课题研究内容，之后订立合同，科研成果的水平要与资助额挂钩；二是对于那些企业感兴趣但风险却很大的课题，企业要为高校提供专项资金研究；三是对那些基础性项目，高校与企业要共同出资研究；四是组建大学－工业研究中心，并将其分为技术开发、应用研究和基础研究三个层次，共同提升美国的科技水平。

二、美国高校产学研合作教育的实践

（一）美国高校产学研合作教育的主要模式

美国是世界上高等教育最发达的国家之一。美国的产学研合作教育始于 19 世纪末，美国一般把校企合作称为产学研合作教育。由于工业化大生产的迫切需要，美国的产学研合作教育与德国不同，它最早是从高等教育的工程专业领域产生的。合作教育这一概念是在 1906 年由美国辛辛那提大学工程学院的赫尔曼·施奈德提出的，施奈德曾提出用工学交替的方式培养人才，这就是最初的产学研合作教育模式。工学交替就是让学生先在学校

的"理论学期"学理论，然后再在"工作学期"到相关的工厂工作。施耐德还制订并实施了第一个合作教育计划，并取得成功，之后，麻省理工学院工程系、东北大学工程学院、文科学院安提雅克学院等都陆续制订并实施了合作教育计划，也都取得成功，这也标志着美国职业教育校企合作的产生。1957 年，美国在通用汽车公司研究主管、爱迪生基金会主席查尔斯·凯特琳的倡导下，成功举办了合作教育大会，当时共有 80 所学校和 101 家企业参加。之后，美国设立了校企合作委员会和校企合作教育协会。20 世纪 80 年代，美国政府积极鼓励高校与企业开展合作研究，研究课题可以由双方或其中的一方提出，双方共同承担，研究成果被企业直接用于产品开发，这些研究课题都是直接针对某行业的一些带有普遍性的技术问题。此外，美国的一些高校还与企业结成紧密的联合体，广泛参与企业的技术创新，并进行多方位的产学研合作。其中，美国的四所一流研究型大学——哈佛大学、斯坦福大学、加州大学伯克利分校、麻省理工学院是产学研合作的成功典范。企业要向高校委托科研和提供实习实践基地，双方互派人员共同进行研究工作，共建应用开发研究中心和工程研究中心。此外，双方还组建了产学研合作的管理机构。管理机构的管理范围是根据合作的内容确定的，一般主要包括人才培养的数量与规格、课程的设置、经费的管理、人员的互派、研究开发的内容等。通过高校与企业的紧密合作，将双方的人才培养目标都充分体现在合作教育的全过程之中。20 世纪 90 年代以来，美国职业教育校企合作迅速发展，特别是把合作教育的项目列入高校的教学大纲和招生计划，并公布于众，让学生自主选择。在此之后，产学研合作教育的模式又有了许多改革和创新。比如，底特律契约、学徒合作训练(ACE)、波士顿契约等。其中，底特律契约模式是让学生参与的实习工作与未来就业有着密切联系，学生在学习期间签约后，就能获得暑期工作、实习训练岗位、未来就业和大学奖学金等。

美国高校产学研合作教育的两种经典模式介绍如下。

1. 著名的辛辛那提大学合作教育模式

在美国过去的几十年产学研合作教育中，辛辛那提大学的合作教育模式一直占据主导地位。辛辛那提大学实施的合作教育主要是通过全日制学习学期与全日制工作学期相互交替的模式。学生可以作为全职人员在工作岗位上学习和工作，其工作时间也相对集中。该模式主张在建筑、工程和设计等应用学科中开展合作教育，让学生在一个稳定的相关企业中进行实践，并强调让学生能够掌握实际技能和未来的专业定向及就业。从 20 世纪初开始，美国的许多高校在工程和物理方面的研究就已经得到企业的支持，使高校的教育者开始着手研究与企业合作教育的人才培养模式。高校根据所开设专业与有关企业取得联系，并通过签订合作合同明确双方的权利与义务。同时高校还要把教师派到企业指导学生实践，企业提供劳动岗位，并由企业的管理人员对学生进行适应劳动岗位、安全操作等方面的辅导，并由高校和企业共同评定学生的学习成绩。该模式的优点是显而易见，能够以看得见、摸得着的形式展示在人们面前，容易被人们接受。但该模式的缺点是限制了合作教育的领域，把合作教育限制在应用技术学科比较狭小的范围内，从而影响了合作教育在高校中的多个学科领域展开。

2．著名的安提亚克大学合作教育模式

美国另一种经典的产学研合作教育模式是以安提亚克大学为代表的全人教育(Whole Person Education)。该模式是让学生采用"学习—工作—学习"的方式来完成自己的学业，并具备在多个社会生产领域或部门工作的经验。要求学生在学习与社会实践中进行定期转换，这样不但可以让学生掌握社会实践经验，而且还可以使学生在各个方面都得到发展。为了吸引更多的学生参与合作教育，安提亚克大学推出了"并行模式"，给学生提供了更加灵活的学习和工作时间，全日制学生除了在校学习外，每周还要做一定时间的工作，这些工作需经学校认可。该模式采用的是半天交替形式，学生上午在校学习，下午或晚上做兼职工作，每周工作时间一般为 15～25 小时。安提亚克大学合作教育模式被看作是培养全人最有效的方式，其优点是能够把合作教育在多个学科领域展开。

（二）美国产学研合作教育实践的特点

1．产学研合作教育日益盛行

自著名的辛辛那提大学合作教育之后，美国国内的其他高校也逐渐意识到产学研合作教育的巨大潜力，并纷纷效仿。比如，1909 年，东北大学新建的工程学院开始实施合作教育，要求所有学生都必须参加；1919 年，麻省理工学院工程系在实施合作教育中明确规定了学生的学习内容，学生除了完成课程学习之外，还要完成科学研究方面的任务；1921 年，文科学院安提亚克学院也开始实施合作教育。20 世纪 80 年代，除了工科为主的高校和工科专业相继开展以外，其他类型高校都加入到了合作教育的行列之中，产学研合作教育也得到广大民众的普遍认可。根据有关数据统计，1992 年，美国参与产学研的合作教育的学校已达 1100 多所，提供的合作教育计划从二年制专科到博士研究生各层次都有，参与合作教育注册的学生约 25 万人，企事业单位达 5 万多个，并且参与合作的企业大多是全球 500 家大企业的前 100 家。诸如 IBM 等一些大型企业也都参与了该模式的合作教育。为了培养综合型人才，1990 年，美国曾出台了《柏金斯职业教育法案》，鼓励企业与教育机构合作，并通过资金支持大力推进校企在职业教育领域的合作。1994 年颁布实施的《从学校到工作机会法》还规定，校企必须通过以创造合作关系搭建学校到就业的沟通平台。另外，为了使美国的职业教育校企合作能够步入政府支持和多方参与的良性轨道，2006 年还颁布实施了《卡尔·柏金斯生涯与技术改进法》，规定将学校、学位授予机构和人力资源市场及企业都全部纳入职业教育合作关系之中，从而打通为再教育和个人接受教育的各个通道。

2．产学研合作教育主体多样化

美国开展产学研合作教育的高等院校，从研究型大学到社区学院，从工科院校到人文学科的院校，其类型都在不断增多。美国从工业到农业、现代服务业，从政府机构到各类

社会团体、民间组织等，各行各业都已成为合作教育的积极参与者。比如，美国密歇根州实施合作教育的"底特律契约"，其参与者除了学校、企业和学生之外，还有劳工组织、社区团体、州和市的各级行政主管部门以及银行和电视台等。

3. 产学研合作教育发展的有力保障

政府的大力支持是产学研合作教育发展的有力保障，具体的措施包括：一是适时推出切实可行的相关政策。比如，二战期间，美国政府就已加大了对高校和企业开展科研活动的支持力度。1940 年，罗斯福总统就曾批准组建了由八人组成的国防研究委员会，管理战时的国家科学研究。次年还成立了科学研究与发展局，统一调动包括许多高等院校在内的全国各方面的科研力量，联合对一些巨型科研工程项目进行攻关，其中包括著名的研究原子弹的"曼哈顿"计划，以武器研制而闻名的橡树岭实验室等一批国家实验室也是在这个时期建立的。再比如，1962 年，美国成立了合作教育委员会，次年还成立了合作教育协会，主要是开展大规模的合作教育宣传，以提高社会公众对合作教育的认识，扩大产学研合作教育的规模。二是通过相应的法律法规规范产学研合作教育。美国的教育立法具有较强的完整性、系统性和指导性，为产学研合作教育提供了法律和制度保障。政府通过法律规范合作教育中的投资保障和企业税收优惠等，比如，1972 年，美国国会修订了高等教育法，首次单独列出合作教育的资助规定，为了从实施和管理上促进产学研合作教育的发展，政府还出台了《职业教育法》、《美国教育规则》、《国防教育法》等。三是加大资金支持力度。比如，1976 年，为了从财政制度上对合作教育给予保障，政府设立了合作教育基金，鼓励学生进行科技创新。另外，美国政府还通过许多科研资助部门鼓励高校与企业进行技术合作，支持企业与国家实验室合作。可以说，为了支持产学研合作教育的发展，美国政府从国家战略层面推动了产业和学科高效的整合，并通过科技政策的倾斜和引导，促进了产学研合作教育的迅速发展。

三、美国高校产学研合作的经验

产学研合作对于促进科技与经济结合，加速经济发展具有十分重要的作用，受到世界各国广泛重视。纵观美国现代化的进程，许多重大科学发现和重要技术突破大都源于美国高校产学研合作方面的卓越贡献。美国既是国际上高等教育非常发达的国家，也是高校产学研合作发展最快的国家之一。奥利维尔·如恩斯曾在《为什么 20 世纪是美国世纪》一书中写道："第一项任务就是要理清大企业、政府以及日益壮大的高教领域如何于 19 世纪末期和 20 世纪初期建立起伙伴关系，从而共同创造和管理一个新美国。在这种由企业、研究型大学、科研机构和政府机构以及各种基金会共同组成的崭新的科研体系下，知识的创造者和推进者以及应用者三方有史以来第一次可以进行充分的交流，共同发展出一系列认知策略。在这一科研体系下，促进'美国世纪'出现的先决条件正是知识的重新组合，而不仅仅是资本积累的力量。正是这种知识的创新赋予了美国在创造国内繁荣的同时，又不断扩大其在全球影响力的强大资力"。21 世纪以来，美国大约有三分之二以上的高校设有大型的研究中心和专门的科研机构，它们在美国高校产学研合作中发挥着十分重要的作用。美国高校产学研合作之所以取得显著成效，有其基本规律与成功经验。

（一）美国高校产学研合作的基本经验

1. 美国高校雄厚的科研实力

美国高校雄厚的科研实力是推动产学研合作成功的基础。美国高等教育非常发达，全世界最好的大学有 85%是美国的大学，世界大学排行榜中顶尖大学半数以上分布在美国。美国大学是美国科学技术创新的主力军，美国高校拥有世界上最先进的实验室及实验设备，每年诞生成千上万的技术专利；来自欧洲和中国、印度、俄罗斯等金砖国家的拔尖人才云集美国高校，50%以上的诺贝尔奖获得者在美国大学工作；美国国家科学基金会和一些社会金融组织，以及微软、IBM、苹果等美国高科技企业和一些中小型高新技术企业向美国高校提供了源源不断的研究资金。在美国的产学研合作过程中，高校已成为合作模式中的主角，成为科技创新的源头，每年产生数以千计的技术专利，孵化了大量的高科技企业。美国高校拥有世界上最雄厚的人才基础，全世界超过 50%的诺贝尔奖金获得者散布在美国各个高校，来自中国、日本、韩国、英法、加拿大、印度等国家的拔尖人才也分布其中。美国高校的科研资金一部分来自于国家科学基金会和其他一些金融组织，另一大部分主要来自于微软、IBM、苹果等美国高科技大企业以及一些中小型高新技术企业，它们向美国高校提供了源源不断的研究资金，使美国高校拥有了世界上最先进的实验室及实验设备。美国高校的科研竞争力十分强大，科研人员发表和被引用的 SCI 和 SSCI 收录的科学与工程论文世界第一，专利数量世界第一，诺贝尔科学类奖项世界第一。2007年，武汉大学中国科学评价研究中心根据美国《基本科学指标》(ESI)数据库推出"世界大学科研竞争力排行榜"，美国高校囊括了前100名中的57名，我国没有进入前100名的大学。这说明了世界上优秀的大学和科研机构大多集中在美国，美国高校拥有其他国家高校难以企及的科研实力。毫无疑问，高校、科研院所已成为美国产学研合作模式中的主角，他们是科技创新的源头，每年产生数以千计的技术专利，创造了大量的高科技企业。如斯坦福大学科技成果非常多，仅 2003 年该校就申请了 300 多项专利。由斯坦福大学的成果转化所诞生的世界知名企业有惠普、Yahoo(雅虎)、Google(谷歌)、Sun Microsystems (太阳微系统公司)、Silicon Graphics(硅图公司)、Netscape(网景通信公司)、Cisco System(思科系统公司)等；麻省理工大学在这方面也相当突出，每年有大约150 家与麻省理工大学有关的新公司成立，其中至少有 10%的新公司是直接由该校的成果转化产生的；其他大学如华盛顿大学、乔治亚技术学院、威斯康星大学、卡内基梅隆大学在技术转移方面也迈出了坚实步伐，对当地经济的发展和多元化做出了重要贡献。

2. 美国高校准确的办学定位

美国高校的办学定位是推动产学研成功结合的思想动力。传统观念上，高校的主要任务是基础研究、培养学生，评价高校优劣的主要指标为论文的质量和数量以及毕业学生的就业率，这就使高校的科研成果与市场的技术需求难以对接。斯坦福大学的创始人及其聘请的第一位校长首先就明确了该校的建校宗旨，即与工业紧密结合，从而使其科技成果更加偏向于实用，培养出一大批创新型人才，孵化出一大批高科技企业。斯坦福大学之所以能够在较短的时间内由一个二流大学跃升为世界一流的研究型大学，一个重要原因就是其明确地提出了要把大学办成研究与科技开发中心的发展目标，并采取有效的、得力的措施推进这一办学思路，从而与硅谷一起成长发展和著称于世。美国高校享有高度的自主权，无论是私立大学还是公立大学，政府一般不直接干预(主要用法律来规范和约束学校)。美国大学在长期的办学过程中形成了自己的办学特色，追求学科、专业及培养人才的个性，积极参与产学研合作等市场经济活动，努力打造自身的社会品牌形象。办学定位是高等院校凝聚自身办学特色、提升自身办学水平、适应经济社会发展的需要，是关系到"建设什么样的大学"和"如何建设这样的大学"的问题。美国每所著名高校都有自己的办学定位，以普林斯顿大学为例，普林斯顿大学办学坚持"小而精"，学校规模不大，数学、物理学却处于世界一流水平，始终占据学术前沿。普林斯顿大学具有良好的科研声望。例如普林斯顿大学的佛洛斯特研究中心，在气体动力学、航天导航等领域久负盛名，吸引了许多大型科技企业与之建立了合作关系。普林斯顿大学的办学定位体现在这样几个方面：普林斯顿大学办学坚持"小而精"，不贪大求全，学校有教师约 1100 人，本科生约 5200 名，研究生约 2600 名(办学规模定位)；普林斯顿大学坚持自身基础研究的优势，科研求精求细，始终占据着学术的前沿(办学质量定位)；普林斯顿大学没有开设社会上最热门的法学、商学、医学等学科，但开办的任何一个专业在全美大学都名列前茅，数学、物理学始终处于世界一流水平(学科定位)；普林斯顿大学本科生搞科研，进入世界领先的实验室，毕业要从事最少两个学期的独立研究，近年来，很多本科生在《科学》、《自然》等世界权威学术期刊上发表了论文(人才培养定位)；普林斯顿大学面向企业创新开发包括生物技术和制药、陶瓷、材料科学、化学、计算机和软件、光电子与电气工程，吸引了一些大型科技企业参与合作，近十年学校来源于技术的收入急剧增加(科研定位)。

3. 美国高校良好的运行机制

美国高校良好的运行机制是推动产学研成功结合的关键环节。从美国高校的运行机制环节来看：首先，美国高校受国家立法支持。20 世纪 80 年代至今，美国国会分别通过《拜杜法案》、《国家合作研究法案》、《美国经济复苏与再投资法案》，为大学参与科研成果的转移和分享合作利益铺平了道路。其次，美国高校参与产学研合作的研究资金充足。大学校长往往亲自参与资金筹措工作，或者选派经验丰富的副校长专门负责资金筹措工作。除了企业提供的研究资金，美国高校还能得到国家拨款、各大基金会资助(如卡内基基金会和洛克菲勒基金会等)、科研收入和校友捐赠等。再次，美国高校的决策层具备针对产学研合作的卓越眼光和前瞻性措施，普遍重视大学与企业在技术创新方面的合作，使大学直接接触到生产领域中存在的各类科学技术问题，实现优势互补、资源共享。最后，美国高校重视面向企业的科研精英人才的培养。美国高校大都提倡小班教学，创造"导修制"为主的育人环境。美国高校的毕业生中，获得诺贝尔奖、各种国家科学奖章、国家技术奖章等不计其数，一批批的科学家、经济学家、企业家等应运而生。

4．美国高校完善的人才体制

美国高校的人才体制也是推动产学研成功结合的关键环节。我们这里暂且把美国高校的人才体制分为人才培养体制和人才使用体制探讨。从人才培养体制来看，美国高校的决策层普遍重视面向企业的科研精英人才的培养，教学过程中使大学生直接接触到生产领域中存在的各类科学技术问题，作为本科生可以进入实验室直接参与产学研合作项目，一些大学生还没有毕业就在世界顶尖级杂志《Science》、《Natural》上发表了论文。从人才使用方面来看，美国高校努力创造人尽其才的产学研合作用人环境。优秀人才的福利待遇普遍较高，实验室及实验配置普遍较好，吸引了大批的诺贝尔奖等各种奖章获得者。

5．美国高校以政府的政策和科研资金为重要保障

政府的政策和科研资金为产学研合作提供了重要的保障：一是政策支持。为了解决科技成果的应用问题，美国国会于 1980 年通过了 Bayh-Dole 法案。Bayh-Dole 法案全称为"1980 专利和商标修正法案"，其主要内容是：允许美国联邦政府资助的科研项目及联邦政府合同下的科研项目，其所产生的知识产权归高校、非营利组织及中小企业所有，而高校、非营利组织及中小企业承担了确保这些科技成果进行商业化的义务。如果某科技成果在一定时期内未能有效地进行商业化，则其产权将归政府所有。产权转让所得归非营利组织及中小企业所有，非营利组织必须与发明人按一定比例分享所得。二是科研经费资助。绝大多数产学研合作比较成功的高校都从美国联邦政府那里获得了大量研究经费。政府资金，特别是从美国国防部和国家健康协会获得的资金占高校科研经费的大部分。国家科学基金也通过其项目给予了大量经费支持。同时，美国政府要求 11 个联邦政府部门参加中小企业创新研究(SBIR)项目，5 个部门参与中小企业技术转移(STTR)项目，参与方式为每年从其财政预算中拨出一定比例的经费用于支持上述两个项目。2007 年该项经费为 20 亿美元。三是提供贷款、贷款担保及风险资金。美国联邦政府 1953 年设立了中小企业管理局(SBA)，向中小企业直接提供贷款，或对中小企业的银行贷款提供担保。1991—2000 年，SBA 帮助近 435 000 家中小企业获得超过 946 万美元的贷款。1958 年，政府设立了隶属 SBA 的中小企业投资公司(SBIC)，对私营的和风险投资公司进行管理并帮助提供资金。1958—2000 年，SBA 对中小企业的风险资本项目已投入了 300 多亿美元。四是政府

的其他服务。除提供贷款、贷款担保及风险资金等硬件支持外，美国政府还对中小企业提供各种软件服务。如 SBA 与高校等教育机构建立合作关系，为中小企业提供咨询和服务；同时建立了中小企业培训网，免费进行网上教育和培训，或直接进行电子咨询，或获得其他形式的技术支持。

（二）美国高校产学研合作创新的实践经验

1．高校与政府密切合作

美国高校密切与政府合作，在政府的引导下开展技术创新活动。政府作为社会的宏观调控者，既是产学研合作政策的制定者，也是产学研合作的推动者，政府通过制定宏观发展规划、完善法制体系、建立鼓励政策、完善中介机构、明确合作的责权利关系等，促进合作的顺利发展。同时，美国联邦政府、州政府、地方当局给予高校强有力的资金支持，联邦政府、州政府都设有专门基金，用于产学研合作项目。

2．高校与企业开展合作研究和人才培养

高校与企业在科学研究方面和人才培养方面的合作，是美国高校与企业联系的主要途径，也是高校的技术转化为生产力的重要途径。首先，美国高校积极参与企业的科研开发，与企业的"产—学"结合是美国高校促进科研活动和科研成果转化的典型方式，高校借助企业投资并在一定程度上根据企业的需求进行技术开发，高校出人才和技术，企业出项目和资金；其次，美国高校非常看重为企业培训各种人才，按照市场和企业需求设置新专业，调整专业人才培养的目标，修改教学大纲，培养更加适应企业需要的技术人才。

3．高校和企业通过专门中介服务机构建立联系

高校和企业通过专门的中介服务机构来建立联系，加强合作。这些专门机构为高校、企业协同创新提供专业的社会化服务，在产学研合作中起到桥梁作用。美国许多高校都成立了咨询公司、联络办事处、大学专利公司、技术转让办公室和综合服务机构等，为高校的科研成果寻找市场，沟通高校与企业之间的联系。这些服务机构能将高校具有工业应用前景的技术成果迅速地推向工业界。

4．高校前期资金的介入

美国高校前期资金的介入是促使高校创办企业的重要因素。从美国的情况来看，前期资金的提供主要有三种途径：一是政府科研经费的支持。如前面所讲的 SBIR 及 STTR 项目经费的支持。其支持方式分两个阶段：小试和中试。小试阶段的支持额度最高为 10 万美元，中试阶段的支持额度最高为 75 万美元。二是企业资金的支持。美国的一些大企业为了保持其技术上的领先优势，常常对高校的科研开发活动予以支持。如 AT&T 公司，每年拿出数百万美元，由专门的部门负责，对美国一些著名高校的知名教授给予经费支持，由其进行自主研究。三是风险资金的支持。由于政府部门对产业化阶段的科技项目不

提供无偿的资金资助，而产业化所需资金量又非常大，因此风险资金对高校的成果转化及创办企业极为重要。几乎每个公司的发展壮大都与风险投资密切相关，如 1968 年 Intel 公司成立时获得了 500 万美元的风险资金支持，Google 公司获得了 2500 万美元的风险资金支持。风险投资公司的参与不仅带来了资金，也为企业提供了战略制定、管理、财务、法律甚至公共关系等一系列指导和帮助。

四、美国高校产学研合作及创新实践对我国高校的启示

我国高校产学研合作创新是实施创新驱动发展战略的关键环节，美国高校产学研合作的模式和推动产学研合作发展的经验，为我国高校提出的实施科技创新驱动发展战略，积极参与产学研合作创新提供了珍贵的启示。

（一）美国高校产学研合作对我国高校的启示

1．我国高校应秉持开放办学的理念

我国高校应该认识到自身与美国名校之间的差距，进一步解放思想，树立创新意识和危机意识，以"科技创新"为突破口，紧跟世界科研前沿发展动态，博采众长，加强基础研究和应用研究，主动适应企业对创新技术的需求，引进、吸收、研发企业急需的新产品、新技术。一是主动加强与世界名校和一流高校的科技交流与合作；二是针对特定项目引进高新技术科研团队或拔尖人才，配备资金设备并加强监管和考核考评；三是根据学科发展需要派遣专门技术人才入驻企业研发中心，努力与科技企业在项目研发中互联互通，并通过合作企业的产品升级换代促进高校科技成果转化；四是科技项目接纳各种资本投入和融资，根据协议共享创新成果。

2．我国高校应高度重视科研基地建设

美国 I/UCRC 给我们提供了依托高校建立产学研合作中心的启示。我国高校可以将这种经验应用于科研基地建设。首先，高校要在国家的帮助下建设好国家级、省部级重点实验室、工程(技术)研究中心，用国家重点的声誉和政府的支持取得企业信任，吸引他们加盟参与科学研究。其次，依托科研基地，联合企业积极申报和承担对国家、地方国民经济建设有较大影响的国家科技重大专项、"863"和"973"计划、科技支撑计划及重大科技成果转化项目等。通过研究项目到企业考察调研，了解市场，发现问题，提出解决方案，增强科研要为企业服务的针对性和目的性。第三，建设学校驻地附近的市县级、校级跨学科、产学研科研基地，尤其是突出与企业共建专业联合研发中心。及时将有重大理论和应用价值的研究成果通过产学研合作推广实施，实现产业化，创造良好的利润收益，反过来为科研基地的持续发展提供经费支持。第四，科研基地既是技术创新的源头，也是高端研发人才和应用型人才培养的平台。可以结合市场需求建立高校和企业互相派遣人才的交流机制。

3. 我国高校应明确办学定位，狠抓优势学科，提升自身科技研发实力

美国高校大都因为特色鲜明而逐步发展，百年积淀而实力雄厚，因而在产学研合作中享有崇高声誉和地位。我国高校要认真向美国高校学习，高校成为"名校"，不一定必须盲目"扩张"(扩大学科规模和数量)，个个都办成"大而全"的综合性大学，那样可能会造成重复建设，浪费资源和人力。麻省理工学院、加利福尼亚理工学院、佐治亚理工学院、伦敦政治经济学院，甚至一个大学分校(伯克利分校)的成功让我们认识到，高等院校的发展并不在于人多楼广之"综合"，而在于人才是否拔尖，学科是否一流，设备是否先进，资金是否充足。如果学校拥有强大的科研实力，即便是只在某一个学科或某一个方面有一技之长，自然也会吸引各类高新技术企业慕名而来，争相合作；政府自然也会大开"绿灯"，委托立项、倾注资金。所以我国高校应该立足自身优势学科，扎扎实实的上层次、提水平、做项目，形成辐射效果，办出鲜明特色，努力成为研究型、科技型、创新型大学，为促进我国的产学研合作做出应有的贡献。同时我国高校要汲取盲目"扩张"的教训，避免重复建设和资源浪费。麻省理工学院、佐治亚理工学院规模都不大，但是都有自身的优势学科，创造了一流的效益。我国高校也应该形成自身的一己之长，根据自身的学科优势办出自己的特色，提升自身的科技研发实力，扎扎实实做项目，并形成辐射效果，为产学研合作打下坚实基础。一要紧紧围绕学校定位，突出科研特色。政策、资金、人才向优势学科重点倾斜；二是根据市场要求和经济发展趋势淘汰边缘学科和低效益负效益学科，只有舍得甩包袱，才能集中力量办大事；三是将体现学校研发实力的各项指标进行量化，按学期或年度进行分数对照并评比，找出自己的不足和下一步奋斗的目标，努力提升科技研发实力。

4. 我国高校应积极探索能在各类产学研合作中发挥作用的参与模式

科技园区、高新技术企业孵化器等几种美国产学研合作模式在我国已经不是什么新鲜事物。自 20 世纪 90 年代以来，科技园区和企业孵化器已是遍地开花，我国高校开始广泛参与产学研合作且发展较快，但是高等院校在产学研合作中的推动效果相比较美国仍有较大差距。因此，我国高校应针对我国经济、社会、科技发展的规律，脚踏实地的在汲取美国经验的基础上着力提升自主创新能力和建设创新型大学。在与企业的合作中走出新路子，构建新模式，实现新跨越。具体说来，首先要搞好基于单项技术项目的常规型产学研合作模式。力争研究一项，成功一项，确保合作顺利，互利共赢，扩大学校知名度；其次要依托各类科技企业孵化器集群，派出专家团队，对有一定市场前景和技术含量初创期技术成果(企业)主动进行技术支持和培育扶持；再次要积极与知名高新技术企业共建工程技术研究基地，借助企业平台建设人才培养基地，既可以为企业培训业务管理及技术人员，又可以方便高校研究生和本科生直通社会；最后要在做好上述工作的基础上，解放思想，大胆探索跨机构、跨项目的产业培育型产学研合作模式。总之，我国高校应该学习美国的那些世界一流高校，以"科技创新"为突破口，主动适应现代企业对创新技术的需求，加强应用基础性研究，紧跟世

界科技前沿发展动态。在办学理念上树立创新意识和危机意识，研发企业急需的新产品、新技术；在体制上解决好"学术权力"与"行政权力"之间的矛盾；在市场机制上解决好技术引进与自主创新、合作研发之间的矛盾；在利益上解决好合作成果研发、转化、推广过程中的分配矛盾；在外部环境上加强与政界、商界、学术界的密切联系与沟通；营造有利于产学研合作的良性运行机制和氛围。

5. 我国高校应建立有利于产学研合作的良性运行机制

要想成功参与产学研合作，我国高校除了必须处理好"行政权力"与"学术权力"之间的矛盾，处理好技术引进与自主创新的矛盾，处理好合作研发与知识产权之间的矛盾，处理好成果研发、转化和成果推广之间的利益分配矛盾之外，还要通过加强与政界、商界、金融界、学术界的密切联系与沟通，共建各类研究中心、研究所和实验室；建立自主联合科技攻关与人才培养基地；设立产学研合作专项基金；建立高校科技企业；加快科学研究成果孵化和转化，从而建立有利于产学研合作的良性运行机制。

（二）美国高校产学研合作创新实践对我国高校的启示

1. 转变观念，积极参与产学研合作

美国高校产学研合作创新取得的成功在于美国高校将与产业合作作为学校的办学使命，将产学研合作融入到大学的办学宗旨。我国明确要求高校把成果转化和产业化工作放在与教学、科研同等重要的地位，树立开放办学理念，自觉增强协同创新的新观念；在人才培养上要突破原有单一封闭的教育模式，从经济社会发展和企业需求出发，注重对人才适用性的培养；在行动上要明确目标、准确定位，紧密产学结合，开展企业与高校联合创新，建立长期、稳定的产学研合作联盟，坚定地走大学与企业互利互惠、协同发展、创新提升之路。

2. 增强科学研究和科技创新的实力

高校雄厚的科研实力是开展产学研合作创新的基础。美国高校是产学研合作创新的主角，也是科技创新的源头，每年产生数以万计的科技专利，创造出大量的高科技企业。由斯坦福大学的科技成果转化所诞生的世界知名企业就有惠普、雅虎、谷歌、思科、英特尔、英伟达等；麻省理工大学每年大约有150家与之相关的新公司诞生。我国高校在科研实力上总体比较薄弱，应在吸取美国经验的基础上着力于科研水平和创新实力的提升，形成创新特色，构筑创新优势。

3. 高度重视协同创新中心的建设

美国工业—大学合作研究中心给我们提供了依托高校建立产学研合作中心的启示。我国高校应建立一批协同创新中心，可以面向科学技术前沿和社会发展重大问题，与企业、地方政府开展实质性合作，解决国家、省内和地方经济社会发展中的关键科学问题；也可面向行业产业经济发展的核心问题，依托高校与地方行业结合紧密的优势特色学科，建立多学科融合、多团队协同、多技术集成的重大研发与应用平台，与相关行业的龙头企业建立长期的合作，形成政产学研用融合发展的技术转移模式；还可面向区域发展的重大需求，围绕区域发展规划，与重点企业共建联合研究院、技术产业研究院、新农村发展研究院等，推动高校服务方式转变，构建多元化成果转化与辐射模式，带动区域产业结构调整和新兴产业发展。

4. 积极探索参与产学研合作的新模式

我国高校要利用自身优势开展多种形式的产学研合作。首先，实施"种子"战略，对基于高校科研成果的高新技术新公司主动进行技术支持和培育扶持，通过高新技术公司的衍生实现科技成果的转化；其次，立足地方，以市场为导向，广泛建立合作关系，与各省市建立产学研合作关系，与地方政府签订全面合作协议；再次，积极与重点企业建立战略合作关系，与省内外企业联合建立"联合实验室"等研发平台，借助企业平台建设人才培养基地；最后，组建以大学联盟为载体的产学研组织，借鉴加州大学系统的模式，组成运行相对独立，人才资源、教育资源和信息资源共享的大学联盟，根据各高校的特色和优势，共同与企业开展产学研创新合作。

5. 尽快完善产学研合作中介服务体系

我国高校的科技成果虽然很多，但由于公共技术平台建设滞后，信息交流渠道不畅通，导致科技成果转化率低。因此，高校要结合具体情况，加快建立和完善产学研合作中介服务体系。首先，高校内部需要建立一个专门的技术管理服务机构，主要负责了解企业、市场需求，指导科研方向，寻求校内技术发明，评估市场价值，同时与企业联络、谈判并签署中试、转让等协议，为有条件创立新公司的科研人员提供项目孵化的资金，提供法律帮助等；其次，可以效仿美国高校设立准公司式的研究群体、联络办公室、技术转移办公室、孵化器等专门机构；最后，可以将高校、企业、政府整合为一个驱动创新的合作体，建设创业服务体系、技术市场体系、科技成果转化服务中心，为广大企业和高校提供双向技术信息交流与沟通。

第二节　德国高校产学研合作的经验

一、德国高校产学研合作的实践

（一）德国高校产学研合作的主要模式

德国高校产学研合作的模式主要有：双元制教育、顾问合作制、以"市场"为中心模式、重视职业技术人才的培养与教育等。德国高校产学研合作的典型模式是德国

Fraunhofer 联合模式。德国在世界经济增长过程中所取得的领先地位，是与其执着追求科技发明、高水平的教育以及高质量的产品紧密相连的。德国的成功有赖于产学研合作的有效推行，而 Fraunhofer 联合体在其中发挥了独特的、富有生命力的作用。Fraunhofer 联合体于 1949 年在德国慕尼黑成立，目的是加速推进应用研究，在"二战"的废墟上重建德国经济。Fraunhofer 联合体拥有 41 个研究所，主要研究领域是微电子和微系统技术、生产和制造技术、数据处理和通信技术、工厂组织和企业管理、新材料开发、环境保护和劳动保护，以及与生物工程有关的各种技术。服务对象是中小企业和政府部门，其中来自企业界的合同主要包括解决具体问题或对新工艺进行评价和引进。Fraunhofer 联合体在科研管理上的一个特点是它既与大学有密切的联系，又依靠合同服务于政府和工业界的用户，发挥着桥梁作用。它努力在政府(联邦和州)—企业—高校和研究机构之间建立基于共同利益而又凭借合约进行联系的牢固纽带，并通过长期规划创造发展的机会。Fraunhofer 联合体以其公认的实际应用方面的成就，在德国乃至世界上赢得了崇高的声誉。它的成员获得了各种久负盛名的科学奖励和专利，在技术创新方面居领先地位。

1. 以企业为核心的研发项目合作模式

以企业为核心的研发项目合作模式是由企业根据市场需求和自身的客观条件确定技术研发项目，与大学、科研机构合作开展研发的方式。其研发团队由企业、大学和科研机构的专业技术人员组成，利用大学和科研机构的实验设备、研究资料，共同对项目进行研究，对成果进行商业化开发，并将新产品推向市场。其合作研发的经费由企业提供，研发成果所获收益由合作各方共享。这种合作方式有利于大学和科研机构充分利用自己的实验设备和人才优势，将知识转化为生产力，获取一定的经济收益；有利于大学和科研机构的研究人员通过与企业专业技术人员的合作研发相互学习与交流，及时了解市场动态和企业发展需求，调整大学的专业设置、课程内容和科研机构的研究方向。企业则通过合作研发，利用大学和科研机构的研究成果、人才优势与实验设备、研究条件，研发出企业独自无法完成的技术成果，有利于加快大学和科研机构科技成果的转化，有利于提高企业的生产水平和技术创新能力，扩大产品市场，增加企业利润，并由此与大学和科研机构建立起长期的合作关系。

2. 联合体型的合作模式

联合体型的合作模式是在政府的支持下由数十个研究所为主体，一些知名企业参与构成的联合体型的产学研合作模式。如弗朗霍夫协会就是由设在各个大学的 60 个研究所为主体、众多知名企业参与的大型科技研发联合组织的，是集科技成果转化、技术开发、技术转让、技术咨询、科技信息服务于一体的产学研合作中心，主要为中小企业提供科技咨询、产品质量和安全评估、新技术的引进与转让服务等。与弗朗霍夫协会类似的联合体还有赫尔姆霍茨协会、莱布尼茨学会、马普学会等。

3．技术转移中心模式

技术转移中心模式是由政府建立的主要为企业(特别是广大中小企业)提供技术信息和技术合作服务的机构。德国技术转移中心设在首都柏林，16个分中心设在各州政府所在地。中心的职责是将全国所有大学和科研机构的各类科技成果信息与企业的需求信息全部纳入中心的技术信息网络，形成网上技术交易平台，使广大企业通过交易平台，寻找自己需要的技术成果与合作伙伴，由此与成果提供者的大学或科研机构建立产学研合作关系，共同完成成果的转化和商业开发，并以此为基础，使企业与大学、科研机构形成长期稳定的合作关系。与技术转移中心功能类似的机构还有半官方性质的史太白技术转让中心等。

此外，德国还有一些由大学或者企业与金融机构合作创办的小型科技园，也是产学研合作的一种模式。

（二）德国高校产学研合作模式的共同特点

与美日相比，德国产学研合作模式更加强调目标的唯一性、长期合作和社会效率与管理运作效率的最大化。

1．高校与企业进行市场化、产业化的研究项目合作

高校与企业在合作过程中，首先由企业提出研发要求，然后由高校研发，试制阶段由高校与企业共同完成，成功后共同将产品推向市场。研发经费由企业独立提供，高校在企业的协管下全权使用。这种合作，互惠互利，企业拥有了市场和利润，高校获得了资金，熟悉了市场，并据此进行学科与专业的设置和调整，提高了科研效率和效益。

2．高校与企业间的"顾问合作制"

德国产品质量好，与其在高校与企业间推崇产学研方面的"顾问合作制"密不可分。对于德国许多高校，校方会要求教师担任企业顾问特别是工科教师，一方面使教师及时了解企业的科研需求信息，另一方面使教师的科研有明确的方向。而企业对顾问非常尊重，会主动提供企业的信息给教师，这使得双方的合作非常有效率，而且这种合作还是长期和稳定的。

3．独特的"fraunhofer"模式

这种模式根植于德国特有的社会和历史文化背景之中，由企业、高校和政府共同推动。它通过应用研究领域的技术开发为技术密集型企业拓展市场，在合作中，政府为弗朗霍夫协会提供大约30%的资金，而其研究机构会与一所或更多的本地大学合作，使得弗朗霍夫协会能够在高校基础研究和产业技术需求之间架起一座跨越创新鸿沟的桥梁。

二、德国高校产学研合作教育实践的特点

德国的高等教育高居欧洲乃至世界领先地位，统一后的德国已成为欧洲实力最强大的国家，其经济的发展得益于产学研合作教育的有效推行。德国的产学研合作教育模式是分层进行的，起源于职业技术教育的"双元制教育"，堪称德国产学研合作模式的典范。它是一种校企合作共建的办学制度，即由企业和学校共同担负培养人才的任务，按照企业对人才的要求组织教学和岗位培训。不同于一般的大学教育只重视理论学习和学科体系，双元制职业教育更加具有针对性，重视学生的实践能力，其基本构架与运行方式具有显著"双元"特征。教育主体的"双元制"，即学生分别在两个性质不同的组织机构——学校和企业接受教育。教育内容的"双结合"，即学生在不同的教学地点，教学形式与内容就有所不同，学校教学遵守文教部的教学大纲，企业培训按政府颁发的培训条例进行。教育评价的"双标准"，即学生考试由包括企业实训教师、学校教师及工会代表在内的考试委员会实施。目前在德国完成九年义务教育的学生，可申请接受双元制职业培训，受过这种教育后，还可以再进入高等学校学习。正是这种学校与企业、中等教育与高等教育相互衔接沟通的最佳结合产学研合作教育模式，为促进德国的经济腾飞起到了巨大作用。

就高等教育而言，该模式集中于专科层面，其基本构架与运行方式是：根据职业技术教育法、学校的学科特色、企业的合作需求形成产学研合作计划。计划由企业初步提出，内容涉及合作方式、目的、项目、期限、资金的投入与保障、各方的责权利，并与相关高校进行磋商，最终形成各方都能接受的执行计划。德国十分重视职业技术人才的培养与教育，重视职业技术教育是德国学制的特色。德国的职业技术教育法规定，青年必须接受不同类型的职业技术教育。因此，德国专科类的职业教育形式多样，结构完善，培养人才效率高。德国的儿童多在完成基础教育后，成为师傅制度下的学徒，一方面在工厂做工接受师傅的指导；另一方面进入职业高等学校，接受有关职业理论的学习。学生做工与理论学习交替进行，做工时，以企业为主，合作学校派出教师进驻企业给予理论指导；理论学习时，以学校为主，企业派出技术专家师傅到学校协商课程的设置与教学，从而极大地提高了合作的效率。

瞄准市场，进行市场化、产业化、商品化的研究开发项目的合作。务实是德国人的行事风格。企业根据市场需求向自己选择的合作高校提出"一篮子"合作项目，由学校进行研究开发，并随同企业人员一道完成整个项目的试制，最后双方共同将产品推向市场。整个合作资金由企业全部提供，学校在企业的协管下全权使用。一方面，学校获得了资源，释放了知识的生产力价值，更好地熟悉了市场，并据此进行学科与专业的调整和设置；另一方面，企业因此拥有了市场和利润。

独特的"顾问合作制。"由于德国推崇职业教育，因此全国许多企业与高校特别是

工科院校都有产学研方面的"顾问合作制"。许多学校要求教师尽可能地担任各行各业的顾问，特别是工科教师，要求必须担任工厂顾问，且不论企业的大小。企业一般都把企业的顾问权授予高等工业大学的教授，企业特别尊重教授的建议，并随时将企业的信息向顾问们传输与开放。德国高校与企业的产学研合作关系一旦建立，那将是长期的、稳固的和紧密的，其合作非常注重实效。德国产品饮誉世界，这与德国的产学研合作模式是分不开的。德国的高等教育以其严格而著称，随着社会经济环境的改变，传统的教育观念逐渐被"教育同科研、生产相结合"的办学理念所取代，在政府的积极参与倡导下，建立起了以"市场"为中心模式的产学研合作计划和实施"顾问合作制"模式。企业根据市场需求和高校的学科特色建立校企合作中心，以科研带动教育与生产，将其有效地转化为生产力。与其他国家的产学研合作教育模式比较，德国更加强调长期合作和社会效率与管理运作效率的最大化，形成了该国高校产学研合作教育模式的特有内涵。

三、德国高校产学研合作的经验

（一）德国高校产学研合作的基本经验

1. 法律先行

德国产学研合作的法律可以追溯到 1889 年的《工业法典》。1938 年颁布了《国家教育法》，1969 年颁布了《联邦职业教育法》，1971 年颁布了《改进培训场所法》，2006 年又出台了新的《职业教育法》等法令。与此同时，各部门、行业、地方政府也出台了一些相关的条例或实施方法，对企业参与职业教育做出具体要求。

2. 特色鲜明

职业技术教育是德国的特色，规定 80%的青年必须接受职业技术教育，边在工厂做工，边在学校学习理论。产学研合作关系一旦建立，将会长期紧密。

3. 鼓励中介

德国不仅在政策上扶植科技中介机构，而且还在经费上提供无偿援助。不仅鼓励中介机构促进产学研合作，而且让中介机构在评估、监管等方面成为连接政府与企业的桥梁。

4. 全程参与

德国不仅对毕业生有统一的能力要求标准，而且企业全程参与办学过程并提供充足的培训经费。

5. 经费分摊

德国职业教育培训经费不仅从法律上规定分别由企业、工会和政府部门来承担，而且明确了政府、企业必须承担的最低比例。

6．项目联合

德国对产学研三方在重大合作项目上进行宏观管理，要求科研计划必须在产学研合作体系下执行。

（二）德国高校产学研合作的实践经验

德国高校产学研合作的主要形式是校企合作。德国校企合作的模式是德国的校企合作研究中心。德国政府积极倡导校企合作，成立了多个成功的校企研究中心，其中以 E.ON 能源研究中心和新材料模拟研究中心尤为著名。E.ON 能源研究中心是由亚琛工业大学和 E.ON 公司联合组建，由德国联邦政府和北葳州政府共同出资建设而成的，该中心是德国最大的校企合作项目之一，拥有世界较先进的能源技术。德国的合作教育则采取双元制模式，这种模式偏向于职业培训，一元是职业学校，另一元是企业。凡是在职业学校上学的学生，都要与培养企业签订培训合同。在培训的组织方式上，理论知识由学校完成，时间约占 30%～40%；实际操作由企业负责，约占 60%～70%。德国双元制模式注重学生职业能力的培养。德国职业教育的"双元制"模式是在德国几百年工业产业发展和职业教育实践中发展而来的，是目前国际公认的校企合作人才培养的典范。"双元制"模式是指由企业和学校共同承担职业人才培养任务，依据行业标准和人才市场需求，对人才实施理论和实践教学。"双元制"源于中世纪手工业行会的学徒制。工业革命后，进修学校逐渐建立。20 世纪中叶，企业学徒制与职业学校培养相结合的"双元制"进一步完善。1969 年，德国职业教育的纲领性文件《联邦职业教育法》颁布实施，国家层面介入，明确了职业教育"双元制"模式的重要作用。随后依据联邦政府和各州国情、州情和行业发展情况，"双元制"的政策保障体系不断完善、逐层细化。2005 年融合《联邦职业促进法》相关精神与政策，形成全新的《联邦职业教育法》，成为指导德国职业教育校企合作的基础法。另外，依据《手工业行业协定》(1965 年)《实训教师资格条例》(1981 年)《手工业学徒结业考试条例》(1990 年)等法规，各行业制订了本行业职业教育的具体实施办法和规定。

四、德国高校产学研合作对我国高校的启示

（一）法律体系的完备

在德国，大学生成长的各个阶段都置于法律的保护之下。法律给予高校自治、学术自由的权利，保障每个人享有平等的受教育的权利。尤其值得中国借鉴的是，法律赋予大学生寻求资助和在学习期间实习、工作并获取合法报酬的权利。正是由于相关法律体系的完备，德国学生在进入高等教育阶段之后，大量地参与社会实践活动，经济上逐渐独立。由于雇佣学生员工可以在一定程度上减免赋税，企业也乐于接纳学生参与其生产活动，因此，在大部分企业当中，都会有一定的职位专为学生保留，其工作任务由学生员工完成。

此外，企业还长期为学生提供带薪实习(Praktikum)和培训(Training)的机会。

（二）政府的适度参与

首先，德国的教育行政管理模式属于地方分权制，即包括高等教育在内的文化教育事业的立法权及行政管理权都属于各州，反对联邦过多干预。其次，高校自治，各州政府对高校给予适度的监督和指导，不直接参与管理。在产学研合作发展的过程当中，德国政府的主要职能包括：完善法律体系；在国家层面向全国各高校和研究领域注入资金，改善高校的教学和科研环境(如"高校协 2010")；聘请世界一流的科研人员(如"返乡者计划")；提高大学的综合实力(如"德国大学卓越计划")；加强高校同企业和其他科研机构的合作，分担创新风险和成本，促进科研成果的转化等(如建立"校企合作交流中心")。

（三）高校、企业和科研机构的深度合作

德国的几大校外科研机构发展模式反映出德国高校、企业和科研机构的合作关系颇具长期性和稳定性。在合作过程当中，三方各司其职，共同发挥作用，缺一不可。正是由于这种合作关系的形成，德国的人才培养是在高校、企业和科研机构里交替进行的。学生在高校获得基础知识，在企业中实践，在科研机构中创新学习，充分利用各方资源成长为优秀人才。

第三节　日本高校产学研合作的经验

一、日本高校产学研合作的实践

（一）日本高校产学研合作发展特点

日本产学研合作由来已久，但每个时期的特点各不相同。第二次世界大战之前，日本的产学研合作主要通过企业捐赠金、共同研究、技术咨询等多种方式进行，且当时对大学教授的兼职没有限制，使得产业界与大学、科研院所之间的合作较为积极，但这一时期，仍处于产学研合作的探索期，在利益分配、合作合同制订等方面都存在着问题。第二次世界大战后至 20 世纪 90 年代前，企业主要通过捐赠金形式为大学和科研机构提供研究资金开展共同研究，同时通过吸收大学优秀毕业生将知识和研究信息向企业转移。此外，学会、研究小组等非正式的研究组织也成为产学研合作的信息交流渠道，为产学研合作打开了新通道。在这一阶段中，日本政府逐步开始在政策层面鼓励产学研合作，建立了多个产学研合作中心，使得产学研合作经历了由"抵触"向"积极"的转变过程，并逐步建立起了企业与大学、科研院所之间合作信赖的关

系，为此后产学研合作的快速发展奠定了基础。20 世纪 90 年代以来，随着日本泡沫经济的破灭，为打破经济低迷和促进产业升级转型，日本政府意识到只有开展基础性、开拓性的前沿研究才能保证国家和产业的持续竞争力。于是，在《科学技术基本法》、《科学技术基本计划》的指引下，日本出台了一系列促进产学研合作的政策与法律，产学研合作进入快速增长阶段，且形成了更加规范、稳定的依靠规则与合作的产学研合作。

（二）日本高校产学研合作的主要模式

日本是一个十分重视产学研合作发展的国家，经过多年的探索，日本已经形成具有自身特色的产学研合作模式。产学研合作在日本被称为"产学官"合作，虽然只有一字之差，却体现了日本产学研合作由官方主导的实质与特征。日本产学研合作的模式主要有：委托研究、委托研究员模式、共同研究、共同研究中心模式、尖端科学技术孵化中心模式、教育捐赠的财会制度、创办中介机构制度等。日本政府采取各种措施保障产学研合作，形成特殊的"官产学研"体制。与美国相比，日本政府促进产学研发展的机制很丰富，包括法律和技术转让与成果转化制度、资源流动机制、产学研效果评价制度等。1995年，日本政府推出"促进特殊法人等部门有效利用资金开展基础研究的制度"。这项制度旨在鼓励国立大学委托研究，为学术研究创造更好的环境。接受委托的大学使用企业和中央政府部门提供的经费开展研究，向企业和中央政府部门提供科研成果。这是国家、高校、企业三方联合进行产学研合作的模式。日本产学研合作的典型模式是日本国立大学模式。日本国立大学具有较高的科研水平和技术创新潜力，在政府的鼓励下，国立大学逐步形成了多样的合作方式。一是共同研究制度。1983 年后，国立大学的研究人员可以就共同的课题开展合作研究，将国立大学的研究能力和企业的技术能力结合起来，创造出优秀的研究成果。该制度规定，共同研究所产生的发明及专利为国立大学和企业共有。包括共同申请的专利在内，凡与此共同研究有关的国家专利，合作企业可在一定期限内优先使用。二是委托研究制度。这种形式是指企业和政府部门委托国立大学进行某项研究。接受委托的国立大学使用企业提供的经费开展研究，向企业提供科研成果，以此协助企业的研究开发。该制度下所取得的专利是国家专利，委托者可在一定期限内优先使用。三是委托研究员制度。这种制度是指企业的技术人员到国立大学接受研究生水平的指导，把握最新的研究动态。通过提高研究素质和研究能力，使企业未来的研发更具活力。四是教育捐赠的财会制度。日本国立大学属于国家机构，在财政收支方面国家管理很严格，而教育捐赠的财务规定，则为国立大学收纳企业和个人的捐赠，这对有效开展学术研究活动起到了重要作用。这项制度的具体程序是大学将所得捐赠上缴国库，国家再划拨与捐赠等额的资金返还给大学。国家委托大学对资金进行会计管理，受赠大学可以根据捐赠者的意愿灵活使用，或开展学术活动，或创建研究机构，用途不限。五是共同研究中心。从 1987 年开始，一些国立大学相继建立"共同研究中心"，作为与产业界合作的窗口，既是共同研究的场所，又是企业人员接受培训的课堂。

1．委托研究模式

委托研究模式指企业将自己的研究开发项目全部委托给予企业合作的大学和科研机构，企业不派人员参加，只提供研发资金，由大学和科研机构的科研人员组成研发团队，利用大学或科研机构的实验场所和仪器设备、研究资料等完成项目研发的方式。项目内容一般是企业发展急需的技术，研发成果首先用于企业的新产品开发，成果形成的专利权归合作方共有，专利许可或转让获得的收益由三方共享。

2．共同研究模式

共同研究模式是由企业、大学和科研机构的专业技术人员共同组成研究团队，以企业的发展需求确定共同研究的课题，或者将符合企业要求的大学和科研机构的科技成果进行转化和开发的模式。这种模式又分为普通型、分担型两种类别，普通型指研发团队集中在大学或研究院所共同完成研发任务；分担型指合作各方研发人员分别在企业、大学和科研院所，利用各自的研究设备完成分担的项目研发任务，最后集中汇总。共同研究的费用主要由企业承担，参加研发团队的人员费用由合作方各自负担，研发成果由合作方共同享有。

3．科学城和高新技术园模式

科学城和高新技术园模式是日本学习、效仿美国硅谷的做法和经验，不惜投入巨资在全国兴建筑波大学科学城、关西科学城、横滨高新技术园、九州高新技术园等产学研合作基地。其中以筑波大学为中心的科学城就聚集了日本 49 家国家试验研究机构和著名大学、250 家民间研究团体，全日本约四分之一的研究人员在这里工作。科学城和高新技术园的建立，既汇聚和培养了大批新的科技人才，又引发了日本大学教育方式的转变，促进了教育、科研与生产实践的结合。科学城和高新技术园模式还产生了集群规模效应，加快了日本科技成果的转化和新技术、新产品的开发，促进了新产业的发展。

（三）日本高校产学研合作模式的特点

1．日本高校产学研合作模式的基本特点

日本高校产学研合作模式的基本特点：一是官方主导，行政协调。日本高校产学研合作是在政府的大力推行下发展起来的，由官方主导，强调政府在合作框架下的行为，日本高校产学研合作行为得到了日本政府在政策规范、制度运行、法律保障以及科研人员的流动与培养等方面的强力支持，通过企业委托研究、共同研究、捐赠制度、接纳受托研究院以及科技园或科技城的模式进行。虽然近年来日本大力倡导企业为主体，以企业技术创新为产学研合作的基本点，但是政府的主导以及"产学官"体制的形成，明确了政府在整个合作当中的重要意义。二是制度规范，机构严密。日本

政府不但是产学研实践的组织者和推进者，还是实际上的指挥者和参与者，它将产学研合作实践作为实现其经济结构改革和经济增长的主要措施之一，因此制定和实施了严格的制度和规范，并以周密的产业规划指挥产学研实践的内容、方式、重点产业以及相应的促进机制，同时还运用多项政策鼓励和引导国立大学与产业界进行实践。三是课题支持，经费保障。日本政府在产学研合作发展的过程中大幅度增加对高校产业实践课程的拨款，用充足的资金支持高校的科研与开发，制订相关法案，推进高校向企业转让技术，并建立新的评价指标来衡量科研人员的业绩，激励高校科研人员将参与的科技成果进行社会转化。同时，通过各种项目和捐赠制度，保障高校科学研究的经费充足。这样通过经费报账、评价指标的调整方面工作，促进高校科研成果转化为生产力，提升了高等教育对社会服务职能履行的程度。虽然现代产学研合作的发展在日本只有几十年的历史，但其产业的技术创新却在世界上拥有了非常高的影响力。另外，日本高校产学研合作的各项制度和经费保障等优势特征，也为产学研合作的进一步发展保驾护航。

2. 日本高校产学研合作模式的共同特点

日本高校与企业的产学研合作开始于二战后。20 世纪 60 年代，日本政府日内阁会议通过的《国民收入倍增计划》中就提出"要特别重视产学研合作"，"加强教育、研究、生产三者之间的有机联系"。日本经济联合理事会在纪念大学基准协会成立周年时曾写了一篇题为"经济社会对新制大学的要求"的论文，认为"新大学的职能第一是培养产业界要求的专业技术人才；第二是进行产业的基础研究和应用研究"，同时还认为大学应与经济社会联系合作，制订产学研合作制度。从此，日本迈开了高校与企业的产学研合作步伐。另外，日本高校产学研合作模式还受其团结、自强、国家利益至上等民族文化和精神的影响。目前，日本通过政府制定法令、法规，实行各项制度使高校、企业、政府紧密地联合起来，使高校产学研合作取得显著效果。概括地来说，日本高校产学研合作模式的共同特点主要有：

(1) 通过制订相关制度推进高校产学研合作的发展。为了确保高校与企业的产学研合作能有效地实施并富有成效，经过多年的运作和对经验与教训的总结，日本陆续制定了一系列高校产学研合作的制度。至今，已建立了委托研究制度、委托培训制度、捐赠奖学金制度、捐赠讲座、研究室制度、经费划拨与使用制度、研究权属保障制度、人员互派制度等一系列行之有效的制度。这些制度一方面使企业界向大学提供的课题数、研究经费有了明显增加；另一方面高校向企业界提供的研究成果、咨询人员、新生技术力量也逐年上升。

(2) 校企共同培养高级科研技术人才。目前日本对高校产学研合作的基本观点是：高校必须与产业界相结合，建立密切的合作关系，双方都应承担重要的教育责任，都应对人才培养起重要作用。迄今为止，已有 52 所国立大学相继设立了"共同研究中心"，与企业开展共同研究和委托研究。在日本，研究生由大学招收，完成基本理论学习后，进入合作企业，企业提供经费、场所和课题，助其完成整个学业。作为回报，企业有优先用人的权利。

(3) 以企业为主导进行产学研联合技术开发。企业主导是日本高校产学研合作的主要特点。日本的许多大型企业或企业集团，如丰田、夏普等，在它们的发展中，始终秉承以市场为导向的方针，不断进行产学研联合技术开发，使它们的产品始终保持技术领先，获得了极大的成功，而这些大企业在产学研合作中，不仅使自身科研水平上了一个台阶，而且还积极参与国家的科技创新计划及民间的技术创新攻关，使得日本高校产学研合作总体水平很高，也推动了日本经济的发展。

(4) 以高校组建科学园为载体进行产学研合作。日本的一些科研力量雄厚的大学都建立了科学园，其中最负盛名的是筑波大学的高技术科学城。这些科学园是以高校为中心，与专门科研机构、生产企业合作兴办的高技术密集区。高校组建的科学园采用受托研究和共同研究两种方式运行，通过这两种方式，把高校和企业紧密联系在一起，产生了很多实用成果，既培养了新的科技人才，促进了大学教育教学改革，又开发了新技术、新产业和新产品。也就是说，通过高校组建科学园为载体进行产学研合作，高校提高了科研水平，企业获得了市场领先的技术，极大地促进了日本产学研合作的发展。与其他国家的高校产学研合作模式比较，日本强化高校和产业界双方的教育责任，注重制度化和规范化，机制类型非常丰富。

二、日本高校产学研合作教育实践的特点

日本高校产学研合作教育是在政府鼓励下通过加强国立大学与企业的合作开展的。日本大学对开展产学研合作教育非常重视，开展也较早。早在 1933 年，日本就成立了全国性的按重要课题划分的"产学合作研究委员会"，1956 年，日本产业合理化审议会向通产省提交了《关于产学合作的教育制度》的咨询报告，1960 年底日本内阁会议通过的《国民收入倍增计划》强调"要特别重视产学合作"，"加强教育、研究、生产三者之间的有机联系"，视产学研合作教育为基本国策。日本政府认为，大学的教育、学术研究必须和产业界的生产密切结合。为推进产学研合作教育事业，日本不断采取新举措，并建立了一系列制度推进产学研合作教育事业的发展。自 20 世纪 80 年代初开始，日本陆续制定了一些促进产学研联合培养的政策和法律，1981 年日本科技厅和通产省分别确立了官、产、学三位一体的以人为中心的科研体制，政府 1996 年 7 月制定了《科学技术基本计划》，把产学研合作当作一项基本国策，要求高校与企业认真加以实施。1997 年 1 月，提出了《教育改革计划》，其中包含了日本政府大力推动产学研合作教育事业发展的政策和策略。1998 年的《大学技术促进转让法》和《研究交流促进法》，对产学研合作使用土地提供优惠政策，并为专利转让提供法律保障。2002 年，制定的《产学官合作促进税制》，为调动合作各方的积极性，在税收上为产学

官合作项目提供优惠，可以说是从财政上给予了产学研合作教育强有力的支持。通过这些政策的制定，充分体现了日本政府对于高校产学研合作的重视，同时，也是对产学研合作各方的极大支持，使得日本高校产学研合作获得了长足的发展，产生了许多产学研合作的成果，推动了日本经济的高速发展，并使其成为世界经济强国之一。

日本高校产学研合作教育分为两类。一类是专门的产业教育机构，如为日本出版业培养各类专业出版人才，日本建立了专门的产业培训学校——日本出版学校；另一类是日本各专业研究机构设立的教育机构，主要是由日本各个协会创立的，在进行研究的同时也进行各方面的教育培训工作。如日本全国出版协会每年都开设定期的培训课程，为各个出版社新加入的员工进行为期一个月到半年的短期或长期专业培训，以使新员工能够尽快融入出版环境。

日本高校产学研合作教育的特点在于外部环境的完善，并创办了中介机构以及以企业为主的产学研合作机制。一是体制机制的管理创新。在构建这种组织机构的过程中根据大学的具体情况(文理性质、科研水平、规模、所处的地理位置等)设立不同的机构和组织，采取不同的运作方式。如大阪市立大学采取的是从契约交涉、缔结到会计业务都实行一元化的部门管理，筑波大学采取的是由知识财产本部统括产学官合作、产学共同研究所以及孵化实验室等一体化的管理模式。二是中介机构的创立。为促进大学科研成果向民间企业转移，实现研究成果的产业化，日本科技厅在大学和科研机构比较集中的地区都设立了"高科技市场"。三是以企业为主的产学研合作机制。以企业为主体的产学研合作是日本创新体系的重要特点，以企业为核心，带动企业的创新发展，同时促进对学生的联合教育。

日本的产学研合作教育主要有以下几种途径：一是大学向社会开放，实施多种形式招收社会成员进修，包括企业人员的进一步进修；然后，从民间企业招聘教师、学生到企业中实习，这样的方式可以让教师从企业中来、学生到企业中去。二是合作式研究，这其中就包括了委托研究，以及设置合作研究中心，旨在促进高等院校与民间企业等开展合作研究，且提高技术人员和研究人员的科研能力。三是科技城模式，它以大学为依托，类似于美国的科技园模式。四是推进国际间的科技合作，这包括与外国人员共同研究，以及加强国际间人才的流动，而这种方式主要是以日本政府为主导的。

三、日本高校产学研合作的经验

（一）日本高校产学研合作的基本经验

日本不仅十分强调产学研合作的制度建设，而且政府是产学研合作的主要推动者。其基本经验主要表现在以下几个方面。

1. 政策支持

日本 1995 年颁布的《科学技术基本法》是日本第一部有关科学技术的根本大法，规定了日本在发展科学技术方面的基本国策和方针，要求增强产学研合作，推进基础研究、应用研究和开发研究的协调发展。1996 年，日本政府开始制定为期 5 年的第 1 期国家科学技术基本计划。随后各期计划中都十分重视推进产学研合作，并根据当期的特点出台了相应的政策予以支持，特别是大学技术转移促进法(TLO 法)、产业活力再生特别法、产业技术竞争力强化法、知识产权战略大纲、知识产权基本法、国立大学法人法等法律对推进日本产学研合作起到了十分积极的作用，并取得了良好的效果，极大地提升了日本产业界、学术界开展合作的积极性，提高了合作的效率。

2. 构建高校产学研合作体系

进入 21 世纪以来，日本政府通过设立综合科学技术会议(简称 CSTP，2001 年设立，2014 年 5 月起更名为综合科学技术创新会议，简称 CSTI)、合并日本科技厅与文部省等一系列行政体制改革，形成了政府主导型的产学研合作模式和体系。从架构上看，在这个体系中，CSTI 组织召开产学官合作会议、协调各省厅根据科学技术基本计划的具体要求通过各种支持事业，各有侧重地具体推进产学官合作，并通过产学官会议和专业调查会将实施过程中的问题和评价结果反馈给 CSTI，以便及时对产学官合作机制、政策等进行调整，为下一期计划的制订提供依据。从产学研合作的流程层面看，日本的产学研合作主要经历了四个环节，即合作研究、发明的权利化、研究成果的转让和研究成果的孵化。在这四个环节中，离不开一些专业化机构和中介机构的参与，如大学知识财产本部负责管理大学的知识产权，提供知识产权服务，提升知识产权价值提升；技术转让机构(TLO)负责加速日本大学科研成果的社会输出过程等。同时，日本政府还推行产学官合作协调员制度，通过政府出资为大学组织内的产学合作机构选聘"协调员"，并以文部科学省产学官合作协调员的身份配置在技术转让机构、高科技市场等中介机构中，为企业和大学之间构建起沟通、协调的桥梁。协调员不仅需要熟知大学处于领先地位的研究方向，还需要了解市场需求，了解政府的各项规章制度，并具有丰富的阅历和较强的综合协调能力。在这样的产学研合作推进模式作用下，日本企业、产业界将原来高风险的技术开发业务逐步转向了通过与大学、科研机构的密切合作来持续开发出具有新市场的技术和产品。而大学则除了教育与学术研究之外，还通过产学研合作创造、活用、转化知识来为社会做出贡献。政府则承担制定政策、创造环境、承担研发风险、配置研发资源、引导产学官有效合作及评价成果等重任。

3. 发挥产学研推进机构的作用

日本有诸多的产学研推进机构，其中科学技术振兴机构(JST)在日本产学研合作推进过程中发挥了十分重要的作用。JST 的产学研推进事业占其业务预算的 23%，主要包括三个方面的任务，即知识产权支持、匹配支持、研发支持。知识产权支持主要包括了专利获取服务，为大学提供知识产权咨询服务和资助大学获得国外专利；提升专利价值服务，通过从大学获取专利建立专利组合，并为相关组合的研发活动提供资金支持，以此提升专利价值；专利许可服务，大学转让专利许可给企业提供支持和帮助；知识产权战略管理，发布专家委员会关于知识产权的战略报告；建立 J-SRORE 知识产权数据库，提供专利信息。在匹配支持方面，JST 架起了学术界与产业界双向沟通的桥梁。一方面，通过创新日本大会、新技术推介会，为科研人员提供了向产业界展示和推广尖端研发成果，打开了学术界向产业界沟通的通路。另一方面，举办需求研讨会，为企业提供了向学术界寻求帮助，解决企业技术瓶颈的平台。同时，JST 还建立了门户网站，每月公布当前热门技术、研究主题、研究报告等，构建了产学研合作数据库，提供基金项目信息、服务及相关人力资源信息等。此外，还开展了科技创新人力资源发展项目，提供免费课程，以提升公共部门及大学产学研合作推进人才的能力。在研发支持方面，JST 根据研究项目的类型、进展水平设计了包括 A-STEP、SENTAN、COI、START、SUCCESSS 在内的八类支持计划。构建了从对具有市场价值的技术进行筛选，到技术实用化的可行性研究及合作平台搭建，再到商业化阶段，新设企业的孵化等全过程的支持计划体系，大大提高了技术走向商业化的比例与成功率。

4．注重产学研绩效评估

日本文部科学省近年来为考察产学研合作绩效水平，特别是大学产学研合作的绩效水平，对企业、各类大学等联合开展共同研究、委托研究、临床试验情况、知识产权获取、管理和运用等情况进行定期调查。主要指标涵盖了参与产学研合作的研发的大学数量、大学与私人企业合作研发项目数(委托研究、共同研究)、大学与私人企业合作研发投入(委托研究、共同研究)、专家派遣人数、大学专利申请数、大学拥有专利的数量、大学初创企业的数量、专利使用许可的数量及收入额、其他知识产权收入等。通过纵向和横向的比较，发现各区域产学研合作的特征不足，以便更有针对性地制定政策，推进产学研合作，切实提升科研成果转化率，提升科技对社会、经济发展的支撑力。此外，JST 及文部科学省的科学技术学术政策研究所也对相关的区域、项目的产学研合作情况进行了调查，更有针对性地查找了产学研合作中存在的问题，形成相关研究报告，为政策制定者提供参考。

(二)日本高校产学研合作的实践经验

与德国高校产学研合作的主要形式相同，日本高校产学研合作的主要形式也是校企合作。日本的校企合作制度是以政府为主导、技能教育机构深度参与的科技发展机制，在日本被称作"官产学"联合办学。这个制度是随着战后日本国民经济重建和高速发展而逐步建立和完善的。二战后，日本经济全面重建，职业教育校企合作的重要作用已经得到日本政府的重视。1961 年修订的《学校教育法》将国家制定之技能教育机构和高中课程的学分进行互认，开启了官产学合作的学校制度化的新时期。20 世纪 60、70 年代，经济高速发展，社会全面变革，产业界对职业教育校企合作呼声渐高，日本着手系统构建职业教育体系，在这一过程中将职业教育的职责交给企业，政府逐渐从运作者转变为运用资金、政策和信息手段的扶持者。1985 年，《职业能力开发促进法》发布，成为规范日本职业教育校企合作的基本法，该法明晰了职业培训的相关标准和职业能力开发体系。20 世纪 90 年代，在明确"科技立国""以高科技产业领先世界"的国家发展战略后，日本加大科技研发力度，校企合作办学进一步深化。日本政府科学厅还创办了促进科研成果转化的中介机构——"高科技市场"，其目的在于将大学和科研机构的科研成果成功地向市场与企业进行转化，并对相关成果的产品提供资助。1999 年，《雇佣——能力开发机构法》颁布实施，对具有不同职能的职教机构职责进行明确规定。2006 年，日本又制定颁布了《中小型企业劳动力确保法》，旨在促进中小型企业在职业教育中发挥更大作用。

四、日本高校产学研合作对我国高校的启示

日本自 20 世纪 90 年代中期起实施了科学技术创新立国战略，并配套出台了一系列的法律、制度，构建了较为完善的产学研合作新体系。日本在高校产学研合作中的做法与经验，对推进我国高校产学研合作的发展，促进科技与经济的紧密结合，加快创新体系建设具有一定借鉴作用。高校产学研合作在日本社会的经济发展及科学技术发展中起到了不可估量的作用。这种合作对高校和企业的发展产生了很好的效果，对我国高校产学研合作具有许多积极的启示。

（一）高校产学研合作的相关法律和政策体系还有待进一步完善

尽管目前中国已经制定和实施了《中华人民共和国促进科技成果转化法》、《专利法》、《合同法》等一系列法律法规，但依然存在诸多不足之处，难以满足高校产学研合作的实际需要。同时，在实际操作中，还存在许多政策之间相互矛盾的地方，导致许多看似能够促进高校产学研合作，调动科研人员进行应用开发研究积极性的政策无法真正落实。这就需要进一步制订和完善有关支持政策，包括科技计划、技术进步、技术创新、技术引进、科技成果转化与产业化政策等。特别是要健全和完善知识产权保护制度及相应规定，为确定高校产学合作研究产生的知识产权的归属权、使用权的划分提供法律依据。

（二）不断加强高校产学研合作的制度建设

日本高校的产学研合作有着一套完整的制度，现在仍在致力于各项法律规定的修订与完善。完备的法制环境，为高校的科技成果转化，促进企业科技进步提供了最佳的前提和保证。借鉴日本的成功经验，我国应加快产学研合作的制度建设，为合作创造良好的环境与条件。同时，如何为高校与企业的合作创造有力的法律保障环境，应该是我国政府有关部门今后所要面对的主要课题。

（三）注重发挥高校产学研合作中介机构的作用

"综合研究联络会议"、"研究开发专门委员会"、"研究协作室"、"科技信息中心"等中介机构，在日本高校产学研合作过程中起到了非常重要的作用。要促进我国高校产学研合作的快速发展，就必须注重产学研合作中介机构的建设，设立专门的产学研合作组织管理协调机构，充分发挥其作用。因此，我国应构建高校产学研合作的中介体系及合作平台。可以说，产学研合作不仅需要政府制定相关政策进行推动，还需要充分利用市场机制自发筛选合作伙伴，优胜劣汰，才能形成高效的产学研合作。一方面，鼓励企业与科研机构、大学建立共同研究中心，鼓励形成较为稳定的合作伙伴关系。另一方面，需要政府建立合作窗口、搭建合作平台、信息平台和数据库，便于产业部门与科研部门彼此信息的畅通交流，设立技术转移机构和知识产权管理机构，鼓励科研院所、大学战略性地对专利进行整体管理、运营。同时，必要时需要政府部门通过设立相关的扶持基金等鼓励产学研合作的开展。通过一系列的举措和中介机构的设立，促进产学研合作沟通桥梁的形成，推动产学研生态系统的建立。

（四）通过高校产学研合作促进高校的发展

我国应充分重视产学研合作对高校发展的积极推动作用。在国家财力有限的情况下，高校可以通过与企业的合作，得到经济效益较好的企业的资助；高校的研究人员可以帮助企业解决技术问题，特别是通过解决实际问题，改变高校、高校研究人脱离实际的陈旧观念，对培养应用型人才大有好处，通过产学结合可以使产业的高技术在高校得到利用，以此推动高校的研究。

（五）调动企业与高校联系的积极性

日本的企业对与高校的联系非常重视，认为"大学里有学问，社会里有技术"。长期以来，我国高校对"产学结合"的热情与主动都高于企业，而且热情地向企业提供生产车间可以直接运用的技术。而企业方面则较消极、被动，缺乏主动关注教育发展和改革的热情，极少见到企业或产业组织就教育发展和改革提出系统的建议、要求。从工厂内部看，基本上没有能够独立运用高校的基础研究成果或高校实验室中的技术所提供的、可能进行新产品开发的力量。我国的企业不能不追求技术进步，否则，只有产品卖不掉、企业最终倒闭一条路。但是，我国企业内部的技术开发力量的增长，却远远跟不上开发新技术、生产新产品的需要的增长。我国高校与产业界的关系，在目前阶段，仍不得不维持以高校为主进行技术开发，把一项一项成熟的可以直接用于产品制造的技术转交给企业的状况。因此，只有调动企业与高校联系的积极性，才能使高校产学研合作得到健康发展。

（六）构建高校产学研合作评估体系

目前，我国尚未建立完善的统计指标体系，缺乏定期稳定的有关高校产学研合作的调查资料与统计指标。在我国现有的科技统计资料中，仅有部分指标能从侧面看出高校产学研合作的水平，如与国内高校、独立研究机构合办的科技活动机构数量，开展产学研合作的企业所占比重，与"境外机构、国内独立研究机构、境内注册其他企业合办"的机构数量，科技经费外部支出占科技活动经费支出总额比重等指标。其他指标还有技术性收入、R&D 经费内部支出中来自"企业"的资金和企事业单位委托及转让费等。尽管日本对于高校产学研合作评价体系也并不完善，但其定期评价、对数据的深入分析依然值得学习。因此，在我国高校产学研合作绩效评估的指标体系构建中，应当充分考虑到宏观、中观、微观的数据与评估需求，建立定期的评估制度，深入挖掘、分析数据，为政策制定提供支撑。

（七）重视发挥人才在高校产学研合作中的作用

从日本高校产学研合作发展的历程来看，除了对科研成果、技术本身的应用和转化重视外，日本的企业更看重通过高校产学研合作获得相关技术人才，培养自身的技术团队，重视人才的双向流动。然而，在中国由于户籍制度、单位性质的不同及对科研人员兼职的限制等，使得科研人员很难进行流动，影响了企业对成果转化的接受能力和知识的流动。因此，应当在相关政策地制订与落实中，鼓励科研人员的流动，并转变"重研究、轻发明；重论文、轻技术；重成果、轻转化"的学术导向，提高科研人员进行产学研合作的积极性。此外，还应重视高校产学研合作专门人才的培养，特别是技术与管理复合人才(MOT)的培养，从而推进高校产学研合作的开展。

纵观美国、德国、日本高校产学研合作教育模式发展历程可以看出，它是一种很受高校和企业欢迎、政府和社会支持的教育模式，符合经济社会的发展需要。实行产学研相结合，已成为当今世界高等教育改革与发展的普遍趋势。目前，我国开设工科专业的高校已达 1000 多所，占高校总数的 90%，本科在校生达到 371 万人，研究生达 47 万人，全国的工程科技人员总保有量也超过 1400 多万人。产学研合作教育方面缺乏创新性和实践性，成为一直困扰我国高校教育改革与发展的难题。教育部 2010 年启动了"卓越工程师教育培养计划"，提出拟用 10 年时间，培养百余万高质量各类型工程技术人才，为建设创新型国家提供人力资源。为此，我们要认真研究和总结世界各国产学研合作教育模式，借鉴其成功经验，改进和推动我国产学研合作教育的快速发展，为此提出建议：一是政府应加大对产学研合作教育的支持力度。美国、德国和日本产学研合作教育的发展历程表明，政府对于组织和引导产学研合作教育的开展具有重要的作用。当前，如何解决在实行产学研合作教育过程中所遇到的实际困难，仅靠高等学校或是仅靠企业还远远不够，因而需要政府从全局的角度对产学研合作教育加大支持力度。首先，应在促进产学研合作上给予政策支持，设立产学研合作教育的组织管理协调机构，为产学研合作提供良好的政策环境，以推动产学研合作教育项目的实际落实；其次，设立专项资金对产学研合作给予扶植，设立专门的计划，直接支持产学研合作，建设科技园、创新中心，为产学研合作提供良好的基础设施等。二是高校应积极开展各种形式的产学研合作。高校应摆脱传统体制的观念束缚，充分认识产学研合作教育对于培养创新型、应用型人才的重要性。从学校的内部培养走向开放的校企合作培养，着眼于社会和企业发展的实际需要，结合学校实际，逐步建立适应产学研合作教育要求的教育教学体系，充分整合高校的各种社会资源，探索全方位、多形式、深层次、规范化、内容广泛的产学研合作模式，不断提高产学研合作效果。三是企业应在产学研合作中发挥积极作用。纵观美国、德国和日本产学研合作教育的实践，尽管其模式各有特色，但都体现出企业在产学研合作中的技术创新主体地位。当前，我国企业同高等院校的合作首先想到的是科学研究层面，而不太情愿接收高校学生的培养，主要是担心扰乱企业的正常生产秩序，降低效益。因此，应激发企业参与高校产学研合作教育的积极性，让企业发挥其具有真实的工程环境和先进的实践条件的优势，参与计划的实施，并从单纯的用人单位变成共同培养单位，与高校共同制订人才培养方案，共同评价培养质量，不断创新高校产学研合作教育的新方式。

第八章　促进我国高校产学研合作的对策

　　随着经济全球化、信息化、网络化的不断发展，创新已成为世界各国突破发展瓶颈、解决深层次矛盾和问题的重要途径。其中，推进产学研合作已成为许多发达国家实施创新驱动、引领社会经济发展的有效途径。习近平总书记曾多次提出："创新是引领发展的第一动力。要坚持创新驱动，推动产学研结合和技术成果转化，强化对创新的激励和创新成果应用，加大对新动力的扶持，培养良好的创新环境"。然而，当前中国在创新驱动发展的过程中，依然面临着科研成果转化率偏低、对国民经济和社会发展贡献能力不高等问题。因此，亟待尽快打通科研与产业发展的转化途径，提高高校产学研合作效率，切实将科研成果对国民经济与社会发展的作用发挥出来。

第一节　我国高校产学研合作的基本情况

一、我国高校产学研合作的基本态势

　　随着经济全球化发展的加快，知识和创新能力已成为一个国家核心竞争力的重要组成部分。开展自主创新，加快成果产业化，促进经济快速增长已成为全社会的共识。高校作为我国科技创新来源的重要组成，科技成果产出与应用两者长期处于不相协调的状态，如何充分调动和运用高校科研资源，在产学研中实现不同创新主体间的密切联系和互动，通过产学研合作实现产业关键技术突破、带动产业结构升级，解决学校教育、人才培养与社会需求之间脱节的问题，成为了社会关注的热点。多年来，高校产学研结合问题一直是各级政府、学术界和产业界共同关注的一个重点问题。在政府引导下，企业与大学、科研院所积极运作、实施，通过技术转让、专家咨询、共建技术中心、共同研发、共办科技实体等多种形式的产学研联合，有力地推动了经济、教育与科技体制的改革，促进了科技与经济的紧密结合。特别是近几年，围绕新技术及标准进行研发与应用，在产业领域内以构建产学研技术创新链为目标，以及跨行业、跨领域集成创新的产学研合作形式开始出现，即产学研合作开始着眼于产业链的技术创新。在我国高校产学研合作的蓬勃发展过程中，合作的组织形式开始呈现出多样化，从以往的联合攻关、技术转让，出现了共建经济实体、共建研发机构、共建人才培养基地、派遣科技人员服务企业、共建技术研发基金或奖励基

金、共建技术创新联盟等多种模式。产学研合作的组织模式越来越接近市场，有利于科研成果价值实现，有利于企业获得技术供给、持续的知识，有利于企业加速创新和自主创新。

二、我国高校产学研合作的特点

（一）我国高校产学研合作的主要特点

1. 高校产学研合作突出科技成果转化的价值取向

我国产学研合作的初衷是由于企业技术能力整体薄弱，技术水平同国外相比存在较大差距，而高校科技成果多，但转化率低。因此，与西方国家不同，我国各级政府通过政策、投入进行专项补贴，以国家各类科学计划为龙头(包括国家大中型企业研发计划)，引导高校与企业进行产学研合作，强调高校通过产学研合作加快科技成果转化，促进企业提升技术创新能力。工科院校自然就成为产学研合作的主体，无论是技术转让规模、与企业共建研发实体等各方面，工科院校都有明显的优势。自 1862 年威斯康星大学校长范海斯综合当时社会经济发展蓬勃态势适时提出的"大学要忠实的为社会需要服务"，即"威斯康星思想"以来，服务社会便与人才培养、科学研究共同成为现代大学的三大职能。在科技成果转化的价值取向引导下，高校将产学研合作视为其服务社会的重要体现。而产学研对于高校而言，不仅仅是科研经费的补充，对其科学研究与人才培养也有重要贡献。当前我国高等教育完成了从"精英教育"向"大众化教育"的转型，高等教育的根本任务就是培养一大批具有相应理论知识和较强实践能力，能够为经济社会发展服务的专门人才。而产学研体系的构建正是实现这一培养目标的重要途径。产学研教育体系有助于提高学生综合素质、实践能力和就业竞争力，将学校教育、科学研究与社会经济发展结合起来，利用学校、企业、科研单位等多种不同的教育环境与资源优势，培养出社会急需的各方面人才。

2. 我国高校产学研合作发展不平衡

在科技成果转化的价值取向下，工科院校一直是高校产学研发展的主力，但医药院校、农业院校产学研发展规模偏小。从区域分布来看，北京市、江苏省、上海市、四川省、辽宁省、陕西省、湖北省、浙江省 8 个省市所在高校产学研合作规模较大，上述 8 省市所在高校获得企事业委托经费占全国总量的 68.96%，上述 8 省市所在高校平均每所高校获得的企事业委托研究经费达到 0.682 亿元，是全国平均数的 2.31 倍，是排名最后 10 个省市相关指标的 18 倍之多。而广东省虽然在经济总量上占全国的比重超过九分之一，但广东地区的高校产学研规模却在全国仅仅位居中游。同时，值得关注的是，211 学校与省部共建高校平均每所高校获得的企事业委托科研经费高出其他本科高等院校 9 倍多，说明 211 学校及省部共建学校产学研科研实力在全国高校中居于前列。

3. 高校产学研合作模式多样化

根据合作层次和紧密度的不同,借鉴穆荣平、赵兰香(1998)、王娟茹(2002)、王文岩(2008)、曹受金(2010)等学者的研究,我国高校产学研合作模式可划分为非正式研究合作、契约型合作与知识转让、共同参与政府资助项目、人才培养、研发联盟与共建实体、技术孵化等六种模式。经过十多年的发展,我国高校产学研合作模式也呈现多元化趋势,合作模式逐步从技术转让、委托开发等较初级的单纯技术输出合作方式逐步向更加深层次的长期稳定的合作层面发展,基于双方共同需要的长期合作伙伴关系或战略合作关系的合作不断涌现。上述模式中,技术孵化模式,如大学科技园、高校办衍生科技型企业等,是高校所特有的一种产学研合作模式。自斯坦福大学首创了大学与工业界结合的科技工业园区模式,并获得巨大成功后,大学科技园模式便成为各国促进高校与产业建立更紧密关系的重要方式。按照《国家大学科技园"十一五"发展规划纲要》的目标,截止 2008 年,我国大学科技园的数量已达 80 个,发展模式主要体现为三种:

① "一校一园"模式,即以一所大学为依托,由大学独立创建或者大学与地方政府或高新区共同创办,是大学的组成部分,如华南理工大学科技园。

② "多校一园"模式,即由多所大学依据各自的资源优势共同创建的大学科技园,如南京市鼓楼区国家大学科技园。

③ 虚拟大学科技园模式,是一种基于网络的,可以超越空间、时间和人员等因素制约的虚拟大学科技园模式,这是一种全新的尝试,如深圳市探索的"官产学研资"相结合的新模式。

(二) 我国高校产学研合作发展的新特点

将我国高校产学研合作创新置于国家经济、科技、教育体制改革和国家创新系统转型等相关背景,以及高校教育、科研工作的背景之下来考察,高校产学研合作呈现出以下一些新特点:

(1) 从政府政策的侧重点看,对大学与企业的合作创新,经历了由强调科技成果转化,到技术创新,再到强调国家创新系统的变化过程;

(2) 合作创新的实践,经历了从"从学术研究到实际应用的线性创新模式"发展到"非线性的交互创新模式"的过程;

(3) 企业的参与程度、积极性、主体地位逐渐提高,企业的合作动机从开始时的解决技术难题、获取科技成果,逐渐演变为多重目标;

(4) 我国许多高校与企业协同创新的机制障碍依旧存在;

(5) 随着我国高校产学研合作的不断深化,高校对于产学研合作管理的规范性、法律性、科学性不断提高;不断加强科技转化平台的建设,发挥国家工程研究中心、技术转移中心的作用;知识产权保护的力度和有效性不断加大,对技术入股等规范管理,确保高校取得收益和回报。

三、我国高校产学研合作的主要模式分析

随着全球经济、科技的飞速发展，科学技术、创新能力成为一个国家的核心竞争力，在此过程中高校的产学研合作发挥着关键性的作用。《国家中长期教育改革和发展规划纲要(2010—2020 年)》中第 21 条指出："高校要牢固树立主动为社会服务的意识，全方位开展服务。推进产学研用结合，加快科技成果转化，规范校办产业发展"。高校在成立之初，就担负起培养人才、服务社会、科学研究(提高生产力)的责任。目前我国高校产学研合作正在日益走向成熟，由于高校的地理位置和隶属关系，必然决定了高校要为地方的经济、文化、社会等发展做出贡献。在产学研合作的过程中，高校与当地的政府、企业也将有着千丝万缕的联系。企业需要高校科研成果解决生产过程中的问题；高校的科技成果需要通过企业转化为社会生产力；政府通过宏观规划为高校与企业的产学研合作提供相关平台和政策，造福于民。目前，我国高校的产学研合作主要通过三种途径：一是委托式合作模式。这种模式也是目前高校中最为普遍的一种产学研合作模式，即企业委托高校进行产品研发、校企联合开发、科技成果转让、专利技术转让、技术咨询服务、专业技能培训与认证等。此种模式的优点是高校教师可以较为独立的开展课题研究，并能将其引入到日常教学中，提高教学效果；企业也能以最小的成本获得相应技术，解决困难，提高生产力，创造利润。二是校企合作经营模式。此种模式就是企业以资金入股、高校以技术入股合伙成立一个实体经济。这种模式的优势是在产品的研发、调试、生产、销售、售后、产品升级等环节中充分发挥了各方面的优势。三是高校或技术持有人自己经营模式。此种模式是最为常见的，就是各高校的校办企业或技术持有人担任独立法人的企业。近些年，国家和地方政府先后出台优惠政策建立科技园等，鼓励广大师生进行"大众创业、万众创新"，鼓励一批拥有独立知识产权的师生进行创业。

（一）我国高校产学研合作的经典模式

我国高校产学研合作的经典模式主要有：技术转让、委托研究、联合攻关、内部一体化、共建科研基地、人才联合培养与人才交流等多种模式。具体来说，最具有代表性的模式有三种：一是校办产业型产学研合作模式。高校自己建立实践基地或创办科技产业，利用科研成果转化为经济产物，实现了产学研合作的要求，也促进了高校把课堂教学与实践相结合，从而达到不断培养出社会所需人才的目的。目前已经有不少高校依据自己专业的科研力量研究出了科研成果，组建了几家高科技企业，这既创造了经济效益，也推动了高校教学和科研的发展。二是技术入股型产学研合作模式。高校投入专业技术，企业投入资金、物品，通过两者结合共同组建公司，然后由公司去实现技术商品化和产业化的产学研合作模式。通过企业出资金和设备、高校出专业技术的合作模式，

一方面使高校的高科技项目得到了转化，取得了良好的效益；另一方面高校得到了企业的资助，也促进了双方的共同发展。三是联合共建型产学研合作模式。高校与企业共同创建研发中心、实验室等多种实训基地，然后双方共同派遣科技人员、教师和学生共同开展项目，使得双方之间的优势互补共同赢利，也让高校真正成为企业的技术支撑。通过这种模式为国家培养出了面向生产和技术开发的应用型人才，提高了学生的实践能力和创造能力。

（二）地方高校产学研合作的主要模式

地方高校产学研合作的主要模式一是联合培养模式。地方高校依托本校优势学科专业，加强与企业合作与交流，提高学生企业实践应用能力培养。通过与企业共建实习基地和研究基地等平台，采取"工—读"结合途径，也可以让学生参与承担教师的科研项目。另外，"3＋1"产学研人才培养模式是指定学生到企业顶岗实习一年。这一模式几乎每所高校都存在，有的是与国外联合培养，有的是与地方知名企业联合培养，只是规模比例不大，有的是一个班，有的是几个班，有时合作也是不连续的。二是研究中心模式。地方高校围绕省市及周边企事业单位的产品开发、技术改造、经营管理等方面深入展开科学研究，提供有效的科技服务、咨询服务。高校与企业共建研发中心是科技合作的新趋势，通过自身的人才技术优势，与企业联合进行技术开发和攻关，实现优势互补，达到双赢。此外，还有省教育厅、工信厅、发改委、科技厅在高校设置各类工程研究中心，自组联合企业参与产品研发、设计、制造、推广等产学研模式。三是基地模式。通过建立基地、与政府和企业共建公共服务技术信息平台、人才培养与高层次论坛、科技成果转化与产业化等方面加强战略合作，进一步在人才培养、技术研发等方面开展深入交流与多层次合作，为市县的经济发展提供智力支持，更好地为地区建设服务。据了解，目前地方高校校外实习基地平均都在几十个到上百个不等，但以科研合作为主要目的的基地数量并不是很多。这也是地方高校需要加强的主要方向和合作方式。四是基金会模式。地方高校产学研合作除了需要人才与技术支持外，还需要有运行资金支持合作。产学研基金会是指高校、政府和企业各自按照一定比例出资建立产学研基金，成立基金会专门管理该项基金。产学研基金可根据各方投入的需要，按照不同用途进行设立，有的放矢地进行投入。目前我国产学研基金的运作主要集中在国家层面上，校企合作之间的基金数量和规模、层次上都有待进一步提高和完善。五是大学科技园模式。大学科技园是以大学为依托，利用大学的人才、技术、信息、实验设备、文化氛围等综合资源优势，通过包括风险投资在内的多元化投资渠道，在政府政策引导和支持下，在大学附近区域建立的从事技术创新和企业孵化活动的高科技园区，它是大学技术创新的基地，企业孵化的基地，创新创业人才培养的基地。作为地方高校，许多学科、专业设置都紧紧围绕地方经济发展需求，服务地方经济建设。以吉林省为例，目前长理工、长工大、东北电大、吉师大等4所高校建立了省级大学科技园。通过进一步的鼓励支持，还应该组建更多的专业性更强的各类大学科技园。

四、我国高校产学研合作的现状分析

（一）我国高校产学研合作的发展现状

随着经济全球化发展的加快，知识和创新能力已经成为一个国家核心竞争力的重要组成部分，对一个国家在全球经济一体化中所占据的地位发挥着关键作用。高校是我国高等教育体系的重要组成部分，具有一定的科技创新能力。在政府部门的大力支持下，我国高校产学研合作发展非常迅速，并已取得了一定成效，但是由于起步时间相对较晚，所以实践经验还不充分。20 世纪 80 年代以来，我国一批高等学校与企业建立了产学研联合体，由于国家和各级地方政府的重视，使得产学研合作与技术转移，客观上促进了我国科技与经济的结合，推动了社会经济的发展。但是，高校产学研合作还存在诸多问题，限制着产学研的进一步发展。正如对高校产学研合作模式的分析，无论哪一种产学研合作形式，其合作程度主要取决于各合作主体的实际情况和相互关系。高校、企业和政府有关部门作为产学研的合作主体，各自存在制约产学研发展的问题和障碍。为推进我国高等教育的产学研合作，我国建立了多个大学科技园区，在部分大学设立了技术转移中心，高等学校在产学研合作方面取得了较大进展。但是，现阶段我国高校产学研合作的规模还比较小，产学研合作形式主要以联合开发和委托开发为主，大部分企业领导对产学研合作缺少战略性的设想，仅满足于有限的项目合作。其他形式的合作如联合人才培养、联合建立实验室等都比较少，只有少数大型企业开展了多种形式的合作。但合作的成效低，合作往往有头无尾，合作中的摩擦与矛盾比较多。由于我国产学研合作的机制实行的时间并不长，在产学研合作教育实施的过程中，无论是学校、企业还是社会等方面都存在很多制约产学研合作的问题，导致产学研合作发展的进程相对缓慢。具体来说，我国高校产学研合作的现状主要体现在以下几个方面：

第一，整体发展迅速，应用成效亟待提升。随着企业经济实力的增强、技术需求的加大，企业与高校关系日益密切。目前，我国 80%以上的国有大中型企业/集团都与重点大学("985"、"211"学校)建立了多种形式的合作关系。但我国现有大部分产学研合作仍以技术服务、技术转让、技术咨询、委托开发等形式存在，以合同形式为主。对产学研合作促进技术创新的作用主要体现在技术输出(包括技术转让、技术开发、技术咨询和技术服务)，其中的技术转让最为主要。另外，近年来高校技术输出合同成交额占企业技术引进技术成交总额的比例出现了连续下降情况，2001 年高校技术输出合同成交额占企业技术引进技术成交总额为 24.4%，2008 年为 5.2%，该下降趋势反映出了高校—企业的产学研合作的技术权重在企业技术体系中逐步下降，高校产学研合作的实际应用成效仍显不足。

第二，结构单一，分布不均衡。我国企业自主创新力相对较弱，企业为了实现技术赶超，主动与高校进行针对性地研发合作，普遍采用"点对点式"线性模式。从整体产业发展的战略上看，现有产学研合作结构仍较为单一，"点对链式"和网络式的产学研合作研究很少，普遍缺乏长效激励保障机制，对于企业自主创新能力的培育、高层次人才的培养以及竞争力的持续提升影响有限。随着技术的交叉及产业的融合，技术创新的复杂性、风险性的加大，这种短平快的合作方式就显得有些力不从心。在技术领域和地域分布方面，产学研合作主体存在显著差异，产学研合作教育发展不均衡，根据高校相关统计资料，总体上理工科技术服务项目居多，我国科教文化经济较为发达的北京、上海、江浙和湖广地区的产学研合作教育建设优势较强。

第三，价值取向存在差异，成果转化率较低。当前我国产学研合作虽有了一定的发展，但在产学研合作中因高校和企业价值取向和思想观念的差距，妨碍了产学研紧密合作和深度发展。一方面，我国现有高校普遍重视申报和承担国家各类科技计划项目，主动为地方企业提供技术创新服务的产学研合作意识不强、主动积极性不高。在评价体系中，高校热衷于科技论文发表、专利申报，对于技术工艺的实际应用和效果评价体系不够完善，也不够重视，使产学研合作中技术转让和专利成功转化率偏低。另一方面，企业迫于市场压力，在选择合作项目过程中，普遍被迫放弃长远计划，仅着眼于一些短平快的项目或技术成熟的项目，规避承担风险，不愿从事自主研发，大量减少了科研上的需求；同时也对高校研发模式不信任，企业与高校合作主要以"买"成果为主，这就造成企业进行效益转化后，很多科技成果难以转化，产学研合作应用研究不断弱化，加上大量引进国外成熟技术和产品，使得国内自主研制的技术和产品由于不够成熟在市场上竞争能力不足，自主创新合作途径逐渐湮灭。某些拥有自己研发机构的大型企业，为了保护自身的小团体利益，主动"屏蔽"了与高校的产学研合作，研发合作平台也因此逐渐丧失。

第四，政府引导作用增大，企业主导性减弱。随着"市场换技术"策略的失败，政府认识到企业才是真正的技术创新主体，产学研合作必须以自主创新的企业为主体。政府针对产学研合作中利益分配机制不完善、中介服务体系不完善、政府配套政策不完善等弊病，把创新内容纳入到国家发展计划或地方发展计划之中，大力引导开展产学研合作，构建有力的政策体系和保障体系；同时，大力推动产业技术创新联盟，对涉及具有高风险、高投入且符合当地经济和社会发展需要的公益性或尖端科研项目，指导产学研主体采用联合技术攻关、建立高新技术开发区和大学科技园等形式来完成，力图改变以往产学研合作以自发组织为主、战略层次合作少和"短、平、快"项目居多的局限，政府对参与产学研合作各方的支持、引导作用显著加强。对于企业，随着经济的发展及全球化的实现，企业的创新投入主体、风险承担主体、收益主体地位也逐渐得以体现。面对着激烈的市场竞争，企业为了生存必须进行创新，购入技术、合资合作、购买专利等方式逐渐成为市场导向下的产学研合作的主要方式，科研院所转制为企业、企业博士后工作站、校企共建科研中心以及企业委托高校进行针对性研发等也逐渐成为满足企业科技创新需求的重要形式。这种引进在最初时期也起了很大的积极作用，提升了我国的工业技术水平，遗憾的是到了近期，由于没有及时对引进的技术进行消化吸收再创新，大部分企业后续技术跟不上，干脆放弃了自主开发，越来越依赖现成的技术，故企业主导性需要继续增强。

（二）我国高校产学研合作的法律现状

1. 法律政策在高校产学研合作中发挥的重要作用

高校产学研合作的开展不仅需要高校、企业的通力合作，更需要国家法律的强制性保障。法律政策在促进高校产学研合作的发展中起着至关重要的作用。首先，法律对策是高校产学研合作的重要保障。产学研合作作为我国高校发展的重要形式，其目的是实现高校和企业的共同发展。高校与企业之间进行合作可以优化资源配置，充分利用高校和企业的优势进行科研创新，高校负责科研成果的生产，企业负责将科研成果向生产力进行转化，解决当前我国科研成果转化的问题，促进高校与企业之间的合作，搭建良好的沟通桥梁。为了促进高校产学研合作的发展，政府以其强制力对合作过程进行管理，保证合作的顺利开展。政府可以设立专项资金用于产学研合作的支持，在发生纠纷时，政府也可利用其行政功能解决纠纷双方的问题，使产学研合作顺利进行。其次，法律政策是对科研成果进行价值评估的依据。科研成果的产生离不开法律的支持和保障，同样对科研结果进行评估时，法律政策是评判的依据。受到传统观念的影响，高校在科研成果产生后常将其用于自己的职称评定中，借此机会提升自己的职位和收入，或将其发表到相应的学术刊物上，往往浪费了科研成果的价值。产学研合作的开展在促进科研成果产生的同时，促进了科研成果转化率的提高，使其为国家的经济建设做出贡献。在将科研成果进行转化时，首先要对该成果的价值进行评估，法律政策正是价值评估的依据，从我国经济发展趋势、新型产业的类型、成本投入和预期利润进行考虑，依照法律政策对科研成果的价值进行评估，可以促进科技成果转化率的提高，并且在纠纷发生时提供考察的依据。

2. 我国高校产学研合作的法律现状分析

产学研合作的进行离不开政府和企业的支持，在产学研合作发展过程中，需要许多部门通力合作。这些部门可以根据自身的情况，依据国家的法律政策制定相应的规章制度，这些制度明确规定各方的权利和义务，使产学研合作有条不紊地进行。在我国，促进科技向生产力转化、促进科学技术进步的重要法律是《科学技术进步法》，该法中强调了科技对于国家发展的重要性，认为科学技术是第一生产力，为产学研合作的开展创造了良好环境。经过长期的发展，产学研合作已经成为我国教育的重要手段，是我国创新体系的重要组成部分。该法在 2007 年经过修订，进一步明确了产学研合作教育的重要地位，在该法的基础上，各种促进措施相继出台，确定了企业作为创新体系的主体地位，大力开展创新活动，明确产学研合作的利益分配，为产学研合作的深入发展指明方向。

（三）我国高校产学研合作中存在的主要问题

高校产学研合作模式充分的调动了社会的各方面资源，在提升企业竞争力、促进科技成果转化、培养创新人才、服务地方经济建设和社会发展方面发挥了巨大的作用。但目前也存在一些问题，究其原因：首先是企业和高校思想不统一，合作困难。在产学研合作过程中，由于高校的考核机制以发表论文的级别、专利的申报、课题的获奖等为导向；企业以"短、平、快"，尽快获得利润和占领市场为导向。因此在理论性比较强、耗资较大、研发时间较长，尤其是具有国家发展战略性的研究课题方面，高校与企业很难达成统一思想，合作困难。其次是高校与企业联系不紧密，科研成果转化少。高校教师中能够深入企业了解实际生产需求的人不多，大部分教师的科研方面主要出于理论研究方面，离实际的生产还有一段距离。这些原因导致高校的近三分之二的科研成果被束之高阁，最终能真正转化为生产力的不足十分之一。最后是缺乏有效的保障机制，长久合作困难。目前我们国内还没有一部完整的关于高校产学研合作方面的法律、法规，只能在部分法律、法规中找到个别的依据。因此，高校在产学研合作过程中，在利益分配、责任划分、股权分割、政策决定等方面都会产生一定缺陷，导致无法达成长期合作。我国高校产学研合作中存在的主要问题如下：

第一，思想认识不足。产学研合作有利于各合作主体的共同发展，实现优势互补和优化科技资源配置，合作主体之间也存在希望合作的要求和愿望，但合作主体所属不同类型的组织，价值取向和思想观念存在一定差距，对项目的选择和项目完成标准的认同存在不一致性，制约了合作主体方寻求产学研合作的主动性和积极性，成为妨碍产学研紧密合作和深度发展的障碍。企业往往更愿意投资成熟的生产技术和科研成果，对合作开发新产品的项目投入较少，它们认为高校以论文、专利和获奖等作为课题完成标准，注重学术性和理论性，应用性和实用性不足，与产业化和规模化应用仍有较大差距，一些研究成果与市场脱节，合作开发新产品风险大、投资高、回报慢。

第二，产学研合作联盟的机制不完善。目前我国高校产学研合作联盟的机制仍不完善，其主要问题体现为以下几个方面。

(1) 思想观念保守，缺少对产学研合作联盟机制的了解。高校认为，学校应该是教学型院校，没有必要参加科学研究与技术开发，企业也对高校能否为自身带来经济效益持怀疑态度。因此，在很长一段时间内，产学研合作只是被当作一种口号，没有真正落到实处。无论是高校、企业还是政府机构等，对产学研合作联盟这一机制都缺乏整体的了解，合作方对合作对象不够重视。

(2) 在产学研合作联盟中高校职能发挥不充分。高校拥有显著的高端人才、高新技术等资源优势，但受高校体制、思想观念等方面的影响，当前我国高校评价科研成果价值主要依赖技术价值和学术价值两方面，如以获得国家经费多少、发表论文数量、所获奖励级别来衡量某项科研成果的价值， 这种单一的价值评价体系导致高校科研工作不是直接面向市场需求，最终其研究成果也很难具有市场领先性，甚至根本没有转化为工业化生产的可行性。这种科研成果市场价值的缺失会直接影响企业科技成果的有效供给不足，再加上科研工作收益与风险的不平衡性，使得部分科研人员、科研机构对科研成果转化为工业化生产缺乏主观能动性，不能调动科研人员科技创新的积极性，进而使高校自身的资源优势无法充分发挥，整个社会企业大规模生产对新技术和高科技含量装备的需求也难以得到满足，同时高校职能无法充分发挥也会进一步影响高校自身创新能力的提高。

(3) 在产学研合作联盟中各方利益分配不科学。如何处理产学研三方利益分配，保障各方利益不受侵害是目前我国高校产学研合作发展过程中面临的一个重要难题，如在一些高校产学研合作案例中，高校提供的技术具有很好的市场领先性，政府也愿意提供支持和配合，而且企业自身对该技术产业化的积极性也很高，但由于高校、政府、企业三方有时对科研成果的价值存在认识上的差异，使得产学研合作中的各方在利益分配方面难以达成共识，最终导致在具体的合作过程中相互间的理解和沟通会变得十分困难，甚至会导致各方分道扬镳，项目不了了之，造成人力、物力、财力等诸多资源的浪费；而且在产学研合作过程中，利益分配问题还可能会在产学研合作各方内部存在，如果高校、政府、企业三方不能处理好该问题则很可能面临严重的人员流动、资源浪费等风险，进而给各方造成难以估量的损失。近年来，尽管国家对于科研成果利益分配有明确的规定，但利益分配机制尚未形成，利益分配的比例等问题尚未得到解决，主要原因有：人们对于科研成果的认识不够透彻，无法对一项科研成果的价值进行评估；科研人员的付出与回报不成正比，在高校产学研合作教育的研究过程中，任何一项科研成果的产生都是许多研究人员的心血，这些项目往往都对国家经济和科技的发展产生巨大的推动作用，但在对利益进行分配时，许多人员的回报与投入差别较大；保障机制仍需完善，国家在知识产权和科研成果方面缺乏明确规定，因此容易产生纠纷。

(4) 现有经济体制和科技机制不能满足高校产学研合作发展的实际需要。良好的外部环境条件配合是高校产学研合作要想获得成功的重要基础，如政府部门构建完善的科技中介服务体系、制定相关政策规定等。然而，我国高校产学研合作起步较晚，我国现有经济体制和科技机制还不能满足高校产学研合作发展的实际需要，如企业在技术创新中的自主决策权还无法得到充分保证，政府部门与高校科研机构间缺乏科学完善的统一协调机制、科技中介服务体系建设滞后等。目前，我国绝大多数科技中介服务机构都是由政府部门成立的，这种功能单一的组织形式无法为高校、企业提供及时、准确地信息服务，而且中介方自身的地位和权益也很难得到保障，导致高校很多科研成果无法及时找到相应企业来转化为产业化生产力，企业也无法将自身的技术创新需求与高校的科研机构进行沟通，这些问题的存在导致我国科研成果转化为产业化生产率远远低于发达国家水平。

第三，企业对与高校之间的合作缺乏热情。首先，企业与高校联合技术创新的意识和承担投入风险的能力不强。高等院校是基础研究的主要承担者，政府的研发支持也主要针对高校，特别是由于部分地区高校相对密集，必然会出现"僧多粥少"的现象。而且高校的科研工作大部分都是在没有企业参加的情况下独立开展的，众多企业和社会的资金参与较少，没有科技创新投入的保障，投入来源渠道狭窄，高校自由研究经费严重缺乏等，都将严重制约着高校科研条件改善和科技创新能力的提升。虽然高校和政府都在产学研合作中投入了大量的人力、物力和财力，但是有很多企业并没有积极主动的参与其中，使得产学研合作不能很好地发展，这些都与企业领导市场竞争意识和市场产学研发展的眼光比较短浅有关，也与中小型企业想合作但由于投资能力和承担风险能力较弱有关。尤其是在企业生产和销售都良好的情况下，它们还意识不到和高校的合作将带来产品的升级和企业竞争能力的提高。其次，激烈的市场竞争使很多企业自顾不暇，难以抽出更多的人力、物力和财力与高校一同进行研发合作。同时，企业是以盈利为目的的，可高校的研究不仅要针对企业，还要发展科学，有一些成果不能转化为看得见的生产力，很难得到企业的认可。对于企业来讲，高校不仅要为其输送人才，还要帮助其提高经济效益，如果企业不能从高校的合作中得到好处，则产学研合作就很难持续下去。最后，企业由于其本质属性以及风险考虑导致其参与产学研合作的热情也不高。从企业自身讲，市场经济下企业经营面临国内外双重竞争，如何生存与发展是企业首要考虑的问题，客观上无法将与高校的产学研合作列入日程。从产学研属性看，既需要大量前期投入又存在收益的风险性，也使得企业缺乏足够热情。

第四，高校与企业的合作缺乏制度和机制保证。一是虽然地方政府在引导产学研合作中发挥了重要作用，但高校和企业之间的产学研合作关系仍存在规模小、层次低、范围窄等问题。目前，我国产学研合作采取的主要模式有联合开发、委托开发、协助开发、共建研发机构、共建经济实体、共建人才培养基地、建立技术创新联盟等，真正的利益共享和风险共担机制还没有形成。高校参与程度比较低，高校教师主动对接企业、服务地方经济建设的思想观念尚未形成，科研选题针对性、可操作性和时效性不强，研究与企业需求脱节。而企业也没有形成一种有技术难题就去找高校合作的心态，即使有合作，也仅限于某个项目，项目完成后合作即告结束。产学研尚未形成主体间的一种内在自发需求，仍有待于建立一种良性合作机制。二是由于高校与企业的合作缺乏相互制约机制，使得彼此之间信任度不高。学校担心自己的技术被公司所学而公司也担心自己技术被学校所得，使校企合作有始无终，双方都怕自己的利益受到破坏。因此，建立双方诚信体系是校企合作十分必要的。三是高校与企业的技术发展观念不同。高校科研人员研究出科技成果，并不是企业所需的，而企业所需的科研成果并不是科研人员感兴趣的项目，导致了企业即使投入资金，也找不到合适的投资项目。除此之外，科研人员研究出的成果只是通过了实验室里的要求，并不能应用到企业中来。还有就是因为资金不足导致科研停留在实验室阶段，这些都制约了高校产学研合作的发展。四是高校的研究成果满足不了企业的需求。高校、科研机构往往只能提供前瞻性、实验型的专项技术，一般是一个实验室样机，不能跟踪产品小试、中试和批量生产的整个技术开发环节，而这几个中间阶段正是技术转化为产品的重要环节，一边是高校、科研院所不能提供全程产品开发，一边是企业本身的研发机构又无法自己独立完成，结果是科技链与产业链相脱节，造成合作失败。这种情况在委托开发中表现得尤为突出，是产学研合作中主要的问题所在。五是高校与企业的合作缺乏制度保证和长效机制。目前，很多高校与企业建立了良好的合作关系，对促进工学结合、提高办学质量、创造良好的学生就业环境等具有积极的意义。但这些合作缺乏制度和机制的保证。在企业与学校的合作没有利益均沾的基础上，往往企业总是付出多、收益少。所以，这种不对称的合作，只能是暂时、小范围地进行，很难长期延续下去。

第五，高校的机制和体制不健全。高校在产学研合作中存在的问题主要表现在内部体制问题、科研成果质量以及科技人员局限性等方面。其一，高校内部体制问题导致很多高校并没有真正做到开放办学，并没有在高校教育中建立起竞争意识和市场意识。很多高校的领导者和决策者将主要精力用于扩大学校规模、学校的升格与归属、建设项目经费的争取等事务上。目前，高校教育经费投入持续增长，但在合作教育中如何合理分配和有效利用现有的经费资源，仍普遍缺少行之有效的通用方式和渠道。其二，科研成果应用性不高是高校产学研存在的现实问题。科研成果常常缺少必要的中试环节以及检测控制程序，导致成果的成熟度和应用性不高，较工业化要求差距较大，使产学研合作企业承担一定的资金和市场风险。其三，缺乏行之有效的转化机制。科研成果若单纯停留在研究阶段就不能促进经济的发展，无法向规模化生产转变。在对我国高校研究的过程中发现，很多高校仅仅负责科研成果的研究，缺乏将成果进行转化的人员、团队，造成科研成果的浪费。尽管一些学校配备了专门从事科研推广的人员，由于缺乏一定的管理能力，阻碍了科研成果的推广和转化。可以说，对于产学研的合作发展，高校的机制和体制还不能满足其要求。高校在管理机构上没有设置产学研合作的管理机构或协调性组织；在育人机制过程中，缺少合理的管理、监督平台；在评审职称方面，只注重科研成果而忽略了产学研带来的经济效益；在分配利益方面，集体与个人、学校与院系之间没有明确的指示，破坏了科研的积极性，阻碍了高校产学研的发展。

第六，缺乏政府引导及保障机制。目前，我国地方政府部门还没有形成一套专门针对产学研合作的政策，相关政策也都是散见于各种法律法规和其他政策中。政府组织协调工作还不能适应现阶段产学研合作的要求，对于办学收益分配机制的政策不完善、研发投入资金不足、信息渠道不通畅等问题，政府没能更好地为产学研结合扫清障碍。产学研合作要顺利进行，需要内外一系列机制来保障，而政府在组织协调工作上的这些缺陷，一定程度上影响了高校产学研合作的进程。尽管我国已经出台相应的法律促进创新能力的发展，为产学研合作的顺利开展创造了良好环境，但在促进产学研合作的过程中，我国产学研合作保障体系不完善的问题日益凸显，这些问题都将直接影响我国产学研合作的顺利进行，相关政策需要进一步加强完善。因此，分析我国产学研合作中出现的问题，并找出相应的解决方案，对我国产学研合作的发展具有十分重要的作用。另外，各级政府部门对于产学研的指导协调尚未引起足够重视，在评职、奖励、资助、税收和信贷等激励与扶持方面缺少有效手段，还没有形成各方协同运作的体系，不利于调动高校和企业的负责人、教师、技术和管理人员参与产学研合作的积极性。政府缺乏宏观上引导和管理的有效手段，微观上又插手得过于细致具体，政府职能没有真正转变，不利于引导产学研合作的深入开展。

第七，相关政策法规有待完善。首先，目前我国虽陆续出台了一些相关政策法规，但很多都是分别从高校、科研院所或企业的角度基于某一单方面的情况制定出台的，综合性考虑不足，在产品开发创新、实验设备合作、人才培养交流、成果管理分享、内外权益分配、信贷金融政策、税收优惠政策等方面还没有形成一整套科学合理、操作性强的规范或制度体系。另外，高校和企业是产学研合作中的重要角色，在对双方的利益进行分配时，相应机制和交流渠道起着关键作用。一旦其中任何环节出现故障，导致企业与高校之间无法进行良好的沟通，将直接影响相关研究人员的热情，打消其积极性，导致产学研合作效率低下。从目前来看，我国有关分配机制和交流渠道的法律体制不够完善，影响了高校产学研合作教育的发展。例如，《促进科技成果转化法》在资金投入、价值评估和资金支持方面的规定缺乏可操作性，尽管在成果权方面进行规定，但是如何评估、如何分配的问题却没有得到解决，造成科技成果向生产力转变的过程缺乏法律依据。

第八，促进高校产学研合作的发展体系有待完善。首先，高校是我国教育的重要组成部分，肩负着为社会提供优秀人才的重任。高校除受到教育部的管辖之外，还需接受专业部门、地方政府的管理，由于高校之间相互独立，不同学科之间缺乏相应的联系，因此高校之间无法进行良好的沟通，各自为政，使高校之间的合作无法进行，严重影响高校的资源配置。其次，高校产学研合作的进行对学校教学体制、课程设置等方面的要求较为严格，当前的教育体制无法适应产学研合作的要求，除此之外，招生人数的限制影响了高校的发展，专业课程的分配影响了高校的改革。最后，受到传统教育观念的影响，高校的教师、领导对于产学研合作的理解不深刻，使产学研合作受到影响。例如当一项科研成果被研究出来后，研究人员首先考虑的是自己职称的评定，对于将科研成果进行转化的认识较浅，造成科研成果的浪费。

五、我国高校产学研合作教育的现状及发展趋势

近几年来，高校产学研合作教育在我国有了很大发展，取得了很大成效。当然，因为产学研合作教育在我国的发展时间并不长，在发展的过程中也就不可避免地暴露

出许多问题。

（一）我国高校产学研合作教育取得的主要成效

1．高校教育改革的进程不断加快

高校产学研合作教育与教育改革，尤其是与教学改革紧密相连，它对于促进教学不断适应科技、生产和经济发展，提高教学质量起着十分积极的作用。通过产学研合作教育的实施，促使学校对一些专业的课程安排进行调整。学生由于在工作中增加了感性认识，在课堂教学中对课程内容提出了种种意见和建议，从而推动了当前高等学校对教学内容和教学方法的改革。高校产学研合作教育比较注重对学生以创造能力为核心的综合素质的培养，而现有的教学内容往往不能满足这种要求。因此改革教学计划，打破传统的课程结构，调整理论教学和实践教学的比例，重新进行优化组合就成为当前教育改革的一项重要内容。有了课程体系的改革和教学内容的更新，没有与之相适应的教学手段和教学方法的配合是不能达到预期目标的，也不可能保证教育质量和学习质量。因此，高校在实施产学研合作教育时，对教学方法和教学手段的改革也得到了一定程度的发展。

2．高校产学研合作教育已成为各界人士的共识

从国内关于产学研合作教育的研究可以看出，当前教育界、管理界、产业界、政府部门都在不同程度上表现出了对于实行产学研合作教育的关心和重视。产学研合作教育改变传统教育模式，是创新型人才培养的重要途径，因此，这种新型人才培养模式的必要性获得了各方人士的认可，并得到了大力支持。自实行产学研合作教育试点以来，我国政府部门也给予了足够的重视，从多项法规和政策当中都体现出了对产学研合作教育的支持。

3．产学研合作教育模式日渐多样化

从目前我国高校进行的试点情况看，产学研合作教育的形式多种多样。从不同的角度可以把产学研合作教育的模式进行不同的分类。譬如按层次分，有专科层次、本科层次、研究生层次的产学研合作教育模式；若按合作的阶段分，有全过程结合、后期结合、结束期结合以及线状结合和面状结合等产学研合作教育模式；按产学双方主体参与程度划分，有以高校为主的合作教育模式、以企业为主的合作教育模式和校企双方合作教育模式；按过程结合方式划分，有预分配模式和"三明治"培养模式。

（二）我国高校产学研合作教育存在的主要问题

由于种种原因，我国高校的产学研合作教育还表现出经验上的不足，存在许多问题，具体来说有以下几点。

1．对高校产学研合作教育理解与运用的狭隘性

当前对产学研合作理解不外乎两个方面：从"产"的角度、从企业的角度，希望学校

向企业提供有市场价值的科研成果；而从"学"的角度、从高校的角度，则希望企业提供实践教学环境，提供学生实习的条件。但这两种对产学研合作教育的理解都是相对狭隘的，对产学研的结合应当有一个更广阔的平台。例如，从创业教育体系或工程教育体系来看待产学合作的问题，产业界可全方位地参与到学校的教育体系中，包括培养目标、课程设置、教材编撰、师资建设、实践训练、专业评估等方面。

2. 偏重经济效益，忽视人才培养

现代的教育尤其是高等教育，它的基本任务是培养人才。产学研合作教育的核心在"教育"，基本功能是培养人才，而在我国目前的合作教育中，本末倒置的现象已不少见，往往把经济效益放在第一位，培养人才则成了"附属产品"。诚然，合作教育中自然离不开经济效益问题，一方面企业利用高校及其科研成果开发新产品，实现创收；另一方面高校及科研人员也从创收中积累资金，增加收入，调动了他们的积极性。可以说，如果合作教育实行得好，它就是个"双赢"或"多赢"的结果，反之，则就是另一种情形。

3. 合作中的校方存在某些思想阻力和资金问题

由于产学研合作教育模式是一种新的办学模式，因此常会遇到各种思想阻力。比如：合作教育在许多大学并未列入课程计划中，使学生选择合作教育受到了限制；许多人认为合作教育适合工程、建筑、设计等应用型学科，使合作教育的范围减小；校内专职人员匮乏，参与产学研合作教育的教师压力较大。另外，实行产学研合作教育过程中还存在校方资金不足的现象。

4. 政府支持力度不够，可操作的政策法规相对缺乏

在我国，国家十分鼓励学校和企业事业单位密切合作，鼓励社会各方面参与高校的人才培养工作。但是，在实际的工作中，这种支持一般都不是实质性的，国家缺乏对产学研合作的具体的政策、法规、资金扶持等方面的支持，对企业在产学研合作中应承担的义务没有明确的政策和法律规定，也没有明确的鼓励措施。虽然我国有多项关于开展产学研合作的文件，但学校在开展产学研合作教育的过程中总是感觉得不到政府的有力支持。究其原因，与美、法、英等国相比较，主要是政府的倡导和支持还只停留在口头和纸面上，没有真正落实到行动上，缺乏与政府文件相配套的可操作的政策法规和实施细则。这些可操作的政策法规和实施细则主要表现在计划导向、人才政策导向、税收扶持、信贷扶持、财政扶持和法律保障等方面。

（三）我国高校产学研合作教育的发展趋势

产学研结合是现代经济、教育与社会其他相关方面发展的必然结果，是国家创新系统工程的一个有机组成部分。高校产学研合作教育是产学研结合在人才培养中的具体体现，是一种全新的教育理念和模式。产学研合作教育强调工作实践在人才培养中的重要作用，符合我国教育与生产劳动相结合的教育方针要求和中共中央、国务院深化教育改革全面推进素质教育的精神，是贯彻落实培养社会需要的高素质人才的有效途径。高校产学研合作教育虽在理论和实践上都已表明是培养技术创新人才的有效模式，但从目前开展的深度与广度来看，其中还有很多问题有待研究和解决。当前我国各行各业都在开展产学研合作教育的相关工作，并不断总结经验，不断提高产学研合作的效率，使之能更好地为我国的社会主义现代化建设服务。

1．促进我国创新型人才的培养

21 世纪，知识经济时代的降临在给各国带来各种机遇的同时，也对高等教育提出了更高的要求。人才培养，尤其是创新型人才的培养成为了各国增强核心竞争力的重要途径之一。高等教育必须以知识和技术创新的根本要求为出发点，在更高意义的层面上实施具体的人才培养活动。然而，大学要独立实施创新人才的培养，在教育资源和教学条件上是十分有限的。产学研合作教育为创新型人才的培养提供了一个新思路，是一种全新的人才培养模式，通过教学、生产、科研的有效结合不断创造出教育的各种有利条件，发挥培养创新人才的巨大教育潜能。

2．拓展教育的服务功能

当今社会，科学技术日新月异，经济全球化日益明显，这些反映在教育尤其是高等教育上，服务功能得到更加充分的体现。一方面，现代经济发展中科技因素的增长，迫切需要更多有现代科学知识武装和受过相当技术技能训练的劳动者；另一方面，高等教育直接参与科技知识和科技新成果的创造，已经成为任何一个国家发展科技事业不可忽视的重要力量。在现代科技知识更新日益加速的形势下，教育部门不仅担负着日益繁重的普通教育的任务，而且必须担负起为生产部门和科技部门中从业人员进行继续教育的职能。新时期社会的发展使得教育不能漠视迅速变化的经济和科技需求，相反必须增强自己的社会适应性。因此，走产学研结合的道路是现代社会发展的一种必然趋势，产学研结合是大学服务社会功能在现代社会的发展和延伸。

3．政府的支持力度将进一步加大

我国当前正处于社会转型期，产学研合作教育需要政府的政策与制度支持。即使在市场机制较为完善时期，政府在产学研合作教育中的地位和作用亦是不可替代的。产学研合作教育不仅需要政府的政策、制度和法律支持，而且需要政府大力支持和严格监督产学研合作教育中介机构的依法运作行为。在这种需求之下，我们预测在将来，我国政府在对产学研的支持力度上将进一步加大，可操作性的政策及法规也将进一步加深。

4．产学研合作教育出现新发展

目前我国的产学研合作教育的历史不长，许多的工作还处于试点或起步阶段。未来我国的产学研合作将会在各个方面表现出更大的发展，产学研合作教育模式将更加多样，一些新型的教育模式将应用于更广泛的领域，并且随着知识经济全球化的步伐的加快，产学研合作教育也将走向国际化。产学研合作教育作为一种新的教育理念和模式，顺应了当前世界经济与科学技术的发展趋势。它作为一种开放性的培养技术应用型人才的理想模式，将会给高校、产业界和科研单位三方带来效益。随着当前各种问题的解决，以及经验的丰富，产学研合作教育在我国的发展定将会有更广阔的空间。

第二节　影响我国高校产学研合作的因素

一、影响高校产学研合作的一般因素

高校产学研合作涉及高校、企业、政府、市场、制度、环境各个方面的主体和要素，是不同系统的组合，它们各自的运行机制、目标、价值取向各不相同，主要与以下因素直接相关。

（一）产学研合作的动力不足

由于我国体制改革还未完善，产学研合作及技术创新处于起步阶段，从客观上造成企业在产学研合作中的主体地位不明显，仍需要政府部门进行调控、引导。从主观方面看，没有人会对国有企业的保值增值负太大的责任，因为国有企业不论技术创新成功与否，都不牵涉到领导者的利益。而且一些思想保守的领导还认为，负担是职工的，责任是经营者的，风险和债务是企业的，而技术创新形成的效益和资产却是国家的，因此导致企业的创新积极性不高；与此相反的是，民营企业却拥有较高的创新意识，因为它们没有国家这个强大的经济后盾，它们面临的是若不创新则被淘汰的市场竞争，因此对技术创新的积极性很高，但它们在选择产学研合作创新的时候，又多停留在模仿和"喂食"上，过多注重自身的短期利益，缺乏远见的创新认识，忽视对先进技术的消化、吸收和创新，偏重技术设备的引进和重复建设，失去了实际意义上的创新主体地位。

（二）利益分配不明确

在我国现阶段的产学研合作创新各方的利益分配方面，如果处理不好，则会造成前功尽弃，尤其是在创新转化资金的分配、知识产权的分配等方面。在一些产学研合作的项目中开始时，科研机构和高校提供的技术非常好，企业合作的积极性也很好，因为初期各方谈判地位的不同，还比较容易达成一致协议，但合作的过程却是非常艰难。当看得见的风险或利益越来越近时，常常会发生一些不愉快的事，尤其是在科研成果转化为能带来经济效益的产品时，大家为了各自的利益相互争斗，可能把一些很有发展前景的合作创新扼杀在摇篮里，使得合作不得不最终停止。可见，在我国现阶段的产学研合作创新各方的利益分配直接关系到工程能否顺利的完工，只有将这一项工作做好，才能保证工程的顺利进行，而处理不好，将会导致各方利益的流失。

（三）评价体系不健全

健全产学研合作创新的评价体系，是一项势在必行的工作。传统的评价体系忽略了科技成果的"市场价值"，只能体现"技术价值"，它以获得国家经费多少、发表论文的数量来评定科技成果的"价值"，这种评价体系导致科技成果不具有市场领先性，不具备工业化生产可行性，同时缺少必要的服务支持等。只能进行与生产实际脱节的研究，科研仅单纯追求学术价值和地位，缺乏实用的新产品、新技术，单方面科研成果、理论成果多。这种市场价值的欠缺，造成科技成果的有效供给不足，所以说，健全产学研合作创新的评价体系，是一项势在必行的工作。

（四）科研成果难以满足企业的需要

目前，由于高校的科研项目具有知识、智力和技术密集的特点，形成申请专利项目成簇化，多为综合性技术；原创性发明创造少，小发明创造多，研究成果不连续、完整，相当部分处于不够成熟的实验室样品阶段。另外，高校和科研机构向企业提供的技术及产品比较单一，满足不了企业规模化的大生产对成套技术和装备的需要。从以上分析可以看出，高校和科研机构提供的科研成果在数量、质量以及生产技术等方面与企业需求有差距，是制约高校产学研合作顺利进行的重要因素之一。

（五）产学研合作服务和管理水平有待提高

从管理的角度讲，随着我国高校与企业的合作在内容、形式上的不断拓展，各类新的组织机构不断出现，如产学研办公室、基金会、与地方的工业研究院、校企联合研究所等，数量众多，也增加了学校管理和协调的成本，有的流于形式，没起到实体性作用。另外，关于知识产权的纠纷日益复杂，科研人员对专利保护的意义和作用认识仍不深刻，这都为管理提出了挑战。从服务的角度讲，科研人员作为科技成果的持有者，没有太多精力和能力进行市场的深入调研、科技成果的评估、成果转化的后续跟踪了解和服务。作为科技成果需求方的企业，目前由于信息、技术、人才等方面的原因，也很难对所有的科技成果逐个进行严格的评估和筛选。

（六）企业自身主体创新意识不足

许多企业在生产实践中对战略意识和长远规划有所欠缺，尤其缺少依赖科技创新发展的根本措施，对于与高校和科研机构合作破解企业生产瓶颈的办法更是缺乏。企业的实力不足无法承担由于技术创新而给企业带来的巨大市场经营风险，与此同时，风险投资也不能有效减缓企业由于技术开发而带来的风险，产学研合作和科技成果转化也受到了极大的影响。

（七）产学研各方难以实现深层次的合作

随着我国经济的快速发展，高校与企业多种合作形式越来越多，但高校教育教学与企

高校产学研合作的理论与实践

业生产营利性存在着以下不容忽视的问题：一是差异性，高校是教书育人，而企业是以利润最大化为目标；二是在合作的效益上短时间无法体现，而且还不断增加合作过程中的风险；三是没有权威技术评估机构进行评估，加上我国的知识产权的立法还不是很完备，产学研各方的利益分配上很难达成平衡。究其原因，高校所提供的科技成果只是实验室的样品，成熟度不高，距离企业所需求的工业化规模生产的差距相当大，企业的营利性特征需要尽快形成批量规模生产和经济效益良好的新技术；另外，许多企业对于科研成果要求苛刻，提出诸如直接将科研成果送到生产线上等，不合理地将风险转嫁给提供科研成果方，这样就可能造成许多发展前景良好、价值较高的科研成果不能及时转化。

二、影响地方高校产学研合作的主要因素

（一）政府参与不足

与多数发达国家相比，我国的高校产学研合作中，既没有立法层面的保护，也没有政府直接的干预与政策引导，总体上处于自由组合阶段，尽管科技主管部门、工业信息管理部门通过提供项目合作与转化方面逐年也在增大投入力度。但由于受企业科技创新动力不足，高校科研成果对接实际的目标不清等因素的影响，高校产学研合作的实效依然有限。可以说，各级政府在促进产学研合作方面，无论从思想认识方面，还是从政策引导方面，还难以对地方高校产学研合作产生推进作用。

（二）企业创新实力和动力不足

一方面，由于规模企业数量不多、效益较差，所以无力进行产品开发创新研究。以长春市为例，作为全国 15 个副省级城市之一，截至 2012 年底，长春市拥有高新技术企业147 家，排在最后一位。而深圳、广州达到了 3000 余家，即使济南、哈尔滨这样的城市，也超过了 1000 家。高新企业数量不足，是产学研开展面不宽、不深的主要根源之一。即使像中科院光机所、应化所这样的国家级研究单位的成果，有些因为地方难以提供相应条件，产学研合作难以实现，因而落户南方各省。

（三）高校科技服务能力不足

以吉林省的本科院校为例，吉林省属高校数量较多，师范类院校有 5 所、工科为主的院校 4 所、综合类高校 3 所、农业类院校 3 所，但科研能力仍感不足。主要体现在：一是高校的主干学科对吉林省 10 大支柱产业的覆盖率还不是很高；二是很多科研成果还只是停留在实验研究阶段，高校科技人员以发论文、申报专利为主要阶段目标。要想使成果真正走向转化，还缺少中试环节与政府扶持。很多成果处于"前后不搭"的状态。

（四）产学研中的合作风险

产学研合作是一种市场行为，充满风险，整个过程中的不确定因素影响着合作目标的实现。产学研各方拥有各自不同的信息和资源，形成了不同的资源优势，由于信息与资源的不对称、渠道不畅通，往往会损害信息劣势方利益。由于技术的不稳定性、市场的不确定性以及投资强度、人才技能、外部环境等因素的不确定性，都可能进一步导致各方对合作模式的不同选择。利益分配是产学研合作关系中起决定性作用的因素之一。在产学研合作艰难的案例中，其重要原因就是在产学研创新中各方利益未能进行很好的处理，尤其是知识产权分配、创新转化资金分配等处理不好，导致各方利益流失。

三、影响应用型高校产学研长期合作的因素

高校产学研合作是应用型高校建设的重要内容之一。应用型高校的产学研结合就是应用型高校与区域内企业之间进行人力、财力、物力、信息和技术的整合、重新配置，以实现各种资源和能力的整合优化，达到产学研各方合作共赢的目的。

（一）应用型高校产学研合作的基本内容

应用型高校产学研合作的内容一般包括：第一，高校以企业发展的需求为重点进行人才培养，通过与企业的合作提高和充实高校教师自身的技术能力和讲课水平，培养应用型人才，实现高校与企业之间共享人才资源；第二，高校与企业共建各种类型的产学研合作机构，共同推动科技成果的转化；第三，高校通过各类教育和培训系统为企业输送合适的人才，高校与企业共建人才培养和实习实训基地增强人才的实践能力；第四，高校以项目或课题为依托，教师通过参与企业的技术攻关、技术合作参与地方经济建设，帮助企业解决实际问题。

（二）影响应用型高校产学研长期合作的主要因素

1. 高校的产学研定位

产学研合作是应用型高校发展的必由之路，否则应用特色无从谈起。然而，应用型高校的科研能力较弱，技术攻关能力或提供管理的经验相对不足。在产学研合作定位上应该避免与研究型大学的同质性竞争，立足于错位优势，在强势学科、特色专业与对口的行业和众多中小企业开展全方位合作，以市场为导向，集中力量在解决地方经济和行业发展的重大理论和实践问题上。

2. 合作动力的持续性

产学研合作能否具有长期性，关键是各方是否具有长期合作的动力。首先，高校与产业界合作过程中存在着信息不对称和目标不一致问题。企业关心的是利润，而高校教师则更多地关注研究的学术价值、成果能否公开发表、获得较高级别的课题的可能性

等。企业与高校的目标差异太大，在一定程度上抑制了产学研合作的内在动力。其次，由于大多数高校普遍存在重视纵向课题、轻视横向课题，所以，教师在与企业进行产学研合作的过程中表现出的积极性并不是太高，有的甚至只为完成学校规定的科研任务即可，缺乏真正的产学研合作热情和持续的动力。最后，产学研合作的应用性成果在实施过程中难以准确地计量。高校对科研人员是关注科研论文的评价与考核，而不愿意从事产学研活动。产学研之间的利益分配缺乏适当的激励机制，挫伤参与方的热情和积极性，从而使得高校的产学研活动难以长期持续发展，呈现出暂时性、非连续性等特点。

3．教师的技术知识和社会服务能力

从高校的角度看，推进和实施产学研合作的主体是教师。我国应用型高校的中青年教师绝大部分是从高校毕业就从事教学工作的，理论和学术功底厚实，企业和社会实践经验不足，学以致用、产学研紧密结合的理念薄弱，缺乏能够与企业的科技人员进行直接沟通与交流的校企两用型复合人才。部分应用型高校开展的产学研结合主要形式局限于教师带领学生到相关企业参观、考察、进行座谈等低层次合作，缺乏与行业和企业进行深入合作、技术联合攻关、科研成果转化等高层次合作内容，不能形成高校与企业的互动双赢。总的来说，应用型高校的师资队伍在数量、质量和结构等方面，都落后于经济发展的速度和要求。

4．外部环境

尽管我国各级政府部门为了推动产学研合作制定并实施了一系列的相关政策，但产学研合作的外部环境仍然存在许多不完善之处，主要表现在：第一，我国的科技创新仍然以国家投入为主，大多数企业的研发、科技成果转化的动力不足，许多企业过分追求短期的经济利益，不愿投入研发资金，科技和经济脱节现象比较严重，一些科技含量高、市场潜力大的科技成果难以在企业转化和推广应用，无法转化成现实的生产力；第二，各部门、科研机构间的条块分割依然存在，缺乏统一协调；第三，中介服务体系建设相对滞后，中介机构的服务功能单一，信息滞后，无法适应产学研合作的需要，没有在科技成果的供求方之间架起一座桥梁，影响了产学研合作的实际效果，产学研之间的信息沟通机制不健全，高校难以及时了解和掌握企业面临的技术和管理难题，由于信息沟通的不畅，使得高校教师的技术专利，要么被束之高阁，要么技术创新不符合企业的产品实际需求，产学研合作难以真正实施；第四，在利益保障机制不到位的情况下，产学研各方无法做到共同投入、共享成果、共担风险，合作无法长期坚持，由于产学研各方对知识产权、成果转化收益等合作成果的分享缺乏具体的明确约定，对可能存在的技术风险、市场风险和管理风险估计不足，因此很容易产生契约纠纷而中止合作；第五，产学研合作缺乏稳定的金融体系支持，资金短缺时常困扰产学研合作的顺利进行。

第三节　促进我国高校产学研合作的建议

　　高校的地理位置和隶属关系决定了其科技创新资源的获取绝大多数来自于地方，因此，为地方经济建设和社会发展服务，是高校义不容辞的责任，也是高校生命力之源。高校科技创新能力的提升在客观上与地方经济的发展要求是一致的。因此，产学研合作既是高校服务地方经济建设的有效手段之一，也是促进高校科技创新能力提升的有效路径。促进高校产学研合作必须转变办学理念、拓宽科研范围。高校领导要以产学研结合为战略抓手，把促进产学研结合与人才培养、学科建设、科技创新和学校管理等各项工作结合起来，建立健全产学研合作机制，为产学研可持续开展提供资金、技术、人员等切实保障，使学校的发展更加贴近经济建设和社会发展第一线的要求；广大师生都要进一步提高认识，积极投身产学研结合。与此同时，首先各级教育行政部门都要把推动地方高校产学研结合摆在重要位置，形成有利于地方高校产学研结合的政策环境和体制环境。其次要持续稳定的增加对产学研合作的投入。稳定持续的投入对产学研合作的推进很有价值。政府部门要逐步建立产学研结合专项资金，用于支持产学研合作项目和产学研创新载体建设等，并逐步增加专项资金的投入规模。巩固加强金融资本对产学研合作的支持，并加大对创业风险投资企业的扶持力度，降低在产学研合作主体在合作过程中的风险。再次要加强产学研合作的组织和领导。要建立以政府主导，高校、企业协作共进、互动发展的工作机制，即产学研联席会议制度，建立宏观协调、企业结合、高校承载的三级架构体系，多方共同推进产学研合作工作。将产学研工作纳入对所属有关部门各级领导的目标责任考核中。提高各方对产学研工作的认识，积极营造产学研合作的良好氛围，吸引国内外更多的高校为企业提供技术支撑。最后要建立健全产学研合作法律法规。政府对产学研合作的宏观管理，主要是根据产学研合作的发展实践，及时地变革旧的不适应产学研合作需要的方针、政策、制度等，以应对产、学、研各单位的呼声和要求，使得产学研合作能够顺利规范地进行。此外，还要建立健全科研成果评价制度和激励机制，鼓励科研机构、高校积极参与产学研合作，制订激励产学研相结合的税收、土地使用、人才引进、金融和中介服务等各方面的法律、法规和政策，营造良好产学研合作氛围。具体建议主要有以下几个方面。

一、优化高校产学研合作模式

（一）明确高校自身的定位和职能

　　人才的培养、科学的发现和对社会做出服务是高校办学的三大职能。无论采用何种模式进行产学研合作，高校都不能忘记育人为本的宗旨，这是高等教育之本。高校要做到以育人为主展开一切教学工作，即使是产学研合作也不例外。所以对于人才培养的产学研合作模式对于任何一所高校都是可行的。因此，高校对产学研的结合要有一定的思想观念转变，并且给予一定的重视程度。在产学研合作过程中要给那些富有能力的教师足够的支持和鼓励，不能走形式，要做到把高校的三大职能落实到教师身上，而不能单纯的以学术或某些人为的评价来压制教师，这样才能把产学研合作办好并且也能促进国家向创新型的方向发展。不过，高校也要对教师的思想做一些引导，使得教师能够多了解市场的需求，并能够针对性的做一些科研项目或技术开发，使应用类的研究成果能够联系实际，从而能够服务于企业的科技创新。

（二）选择适合的产学研合作模式

高校在选择产学研合作模式时应该侧重从对人才的培养、科学研究和对社会的服务等方面进行，因此，只要是能够符合市场需求和高校自身发展的模式都是适合的产学研合作模式。例如，以研究为主，培养复合型、创新型人才的高校，其选择的产学研合作模式应该是高科研之路。地方高校产学研合作模式选择，应从以下几方面着手。

1. 通过借鉴与不断探索，逐步走向立法加以根本解决

建设创新型国家的根本出路在于制度保障，制度之上应由法律保障，法律之上应有文化保障。在我国现有条件下，产学研合作有效开展的出路在于市场驱动下，企业、高校在政府的引导与协调之下，联系企业和高校各方利益，借鉴发达国家成功经验，最终逐步建立国家层面或者地方政府方面的法规措施，确保产学研合作的长期性、稳定性、合法性、有效性。目前条件和时机还不成熟，但未来发展方向应当是明确无疑的。

2. 提高认识，发挥政府主导作用刻不容缓

地方政府在建设创新型地区发展战略中，必须走"创新驱动"之路，而创新之路上，政府作为重要资源的主导者和社会管理者，无论对企业还是对高校，都具有很强的约束力和指导力。地方政府对地方企业和高校的引导是撬动企业与高校联合的关键要素与中介；这个连接作用只有政府是最好的人选。各级政府部门，特别是县一级地方政府，在充分认识地方企业必须走向创新型之路的过程中，应该而且能够发挥重要的作用。比如，吉林省地方高校56家、本科28家、高职高专28家，如果将全省41个县级企业分类与省属各级各类高校实行技术与专业对接引导，则势必会打开一扇通向产学研合作深入的希望之窗，而这些举措只有通过一级政府才能实现。总之，地方政府对产学研合作给予一定支持、鼓励、引导是十分必要的，如针对大中型企业，支持大中型企业与大学和科研机构联合开发关键技术和共性技术；针对中小型企业，重点支持地方高校的科研成果向中小企业转移。地方政府要对地区发展的重点行业、重点领域及关键技术的研发进行设计规划，有目的地支持有关企业及高校、科研机构开展创新研究。

3. 鼓励支持，扩大企业在科技创新中的主体作用

在2013年初召开的全国科技创新大会上，国家明确提出企业应是建设创新型国家的

主体。吉林省大多数地方企业科技含量较低、新产品的研发投入小、企业研发人员比例小，已经成为制约企业进一步发展的核心问题。因此，一方面政府应该积极鼓励制定相关政策，加快企业产品升级改造、加大人才引进提升力度、保证企业研发新产品投入；另一方面应积极促进地方高校与企业的"技术联姻"，使产学研合作成为地方企业腾飞发展的后盾。对一些科技实力相对较弱的企业，高校科技人员应该通过为企业解决技术问题，提升自己的研究能力与技术水平。

4. 贴近地方产业发展需求提升服务能力，是地方高校的唯一出路与选择

地方高校要想在竞争激烈、群体强大的高校队伍中不被淘汰，必须紧紧抓住社会需求与地方高校之间的契合点，充分发挥自身潜力，挖掘特色，深入分析和把握人才培养特点，积极为地方经济建设服务。地方高校只有结合地方经济建设和社会发展的战略部署来制订高校科技工作的发展方向，把高校自身的发展融入地方经济建设与社会发展之中，才能从服务地方中获取生存和发展的必需资源。地方高校科研发展的指导思想应该是为地方经济服务，应该充分发挥其所在地区的资源优势，以地方产业发展需求为导向，通过为本地区的支柱产业、主导行业和中小型企业解决技术难题，为行业和企业的生产现代化提供有力的技术支持，通过不断整合科研资源、优化学科结构，打造特色学科，构建与地方产业链相匹配的课程群与学科链。

（三）主动贴近市场，加速科研成果转化

高校在做科研之前应该多了解市场所需，适应市场的发展，从而做关于市场需求的科研项目并能够将其转化为经济产物，从本质上解决停留在实验室中的科研成果，并且企业的参与能够推动高校与企业之间的技术落差，也加速了高校高新技术成果向现实生产力的转化。所以高校选择主动贴近市场，是加快对人才的培养，也是高校培养人才服务社会的目的。

二、高校产学研合作的成果应以市场为导向

由于我国企业技术基础薄弱，不同于发达国家的企业有较强的吸收、开发能力，我国高校科研人员与企业的合作，既有研究，又有开发推广。因此，高校在产学研合作的管理体制、结构布局、课题选向、人员组织、鼓励措施等一系列问题上应积极转变观念，进行变革。在项目选择上，强调面向经济、重视市场，增大适用技术比重，增强"市场观念"，克服"先科研，出了成果再找应用"的模式。对应用性的研究更是强调市场导向，面向国内国际两个市场。在成果评定上，强调水平与效益的统一，注重中试、二次开发及进一步的推广应用。从校领导到科技人员，都进一步取得共识，增强转化意识。比如采取各种措施，鼓励科技人员到生产第一线，充分肯定和尊重他们的劳动成果和业绩，为增强科技成果应用性和成熟性，创设"百万元效益奖"等。在技术转移上，改变过去单纯注重关键技术攻关的做法，更强调技术的成熟性、配套性和进一步的产业化、国际化，以利于

企业直接产生和实现规模效益。另外，成立研究所或研究院都是新的发展趋势，它有利于发挥学科群和综合学科的优势，促进学科的交叉、融合，组织团队攻关。

三、完善高校产学研合作教育机制

（一）加强政府的宏观调控和政策支持

政府的宏观调控和政策支持是高校产学研合作教育持续、稳定发展的外部保障机制。在现阶段，我国高校与企业之间缺乏耦合的机制和条件，科技职能与经济职能分割比较严重，科技与经济相脱离的现象日益加剧。政府要以自身的优势主导建立多方参与的调控、管理和协调机制，积极投入并广开渠道为产学研合作提供多形式、多层次的服务体系。一方面，产学研要依靠市场配置社会资源，通过市场规律自发作用来满足产学研各方的利益，步入良性循环；另一方面，政府要加强规划管理，突破校校合作、科研机构与高等院校之间、校企之间的界限概念，调集社会资源，在更高级别层次上统筹国家科技发展政策和产业发展政策，加强政府部门政策协调，引导和调动合作主体保护知识产权、保障科技成果的转化和形成核心竞争力，使产学研合作真正在政府的引导和协调下形成"科研—转化—效益—科研"的科研产业链，实现产学研主体的长期可持续合作和深层次合作。

（二）地方高校要立足民生科技服务

在高校产学研合作教育中，地方高校的特色优势集中体现在以培养应用型人才为目标，以及建立在地域自然、人文环境基础上的"实地"科技创新服务特色上，二者都与民生科技存在着高度的耦合性。在产学研合作方面，地方高校需要因地制宜，优化专业配置，体现产学研合作教育的特点，为地方经济培养创新型人才，建立专门的科技产业化服务机构，坚持"科研课题的确立来源于生产实践，科技成果及时转化为生产力，为生产服务"的科技创新思路，与企业建立多层次、全方位的合作，鼓励以技术入股、利润分成、销售额提成等为主要合作形式，形成良性互动、利益共享、风险共担的高效合作机制，形成高校科技创新服务与地方经济社会互动发展的良性循环机制。

（三）建立高校产学研合作教育的长效机制

产学研合作教育即协同创新是由学校和企业、科研院所合作，将理论学习与实践训练相结合，培养学生的实践能力和创新精神，全面提高学生素质、培养适应社会发展需要的新型教育模式人才。产学研合作教育是高等教育适应经济社会发展需要、培养具有创新精神和实践能力的高素质人才的有效形式。为提高学生对社会与生产的适应能力，高校应当加强产学研合作教育，为学生提供广泛的社会接触面和根据个人兴趣创新的各种机会。高校作为培养人才的重要场所，科研水平的高低是其综合实力的重要标志，也关系到人才培养的质量。我国科研系统主要由高校、科研院所、企业科研机构三大部分构成。目前，这三个科研子系统各自独立运行，长期处于"封闭"状态，高校、科研院所、企业之间基于利益驱动的自愿协同创新尚未成型，造成基础研究、应用基础研究、开发研究没有形成一个完整的链条，导致科技创新能力不强，因此，要加强产学研合作教育即协同创新。只有大力推进协同创新，才能促进高校体制机制改革，使人才培养和科学研究更能紧密地与社会需求结合起来，同时促进科技与教育密切结合，以高水平的科学研究支撑高质量的高等教育，在建设创新型国家中才能承担更大责任。在实践中，目前高校把产学研过于"纯粹化"，高校与企业合作中存在着较多信息不对称的情况。一方面高校的科技成果找不到合适的企业实现转化；另一方面企业存在技术需求，但找不到合适的高校合作。这就要求高校在产学研合作中及时建立高校科技人才及成果信息资源库，完善产学研合作信息网络服务平台，依托信息库及时动态发布高校科研成果信息和企业信息及技术需求，并结合举办高校科技成果展示会、科技推介会、洽谈会等，拓宽高校科技成果转化的途径，促进高校科技资源与企业技术需求有效对接，加速高校科技成果转化和产业化。在信任机制和利益分配机制建设方面，产学研合作各参与方要充分认识和理解合作的内涵，注重理念和机制创新，不仅要注重科研成果转化的经济效益，还要更注重其持续转化的综合社会效益。同时，必须兼顾建立完善科技创新成果评价体系，改进传统的以论文、获奖和专利等作为科技成果主要体现形式的评价方法，鼓励教师面向市场开展研究，引导教师积极参与，充分利用企业的优势资源实现提升科研人员素质和水平、培养具备实践经验的创新型人才的合作目的，实现合作"多方共赢"格局。

四、实现高校产学研合作创新

（一）加快高校产学研合作管理兼服务型职能的转换

在科研管理上，为使得合作规范化、制度化、法律化，推动科技人员面向市场、面向企业、面向地区经济发展的需求，同时也为了调整由合作带来的新的冲突和矛盾，我国高校应成立专门的管理机构，依照国家规定制订一系列校内相关措施。例如，对技术合同的审定细则和监管程序，对产学研共建研究机构的统一归口管理和整顿清理，对教师校外兼职、离岗实施产业化等的明确规定。其中，知识产权的管理和保护问题，既是解决纠纷的需要，又是我国高校提升竞争优势的需要。对成果归属、专利转让等的规定，以及设立科技成果转化基金、职称晋升和奖励导向等政策，最大限度地调整好企业与学校，学校与院系、教师之间的利益关系。

（二）健全高校产学研合作的联动机制

众多企业兴衰的事例证明，能否适应市场的要求，顺应市场的发展变化，及时调整企业的战略，组织配备资源开发和生产，在企业自身力量不足以应对市场变化需求的前提下，寻求和坚持产学研合作是保持企业市场应变能力和市场竞争力的有效保障。比如，深圳市东江环保股份有限公司与清华大学在固体废物处置与资源化领域，充分利用清华大学的技术和人才，结合深圳市东江环保股份有限公司的资金、市场和成果转化优势，联合成立重金属资源化与控制技术联合研究中心，在固体废物处置与资源化领域开展合作。通过合作，成效显著。由此可见，高校产学研合作在该领域强大的科研能力，并且科研成果转化效果显著。企业应从多个层面加强与高校的合作交流，健全产学研联动机制，形成企业与学校共生共赢的局面。

（三）营造高校产学研合作的良好氛围

高校产学研合作不仅仅只是鼓励教师搞科研，同时也要鼓励对科技成果实施转化，允许教师离岗自行实施转化，或以技术入股等方式转让到企业。教师在成果转化工作中的贡献应作为相关技术职务聘任及工作业绩评定的条件，肯定教师能够依法获取报酬的追求。高校还要认识到进行科技推广工作的重要性和艰巨性，除了认真执行国家科委关于科技成果鉴定、科技成果登记、科技奖励申报等工作中关于应用证明的有关规定之外，还应设立"科技成果推广应用效益显著专项奖"等奖项，进一步促使科研人员重视成果的实际应用及效益。高校还应建立一支懂技术、懂法律、会管理、善公关的技术评估和技术经纪人队伍，有效地将高校的科技成果推向社会。在维护国家和学校集体利益的基础上，注重维护学校科研人员的权益；鼓励发明创造并申请专利，鼓励专利实施和转化，专利实施意味着在研发中形成的自主知识产权转化为高新技术产品。在当前的市场经济条件下，专利实施的途径主要就是加强同地区、企业多形式、多渠道、多层次的横向科技合作，发挥大学知识产权辐射源和企业在科技成果转化中的主体作用，推进高科技成果的产业化。

五、完善高校产学研合作的保障机制

（一）完善高校产学研合作政策法规与激励机制

产学研合作是学术界与产业界通过资源与能力互补，以实现共同提高为目的而建立的合作组织形式，在合作中能达到 $1+1>2$ 的效应。但由于以高校为代表的学术机构与产业界在组织形式、工作目的、体制以及价值观等方面存在差异，在高校产学研合作中往往会产生一些冲突与障碍，因此还需要进一步完善相关的政策法规与激励机制。

（二）设置与校内产学研合作发展需要相适应的促进机构

高校传统的组织设置已越来越难以适应当今产学研合作发展的需要，为处理日渐增加的产学研合作业务，成立职责明确、功能到位、效率高、专业化的产学研合作促进机构，并与高校自身的发展及社会发展环境相适应，这也是世界各国高校普遍的做法。这些机构应该通过各种形式、多方位地促进产学研合作的开展，其职能是负责产学研合作联系、组织研究成果与专利技术评估与申报、实施知识产权管理与技术转让、提供合作业务事务性服务与管理等。

（三）建立高校产学研合作的综合服务支持系统

高校产学研合作虽然以学术界与产业界为主体，但是它的运行却涉及社会的方方面面，影响着社会整体的发展。在产学研合作的技术转移中，需要相当的资金投入，并具有较高的风险，一般情况下，企业只愿意承担合作中的部分风险，这就要求政府在政策与财政上给予必要的支持，并引导金融与风险投资、法律、综合事务服务等相关机构共同介入，形成综合服务支持系统，共同承担研究开发的风险与事务管理，使得项目的每一阶段都有相应的机构为之服务。

（四）制订有利于内外人员交流的人事制度

交流是合作的基础，人员是知识与技术最重要的载体。因此，在政府层面上，要消除或放宽高校学术人员到企业兼职的各种限制，破除相关的法律屏障，利用政策吸引与鼓励等方式，促进学术界与企业界相互间人员的沟通、交流与互换。

六、完善高校产学研合作的法律政策

法律政策在高校产学研发展过程中起着至关重要的作用，这些政策的实行规范了高校产学研合作的发展，并对高校、企业在产学研合作中发挥的作用进行明确规定，增强企业和高校的责任感和使命感。因此，法律政策的制定对高校产学研合作的发展十分重要。

（一）完善高校产学研合作法律政策的整体思路

高校产学研活动是目前我国教育体系倡导的重要办学思路，对于高校的发展具有重要的战略意义。但高校的产学研活动涉及的不仅仅是学校和学生，而且关乎社会众多机构部门的利益和权利，因此，关于高校产学研的法律政策是涉及多个法律部门的，是一个完整的法律保障体系。在完善产学研的各项法律政策条例时要有一个完整的思路框架，明确划分各部门、单位的利益，保障各方面的权益都能得到落实。产学研方面的法律条款是以《产学研合作创新促进法》为基本法的，同时，还需借鉴《科学技术进步法》等方面的相关内容，构建一个相对完善的高校产学研合作法律保障体系。

（二）完善技术成果转移的法律制度

高校是我国科技创新的一个圣地，尤其是推行产学研合作以来，科研、学术、科技创新取得了突破性的进展，为国家的发展进步起到了巨大的推动作用。但是，我国关于技术成果转移方面的法律程序还不完善，使得许多科研成果没有及时转化，造成了巨大的浪费和经济损失。因此，我们要及时地完善技术成果转化方面的法律，激励合作主体自觉地进行技术转移，改进完善《促进科技成果转化法》，把每年的技术转移项目资料交由相关的机构妥善管理，把技术转移所得收益合理分配，奖励发明人、负责人，添置实验设备等。另一方面，要完善技术转移的各项合同，避免发生矛盾和争议，对于合作双方的权利和义务做出明确的法律规定：一是规定双方要对技术进行保密，保障各自的利益，避免出现重复合作或者欺诈的行为；二是规定供给方要及时提供后续的服务；三是规定供给方对于原有的技术具有不以营利为目的的使用权等，违反规定的一方要负法律责任。完善法律法规，切实保障各方利益，促进科学技术成果的转化，促进我国经济的发展。

（三）完善利益分配机制

高校科研人员开展科研不仅是出于学术需要，也是为了获取自身利益、实现自身价值，各项科研成果及时地转化为科学生产力，既能促进我国经济的发展，也能够给高校和个人带来足够的经济收益和名誉。因此，我国要完善利益分配机制，促进科研的发展和科技成果的转化。首先，在进行利益分配时要坚持科学的发展观，坚持"谁开发谁收益，谁投资谁获利"的原则，实现各方的合作共赢，促进高校产学研的更好更快发展；其次，在高校、企业、科研机构利益共享、风险共担的基础上开展产学研合作，可采取提成、技术入股的方式进行合作和利益分配，提高各方的风险意识和合作承担意识；再次，要改变高校和科研机构的传统观念，在进行人才培养时要注意风险意识和社会责任感的培养，在与企业合作，共同研究时要坚持市场导向的原则，自觉地承担社会责任；最后，政府机构要积极主动的推动高校产学研的合作创新，加强各界的交流合作，促进行业的共同进步。总之，高校产学研合作是我国高等教育的重要策略，它不仅可以提高师生的科研水平和创新能力，也可以给学校和个人带来巨大的经济收益，推动科学成果及时地转化为科学生产力，推动社会的进步和发展，是利国利民的好事。目前，我国的法律体系还不完善，关于产学研方面的法律法规还需进一步完善，但是，我们要注重法律在高校产学研方面的作用，及时地维护各方面利益，促进高校产学研的发展创新和社会进步。

七、构建应用型高校产学研合作的长效机制

高校产学研合作是应用型高校发展的关键。近年来，高校逐步加强了产学研合作方面的努力，取得了很好的社会效果。应用型高校建设产学研合作长效机制可供实施的一些具体路径介绍如下。

（一）培育校企两用师资队伍，加强学科建设

不论是从完成基本教学内容、提高教学质量出发，还是从提高学校的影响力、知名度或者为构建服务型教育体系出发，都必须解决好师资队伍的建设问题。目前许多高校都非常重视教师走出去与企业建立广泛的各种产学研合作关系，积极引导和支持教师要经常深入企事业单位的生产第一线，帮助企业解决困难，了解第一线的生产技术状态、技能结构及典型案例，活跃课堂气氛，提高教学效果。参照国内外多所应用型高校在专业设置、培养计划制订、课程体系构建、课程内容建设等方面的先进经验，逐步加强学科建设。

（二）以项目和课题为载体，密切校企全面合作机制

一般来说，高校开展产学研结合往往更偏重于依托企业的条件加强人才培养和科学研究，这种单向性的合作，企业的合作积极性往往不高。为建立产学研合作的长效机制，高校必须充分考虑企业的需求，主动满足企业发展的服务需求，只有这样才能够使校企双方长期共赢。高校应十分注重实践性教学环节，鼓励校企合作的教学模式。目前，已有许多高校与多家企业建立了良好的科研合作关系，以课题或项目为载体，大大推动了产学研工作的深入。

（三）建立完善的校内外实训和实习基地

建立设施先进、运行正常、相对独立和完善的校内外实训、实践基地是开展产学研结合教育的重要保证。北京联合大学商务学院积极与企业进行了大量的沟通，开展了广泛的产学研结合。这不仅调动了企业的积极性，而且还可以解决校内教学中实训、实习条件方面的困难，使学生的校外实习不再流于形式，使实践教学真正落到了实处，实现了学生毕业后就业的平稳过渡。

八、构建高校产学研合作三螺旋联盟

我国高校在产学研合作中非常有必要根据自身实际特点和科研实力，构建一套适合自身情况的产学研合作模式——产学研合作三螺旋联盟。该联盟具有普遍意义，是高校产学研合作的基本路径。

（一）三螺旋理论与产学研合作三螺旋联盟的形成

"三螺旋"理论是由埃茨科威兹和雷德斯多夫教授在 20 世纪 90 年代提出，它是以知识经济时代为背景，特别强调政府、企业和大学三者间的互动合作关系，目的是促使政府、企业和大学三方相互间的信息资源能够充分沟通和分享。"三螺旋"理论的核心是在知识经济时代，高校已成为国家和地方的主要知识资产，其科技研究条件也是国家参与国际科技创新竞争的基础，如果政府能够有效地组织高校中的研究中心、科研小组与具体的市场经济活动建立互动接口，那么政府、企业和大学三方除了能保持自身传统意义上的作用外，三者结成产学研合作联盟，通过相互间的人员、信息、资源相互作用、互惠互利，扩展出更大的社会发展空间，进而创造出更高的社会价值。"三螺旋"下的产学研合作联盟是产学研合作的高级形式，鉴于其在国家创新体系中的重要地位，很多学者对其内涵进行了界定，逐渐取得了共识。研究者们普遍认为，产学研合作联盟是指基于市场机遇，在政府的支持下，企业、高校和科研院所从各自的发展战略目标和战略意图出发，结合彼此的资源或优势而建立的一种正式但非合并的合作关系。从系统特征来说，产学研合作联盟实际上构建了一个"大学—产业—政府"三位一体的合作系统，通过一系列的合作形式与机制，形成三方合作互动的关系。在这个系统中，既有大学

的科研资源，又有企业基于市场需求的灵敏嗅觉与产业资本，更有政府的法律法规保障、政策引导与资金投入。

（二）产学研合作三螺旋联盟的优化

1. 创新科研机制，发挥高校资源优势

众所周知，高校是国家最主要的知识资产集中地，拥有大量高端科研人才、高新技术和综合学科，高校的这些基本特点也是其在产学研合作过程中最重要的资源优势，因而怎样使高校能够充分发挥其职能优势是产学研合作必须解决的一个重要问题。为了充分发挥高校自身特有的资源优势，高校管理决策层需要创新科研观念，改变传统单一的科研成果评价机制，为产学研合作营造出一个良好的外部环境。创新高校科研观念主要表现在高校科研工作要直接面向市场需求和解决企业的实际技术需求，这样才能真正体现高校科研成果的价值，同时在产业转型和产业发展中也能更充分的利用高校的人力资源优势和科研成果，最终还要通过市场来检验高校科研成果的好坏。随着知识经济时代的到来，当前我国很多高校都将建设创新型大学作为其未来发展的一个战略导向，该战略的关键在于高校大力提倡科研创新的理念，激发科研工作人员的科技创新主观能动性，并鼓励有条件的科研人员携带科研技术成果入驻相关企业担任某些职位，以实现高校科研与企业产业发展的无缝对接，同时政府部门要不断完善科技政策，积极运用相关行政手段来整合高校和企业的各种资源，并围绕企业实际的技术创新需求，组织高校的研究学者和企业的技术骨干进行探讨、研究，让双方加深彼此的了解和认识，不断推动企业产业技术的革新和进步。

2. 加大政府参与度，构建校企人才培养互动机制

目前，我国高校承担了各级科学技术设施建设的任务，而科技基础设施条件是知识经济时代衡量国家科技创新能力的重要战略资源。在"三螺旋"理论中，政府是高校产学研合作中非常重要的一环，通过加大政府参与度，可以为高校产学研合作在法律、政策、法规等方面提供切实保障，如美国政府颁布《莫里尔法案》、《国防教育法》等法律法规，为其高校产学研合作提供了科学全面的立法保障。因此，我国政府部门要科学利用各种行政手段、科技政策来为高校产学研合作营造良好的外部环境，鼓励和支持高校产学研合作，给予高校更多的自主权，并以立法形式来引导高校产学研合作的方向。由于高校产学研合作具有投资大、风险高等特点，所以政府部门还需要进一步加大经费投入，为高校产学研合作提供更多的支持，减轻高校科研的压力和企业的风险，使高校科研人员能够充分发挥自身创新活力。另外，高校产学研合作的目的是利用高校的科技资源为企业生产提供服务，即在高校与企业之间搭建一座科技桥梁，而政府部门则是搭建这一桥梁的关键，因为政府可以利用自身职能优势来整合高校、企业双方资源，使高校和企业双方除了保持自身的特有作用外，还能相互作用、互惠互利，进而发挥出更强大的技术创新辐射作用。

3. 完善产学研合作机制，协调各方利益分配

政府、企业和高校三方相互作用、协调一致、共享资源是"三螺旋"理论的核心。近些年，尽管政府、企业和高校三方都已充分认识到产学研合作的重要性，政府部门对高校产学研合作给予了很大支持和鼓励，高校管理层也非常重视，企业的积极性也高，但是由于我国产学研合作实践经验不足，现存的某些体制障碍严重影响了产学研合作的进一步发展。因此，推动产学研合作必须建立完善机制，整合各方科技要素资源，实现优势互补。首先，高校要鼓励和科研人员进行科技创新，支持科研人员以借用、聘用或兼职等方式到企业从事研究开发工作，并将科研成果产业化作为评价科研人员的一项重要指标，同时高校还要加大人才引进力度，消除人才体制障碍；其次，建立健全产学研合作协调机构，政府各主管部门要明确责任，切实加强督促检查和分类指导，落实好促进产学研结合的政策措施，引导企业、高校加大对产学研的技术创新投入，保障产学研合作的顺利开展，并为高校、企业提供全方位的支持；最后，企业自身要有主动进行生产技术创新的意识，积极与高校展开各方面的合作，将自身技术创新的实际需求及时地与高校科研人员进行沟通，并加快推进科研技术产业化。此外，产学研合作还需建立并完善产学研合作创新的风险分担和利益分配机制，以妥善处理合作各方利益分配与风险共担的问题，消除合作障碍，明晰产权利益，使各方的合理利益得到有力保障。

4. 推动成立科技中介组织，加快科研转化速度

大力推动成立科技中介组织是加快高校科研成果产业化速度的关键。科技中介组织的主要作用体现在为企业和高校双方提供相关信息服务，如为双方寻找产学研合作机会、合作过程中的沟通与协调。目前，我国科技中介组织绝大多数都是由政府部门直接设立的，而且数量偏少、形式单一，科技中介组织建设滞后严重制约着我国高校产学研合作的发展。因此，我国高校要结合自身情况，积极推动成立科技中介组织，以帮助自身科研成果及时寻找到相应的产学研合作项目，并推动产学研合作项目的实际落实，加快自身科研成果产业化速度，进而逐渐与企业形成全面合作机制，进一步密切政府、企业和高校三方的合作关系。

九、加快推进高校产学研合作发展

（一）推进高校产学研合作发展的基本思路

早自 20 世纪 50 年代，发达国家就认识到高校产学研合作的意义，逐渐引导鼓励高校科研与生产的结合。几十年的发展，很多国家都形成独具特点且较为成熟的高校产学研合作模式。比如，美国模式内容广泛、合作紧密稳定、经费充裕、成果实用性强；日本模式以官产研合作为特点，强调政府行为，注重规范化和制度化；加拿大模式以高校、学生、企业三方合作为主；澳大利亚在国家和州政府的管理下，依循行业国家资格框架体系，推行"学习—工作—再学习—再工作"的多循环终身教育模式；印度模式重视发展产业界与

大学研究机构及国家实验室的牢固关系。这些都显著提升了本国的科技生产力并推动了经济快速发展。我国于 20 世纪 80 年代后期引进合作教育，起初由于认识偏差产学研合作教育走了一些弯路，在后来的发展中取得了一些成绩，但整体上与发达国家相比仍处于起步阶段，地区之间发展很不平衡，同一地区的各类院校情况也不尽相同。高校应针对高校产学研合作的现状与存在的问题，借鉴发达国家产学研合作模式的成功经验，创新思维，构建科学合理的高校产学研发展模式。一是要构建完善的产学研合作法律法规体系。系统完善的法律法规是高校产学研合作的制度保障。应明确知识产权的归属和利益分配，规范各合作主体的行为，明确各种可能纠纷的处理办法，完善保护各方权益细则。美国关于技术创新和产学研合作方面的法律法规非常完善，无论是对知识产权归属和利益分配，还是对科研人员的激励、对技术转移的促进等方面都有详尽明确的规定，为推动产学研合作提供了法律上的规范与支撑。二是政府应对产学研合作提供必要的财政支持。政府应设立专项资金以减少企业技术创新的风险，提高其参与技术创新的能力。尤其遇到关键技术、共性技术以及前瞻性技术难题的时候，企业由于前期投入规模、研发周期以及风险性考虑等原因对出资会有所顾虑，这就需要政府设立专项资金，引导和资助技术研发。三是要设立具体明确的国家科技创新战略。政府在推动产学研合作的过程中应首要明确国家科技战略。例如，英国政府曾连续发布一系列白皮书，系统阐述了 21 世纪英国的创新战略，并就世界级的创新中心、可持续的财政投入、研究基础对经济和公共服务需求的反应能力、企业的研发投资和参与、高素质劳动力的培养、公众对科学研究的参与和信任等方面提出了 29 个子目标和 40 项指标，为产学研合作创新营造了合作环境，订立了合作条件并明确了合作方向。四是要充分发挥企业的合作主体作用。要引导处理好企业和产学研合作的关系，充分发挥企业的合作主体作用，尤其要重视中小企业的发展。例如英国，扶持中小企业发展是其国家创新战略的重要内容，英国政府成立了中小企业服务局等中介服务机构，并在财政、金融和税收等方面制定措施，给其以更多的创新所需资源，促进了中小企业与大学或研究机构的合作。五是要重视中介机构的作用。与北欧的创新中继中心、瑞典的技术转让网络中心以及英国的法拉第合作伙伴计划等相比，我国中介机构无论数量还是质量都无法真正满足高校产学研合作发展的需要。应发展多种类型、各个层次的科技中介机构，建立完善的中介机构体系。

近年来，国家已经确定了继续深化改革开放的战略目标，并提出了"十三五"时期"创新、协调、绿色、开放、共享"的发展理念。这就要求高校要进一步加快产学研合作步伐，更好地为当地经济发展提供人才培养、技术支持。首先，高校要成为专门的产学研管理机构，规范管理、统一指导。目前，国内各高校单独成立产学研合作工作管理部门的较少，通常是作为科研部门的一项工作进行管理。产学研合作大都是项目负责人自己去联系的，呈现单打独斗的现象，高校作为主体没有发挥集体优势。高校可以成立独立机构，"化零为整"进行管理，在校内整合资源，避免重复研发，提升科研效率与能力；在校积极开拓市场，推广科研成果，提高产学研合作的成功率。其次，要实行高校教师分类考核，将科研人员解放出来。高校应该结合实际工作情况，将教师的考核进行分类，如教学型、科研型等。教师的职业发展、职称评定等都按照教师申请的类别进行考核，将科研人员从繁杂的日常教学活动中解放出来。比如，教学型教师主要考核标准为教学成果、教研课题、教研论文等；研究性教师主要考核指标为科技成果、发明专利、成果转化等。最后，要建立有效的保障机制和激励机制。为了促进高校产学研合作快速发展，国家和地方政府要根据地方经济发展的要求，制订专门的法律法规，进一步规范高校产学研合作，为企业和高校之间的合作提供法律保障、优惠政策、场地支持等。国家和高校要积极出台相关激励机制，鼓励广大教师参与到产学研合作活动中来，在提升科研能力的同时，又丰富了教学内容。国家积极鼓励企业进行技术升级和专利转化，并给予一定的优惠政策，鼓励校企进行产学研合作。

（二）推进高校产学研合作发展的具体措施

1. 转变高校办学理念

高校科研成果转化的基础是高校服务于社会的办学理念，它决定了能否产生以及产生多少满足社会需要的科研成果。在美国高校科研成果的成功转化中，这一点并不突出，却起到了相当重要的作用。这正是我国许多高校有待加强的地方，人们关注我国高校科研成果转化率低的现实，却很少关注高校如何建立服务社会的办学理念，因而难以形成高校促进社会经济、社会回报高校的良性循环机制，使得教师科研成果转化意识淡薄，高校在科研管理体制上与市场经济严重脱节。要建立引导和鼓励高校科研人员投身成果转化的长效机制，就需要在成果奖励和职称评定等方面由现在以论文多少和实验室成果鉴定为主的现状，向项目能否转化和有无显著的市场前景方向转变；在成果转化后的收入方面，学校应给予积极的支持，如发明人收入不低于总收入的 15%，提供一定的配套经费，建立追踪机制，对特别有前景的项目给予一定的风险投入。高校的科研成果实用价值大、含量高，对于企业而言，就是低成本、高附加值，就是利润。高校科研成果的市场化，有利于产业链的形成，从而实现产业的聚集，进而实现创业主体的聚集。这种聚集效益的形成和放大，促使当地政府为改变投资环境而出台相关政策、寻求新的机制。因此，大力发展高校产学研合作，不仅可以推动我国高新技术产业的快速发展，而且还可以推进我国全民创业目标的实现。

2. 开展多种形式的产学研合作

开展多种形式的产学研合作，这就需要高校产学研合作的各方转变观念，密切配合。高校产学研合作的主要目标是培养企业界和社会需要的具有较强实践能力与理论素养的综合性人才。作为产学研机制的合作方，应该积极地转变思想观念，提高对产学研合作重要性的认识，拓展合作途径，开展多种形式的产学研合作。例如，可以由企业与学校共同参与成立某个专业的教学委员会，对本专业的办学策略、培养方案、教学设计、课程设置、实验(实习)安排等进行审查，并通过教学委员会推进双方的合作；也可以在高校和企业之间签订人才培养合同，高校邀请企业的代表列席相关会议，根据企业的要求改革教学课程，学生定期到企业实习，教师定期到企业进修以加深对工作环境的理解，并随时了解最新技术；聘请企业家或企业实务人员担任兼职教师，学校为企业开发继续教育项目，等等。

3. 充分发挥高校的主观能动作用

高校因自身在教师队伍、实验设备等方面的优势，在高校产学研合作进程中，应该充分发挥主观能动作用，合理利用自身资源，加强实践教学，重点落实科研工作，面向行业和社会，科学合理地设置专业，深化教学改革，优化教学结构，发挥自身优势，促进产学研合作的深入开展。

4. 加大政府的政策法规支持力度

产学研合作对于促进社会的经济发展具有十分重要的作用，政府部门应该重视高等学校产学研合作，充分发挥引导、规范和支持的作用。首先，要通过立法支持，规范高校产学研合作的市场行为。高校科研成果的转化依赖于政府的政策法规支持，在美国，若没有拜杜法案等一系列法律的支持，就没有今天高校科研成果转化的成绩。我国政府尽管已出台了相关政策，但是在一些方面还需要加大支持力度。除了在提供低息贷款、税收减免之外，适时推出相关法律，建立企业的信誉评价体系，如将技术转移纳入政府的绩效考核来推动研究成果向企业转移的技术创新法、支持政府所有的实验室同企业和高校建立 R&D 合作来推广实验室技术的技术转移法、加快新技术应用与开发来提高企业竞争力的贸易和竞争法、推动政府为企业研发活动提供资金支持的创新开发法等，以规范高校产学研合作的市场行为。其次，政府部门要制定相关的法律、法规，为产学研合作大发展提供制度上的保障，并规范产学研合作的有序开展。及时纠正在合作过程中过长或过短地安排实习时间、没有或减少实习补贴、企业推出的实习岗位缺乏技术含量从而使实习等同于简单劳动、没有教师或师傅的指导、过分追求利润而降低实训课程标准、占用学生学习时间等突出问题。最后，政府部门要通过政策和经济资助等方法，为产学研合作提供实质性的支持，提高它们合作的积极性。例如，在产学研合作过程中，参与者的劳动报酬、企业的知识产权、合作过程中产生的成本负担等，都需要政府部门通过一定的政策扶持和经济支持予以补偿。

5. 明确知识产权的归属

在高校产学研合作发展的过程中，只有明确知识产权的归属，才能提高产学研各方合作的积极性。影响我国高校科研成果转化一个很重要的因素就是知识产权的归属不明晰。发达国家知识产权具有成熟的市场，产权明晰，科研人员具有较高的创新热情和内在动力，科研成果在市场中能够较好地体现其价值，对成果的价值可以通过专业的评估机构进行认定。在我国，虽然相关政策很重要，但仅仅只做好这一方面的工作是不够的，更重要的是建立一个鼓励科技创新、适应风险投资的环境，类似于美国政府积极支持科研人员和高校教师深入企业。政府可以对高校社会服务功能与作用给予相应的政策支持,并提供专项的经费支持,使之较好地与实践相结合,与此同时加强正确的政策引导,使之产生好的科技创新项目。

6. 增加科研成果转化的资金投入

从总量上看,我国高校科技成果转化资金远远低于发达国家。从结构上看,我国投资的比例也有所不同,缺乏应用开发投资。大学科技成果资金的主要来源为国家拨款、自筹、银行贷款等。据有关资料统计,我国已成功转化的科研成果中,资金来源于自筹的占56%,来源于国家科技计划的占 26%,来源于风险投资的仅占 2.3%。而美国恰好相反,至少有 50%从事高新技术的中小企业在发展过程中得到了风险投资的支持和帮助。因此,我国政府应加快风险资本的退出,支持和壮大风险投资队伍,改官办风险投资为民办风险投资,实现高校科研资金的支持从单一依赖于政府向依靠风险资本转变,为我国高校科研成果转化为生产力提供源源不断的资金动力。

高校产学研合作是加快我国社会经济发展的新途径,是高校深化教育体制改革和培养应用型、创新型人才的需要。高校产学研合作既满足了各方的需求,做到优势互补、合作共赢,同时也保证了企业所需人才、技术等资源的稳定供给。纵观国际,在一些发达国家的社会、经济发展历程中,高校产学研合作起到了十分重要的推进作用。目前我国正处于继续深化改革开放的关键时期,加快推进我国高校产学研合作的发展,不仅能为国家培养更多的应用型、创新型人才,而且也能为推动技术创新、经济发展、社会进步做出奉献。我国高校产学研合作的发展已不仅仅局限在教育的领域,也不仅仅局限于单个企业解决技术难题、提高自身竞争力的领域,它已经进入到国家发展战略的领域。因此,只有进一步从这种国家创新战略层面去理解,才能真正把握好高校产学研合作在当前的深刻时代内涵,才能引起我们对产学研合作问题的高度重视,也才能使中央关于产学研合作的战略要求得到真正落实。

第九章 高校产学研合作的典型案例分析

第一节 国外高校产学研合作案例分析

一、斯坦福大学产学研合作案例分析

斯坦福大学是世界著名的高等学府，它出名不仅仅因为它孕育了硅谷，还因为它作为一所研究型大学所取得的众多辉煌的研究成果，和它培养出的在创新创业方面取得巨大成就的高科技人才。纵观斯坦福大学从创办至今的历史，我们可以从中分析概括出它成功的经验。

（一）斯坦福大学产学研创新成效显著

斯坦福大学非常重视产学研相结合，深知这是研究型大学的立身之本。创建初期，它就学习了德国洪堡大学的办学思想，坚持教学与科研相结合，经过一百多年的历史变迁，斯坦福大学仍秉持这一治学方略。因为大学的教学是建立在研究的基础之上的，教师只有从事科研活动才能够把该学科前沿的知识传递给学生，这二者相互促进，是一所优秀的研究型大学办学中不可或缺的两部分。

斯坦福大学在教学和科研活动中不仅注重基础性科学的研究，也重视技术和工艺的创新。大学的领导者深知基础研究对于相关领域高新技术研发的重要作用。由此，在这一方面的不论是人力还是物力的投入也是巨大的，与此对应的成效也相当显著。

一方面，斯坦福大学积极发展独立的研究机构和实验室，为不断开拓跨学科领域的研究走在科学研究的前沿，成为世界跨学科领域的领袖。到目前为止，斯坦福大学共成立了12个这样分属不同的学科领域的独立研究机构，以及多个实验室，其中包括直线加速器实验室、电子实验室、物理实验室等。独立研究机构承担了学校众多的科研项目和学术活动，约占斯坦福大学科研总量的20%。

斯坦福大学产学研结合模式所取得的最为辉煌的成果非硅谷莫属，硅谷进一步加强了教学、科研与生产的结合。学生有了实习的机会，企业有了科研的支持，这里成为斯福大学教师与学生落实产学研结合的完美基地，学生有了更为便捷的实习就业场所，大学的科研成果能够迅速在硅谷得到转化，变成实用的技术或产品。正是产学研的紧密结合，使大

学在为社会提供合格人才的同时，促进了自身的发展。硅谷与斯坦福大学在互利共生中双双发展，这便是斯坦福大学坚决实行产学研结合的显著成效。

(二) 斯坦福大学的技术许可模式(OTL)

斯坦福大学一直保持着与产业部门密切的联系，与硅谷的紧密联系更不用提，然而斯福大学从未直接在硅谷办过自己的公司，也不参加任何企业的经营活动。最重要的联通大学与企业的桥便是 1970 年成立的斯坦福大学技术许可办公室，它是将技术从大学转移到企业的最具活力的事务所。

OTL 模式之所以能够取得如此巨大的成效，是因为该模式利用创新的技术管理手段将产学研三者紧密的结合了起来，其管理程序一般由以下六个阶段组成。

(1) 发明披露。发明者有研发成果产生后，需及时填写一份表格将其研发成果向 OTL 报告，他们称之为发明技术披露。当发明人把披露以电子邮件的形式发送到 OTL 相应系统时，系统会自动记录这个披露并进行编号，在收到披露报表后，OTL 将该技术分配给相应技术领域的工作人员，由具体人员对该成果的管理工作负全部责任。

(2) 技术评估。工作人员在收到分配后会对该技术成果进行初步评估筛选，并及时与选中成果的发明者会面，进一步了解该技术发明以便得出科学的评估。评估前，他们不仅要听取发明者对该技术的自评，还要向该技术领域的专家、企业人士、大学教授或 OTL 的其他同事咨询。通常评估的主要内容有：发明者是否存在技术许可成功的历史记录、发明者在该技术领域的影响力、发明者愿意参加许可的程度、成果转化成产品后的市场潜力、技术成熟度、许可成功的可能性、许可成本和工业界对成果的评价等。

(3) 专利申请。在评估后，工作人员对该成果制订一个许可策略作为指导。许可策略中包括知识产权形式选择策略和专利申请策略。知识产权形式选择策略是根据成果特点选择有利于许可的知识产权形式。一般而言，不申请专利的成果可以直接许可转让，而大多数技术成果则会选择专利申请。所以在确定申请专利后需要制订一个专利申请策略。专利申请策略主要包括申请内容策略、时间策略和地域策略。对发明技术申请专利的，OTL 一般不亲自执行，而是在律师事务所雇佣专利律师来代理。此后，专利律师把专利申请文件发送给美国专利局，同时发送一份供 OTL 存档。

(4) 成果营销。工作人员在确定许可策略或专利申请后需考虑如何寻找对该成果感兴趣的公司即成果营销，也是市场策略的执行过程。OTL 会通过网络等渠道告示有哪些成果等待许可，吸引公司联系，同时它们也会主动联系相关公司，寻找相关公司时常需要查找与 OTL 有过业务往来的公司记录，同时发明人也可以建议一些可能的公司。在寻找潜在的对发明感兴趣的公司时，关键的环节就是在公司找到一位该发明的提倡者，该提倡者他认为该技术对公司的发展很重要，就会建议公司的管理人员引进这个技术。因此，OTL 的工作人员如何引起这些人的兴趣十分重要。

(5) 许可谈判。在找到对发明感兴趣的公司后，OTL 就要准备和公司进行许可谈判了。由于斯坦福大学存在发明者既是学校的研究人员又是公司的顾问、股东、董事会成员等双重身份，为了避免利益冲突，发明者参加许可谈判是需要经过一定的审核程序的，否则不能参加。根据 OTL 的许可理念，它们认为重要的是许可技术的广泛运用和早日变成产品进入市场，而不应该追求许可收入的最大化。所以，关于转让金条款，OTL 会灵活处理。它们在谈判中还要对许可协议的类型做出选择，这也是许可策略的一个部分，OTL 的许可协议主要包括独家许可，非独家许可和选择性许可三种协议。为了促进斯坦福大学技术的广泛运用并造福社会，OTL 一般会选择非独家许可协议，但对于那些在商业化过程中需要巨大资源投入的技术成果便选择独家许可，因为独家许可更激励公司高额投入以开发产品。协议达成后，许可条款一般被视为商业秘密，发明人需要签订保密协议后才可以接触此类信息。

(6) 收益分配。许可协议签订后，OTL 负责接受协议许可金。根据斯坦福的分配政策，在现金收入中先扣除 15% 的份额作为 OTL 行政管理费、专利费和其他支出的弥补，剩下的收入作为纯收入进行分配。纯收入被分为三份，其中 1/3 分给发明者，1/3 分给发明者所在的系，1/3 分给发明者所在的学院。对于股票的分配，15%分给 OTL 以弥补办公室的日常行政管理费用；发明者获得剩下股份中的 1/3；其他的股份则由斯坦福管理公司管理，主要投入 OTL 的研究生奖学金基金中。在达成许可协议后，OTL 还要与公司保持长期联系，比如要求公司按协议提交财务报告，向公司推荐大学新发明技术，询问许可技术开发和市场情况等。通过收入分配，让不同的主体获取相应的经济利益，一方面有力地支持了学校的教育和科研，另一方面激励了研究人员的科研热情和及时提交发明披露的积极性，从而使 OTL 有更充足的许可技术储备。在这个"发明许可—收益激励—再发明"的无限循环中实现着斯坦福大学知识产权管理的目标。

从以上管理程序我们能够看出 OTL 模式的主要创新之处首先在于大学将专利管理的重点放在营销方面，通过有效的专利营销来保护专利；其次，从事专利管理的工作人员大都具有技术、管理以及法律的专业知识背景，能够全面妥善的完成专利的申请与营销工作；更重要的是在专利许可收入的分配上，研发人员和其所属院系均可分享这笔收入，这不但激励了研发人员搞技术专利的申请从而获得收入，也提升了他在工作单位的声誉地位。斯坦福大学为具体技术专利的申请提供相关的费用，使专利更快更有效地推广应用，使学校、企业、社会以及个人的利益都得以满足，形成了多方面共赢的局面。这一产学研的高效创新结合，带来了显著的成果，具体表现如下：

(1) OTL 创造的专利许可收入在 20 世纪 90 年代，平均每年都在三、四千万美元左右。同时，OTL 卓有成效的专利许可工作，也使得斯坦福大学一跃成为全球大学技术转移的领先者，从而提高了学校的声望。

(2) 大学教师作为发明人，通过 OTL 的专利许可，他们与企业间建立起了联系：企业向大学教师提供基础研究资助，大学教师同时可以从企业那里得到反馈和最新的技术动态。此外，大学教师往往会将所得的专利许可收入再次投入到自己所从事的基础研究中去。

(3) 对于硅谷而言，OTL 许可的技术是一些高技术产业成长和壮大的源泉，OTL 的技术转移与硅谷的成长和发展是同步的。1968 年前的圣克拉拉谷与 1968 年之后截然不同，正是 OTL 的成立成为硅谷发展的分水岭。对于硅谷的制药工业，斯坦福大学的主要贡献是将技术专利许可给大公司。

(4) 对于政府和公众而言，OTL 专利许可所产生的社会和经济综合效益则更为可观。OTL 专利许可技术不仅完成了联邦政府的意图，即大学研究成果，通过专利保护和许可方式，成功转移至企业界，同时增强了美国企业的竞争力。对于公众来说，一方面，OTL 催生了许多创业企业，进而增加了就业机会；另一方面，得到 OTL 专利许可的企业开发和生产出的高技术产品，提高了公众的生活质量。

(三) 创新经费的保障

人力资源和资金保障是科技创新创业的两大重要支持因素。在资金方面，斯坦福大学不依靠政府的投资，而是靠大学自身的努力打通资金来源通道，包括创办大学科技园区、专利的转让和校友的捐助。雄厚的资金保障了创新创业的良性循环。斯坦福大学每年通过硅谷地区的土地出租，便可获得一笔相当可观的收入。同时，园区内高技术企业的资助也成为大学重要的资金来源之一。

另外，硅谷还是斯坦福大学研究生研究经费的重要资金来源。其次，斯坦福大学的专利转让所得也非常丰厚。还有大批的斯坦福毕业生和曾经受到斯坦福支持和鼓励的精英和企业也都以大量的资金回报母校，反哺母校的创新创业，为使其继续蓬勃发展，培养高科技人才。充足的资金保证使得斯坦福大学不论在高技术领域，还是基础科研的研究方面，消除了后顾之忧，满足了斯坦福大学办学和发展的基础，帮助斯坦福大学在师资队伍和基础设施建设上都成为世界顶级大学。

二、牛津大学产学研合作案例分析

英国牛津大学产学研一体化创新体系在思想观念、主体功能定位及其具体运行机制上有其典型的特色，大致可从以下几个方面来分析：

(1) 牛津大学一贯坚持著名大学必然是伟大的学者、伟大的思想家、教师、研究人员组成的有机整体；大学的主要成果是教学和科研，而大学的副产品是科研成果的商业价值。

(2) 大学专业的科技创新成果开发公司(如牛津大学的 ISIS 创新公司)成了科研成果转化的桥梁和纽带。在牛津大学，设立了独立科技创新公司(ISIS 创新公司)，它的主要任务是帮助科研人员申请专利、管理知识产权、协助签订成果转让协议和成立新的科技企业。

(3) 大学是科技成果知识产权的享有者和垄断者，同时，也是为科研工作者创设研发环境的供给者。牛津大学于 2000 年 10 月制定了明确的知识产权政策，规定大学对所有科研人员和博士生的科研成果拥有知识产权，大学成为科技创新成果知识产权的享有者和垄断者。

(4) 在产学研产业链中，"没有大学开不了头，没有企业收不了尾"，大学应发挥龙头作用，而企业应发挥将科技创新成果推向市场的有效载体功能。大学是科研成果产生的摇篮，是科技创新战略实施的源头，在产学研产业链中，应发挥龙头作用。而企业则是将科技创新成果推向市场的有效载体，没有企业将科技成果转化成商业价值的平台，科技成果只能是束之高阁的理论或观念。

(5) 科技园区重在发挥孵化功能，优势并非来源于优惠政策，而是优质服务。科技园区在科技成果转化中发挥桥梁和纽带功能，是将科研的理念和想法转化为现实的平台，是企业的孵化器。

(6) 政府在科技创新战略实施中的定位是：投资者(对重大的科研开发项目进行投资)、援助者(为科技创新战略实施提供硬件和软件的支持与援助)、监管者(对政府投资研究开发的科技创新项目进行监督和管理)，让市场成为各种创新主体利益的决定者(在科技创新过程中市场成为各种主体利益分配的决定者)，保护和规范科技创新的政治环境和社会秩序，保障科技创新战略的实施。

总之，在科技创新战略实施中，大学、企业、科技园区和政府应形成有机的整体网络，有效融合各种资源，为科技创新创造有利的外部环境，有利于提高国家与城市的综合竞争力。

三、剑桥大学产学研合作案例分析

剑桥大学是世界级的研究型大学，每年产生大量的全球顶尖科学技术，并以其独特的产学研模式不断创造新兴产业，是欧洲高端要素最集中的地区。目前，剑桥地区拥有 1500 多个技术型企业，19 个商业科学园区，年总收入超过 130 亿英镑。从 20 世纪 80 年代开始，剑桥因其创新创业集群与区域经济发展的成功典范在国际上被称为"剑桥现象"。

(一) 一流的研究基地，为创新创业打下坚实基础

剑桥大学是分子生物学、遗传学、药学和物理学的发源地，拥有桑格研究中心等五大世界顶级生物研究中心，先后共有 90 位诺贝尔奖获得者。雄厚的基础研究使得剑桥大学成为高科技集群创新技术的源泉。同时，剑桥大学以必修课、选修课和培训项目的形式在全校开展创业教育，注重培养学生的交流能力和合作精神，这为学生与企业进行交流合作打下了基础。剑桥大学每年除了由学生自行组织商业计划竞赛，按照计划书的详细和成熟程度，分别提供 100～5000 英镑的奖金奖励外，还有博士后商业计划，这将对参与其中的研究生以后的职业生涯产生很大帮助。这些商业计划和竞赛对于培养学生创业意识、营造创业氛围发挥了重要作用。

（二）良好的互动机制，打造政产学研生态体系

剑桥现象的内容主要表现为政府、大学和企业之间的合作关系与互动作用。英国政府通过专门引导、政策倾斜、资金支持和基础设施建设，为剑桥现象的成功推波助澜。剑桥地区一半以上的高科技公司与剑桥大学保持着紧密联系，而其中又有 90%与剑桥大学各院系直接挂钩。剑桥大学积极鼓励成立各类协会组织，20 世纪 70 年代剑桥大学成立了第一个非正式的组织——剑桥计算机协会，目前共有 47 个此类的商业网络组织，为企业广泛提供咨询和帮助。如英国大学联合会(Praxis Unico)，是一个非营利性的大学技术转移组织，通过保持和协会会员、政府、产业界、学术界、风险投资者和风险投资机构等利益相关者的紧密联系，给予利益相关者实质性的帮助与支持。

（三）专业的团队运作，提高技术商业化成功率

剑桥企业中心(Cambridge University Enterprise)，是剑桥大学全资公司，代表剑桥大学负责专利申请和技术转移工作。目前剑桥企业中心共有技术转移部、咨询服务部、种子基金、创新风险基金四个部门，中心拥有 40 人左右的专业团队，管理超过 1000 个科学技术项目，管理持有 60 个以上初创企业股权。企业中心机构设置健全，分工明确，流程严谨，为技术成果成功走向市场开辟道路、保驾护航。

(1) 技术转移部。剑桥企业中心技术转移部最主要的工作是知识产权管理，包括代表剑桥大学申请专利、进行项目评估，开展市场调研，寻找商业化伙伴，代表发明人与合作商家进行技术对接、协商谈判，同时撰写合同协议等。企业中心是剑桥大学所有知识产权专利的法定申请人和拥有人，每年收到 200 多份商业计划申请，经过严格的程序对技术成果的市场价值进行研判，最终在 1 个月内决定是否申请专利，每年企业中心的专利申请量大约 20 件左右，只占申请量的 1/10，确保申请专利的高品质和专利成本的合理控制。

(2) 咨询服务部。在剑桥，咨询是企业与大学互动最便捷的方式。剑桥企业中心咨询服务部门的工作人员与各个研究室、实验室以及教授保持着密切联系，定期或不定期了解各个领域的技术进展，寻找潜在项目。剑桥的咨询服务形式主要有：科学顾问委员会、企业开发产品咨询、利用各个院系的仪器设备、专家证人以及政策咨询等，其中科学顾问委员会的成员都是剑桥最杰出的学者，剑桥企业中心外聘行业专家 100 多人，这些专家只有在为企业解决实际问题后才能拿到咨询服务费，大大减轻了剑桥企业中心的负担。同时，剑桥乃至英国积极鼓励科学家参与企业咨询，在英国衡量大学教授的指标之一是影响力，而咨询是增加影响力的重要内容。

(3) 种子基金。剑桥企业中心拥有一个独立的风险投资基金，即"剑桥企业种子基金"(The Cambridge Enterprise Seed Funds)，为初创企业提供种子基金并扶持孵化。自1995 年以来，获得种子基金投资的初创公司 5 年内的成活率达到 97.4%，大大超过 44.6%的英国平均水平。剑桥企业种子基金由剑桥大学而非政府拥有，只投资于以剑桥大学知识产权为基础的新公司，所有盈利返回资金池或者重新投资，到目前为止投资了 70 家公

司，共计 1070 万英镑，带动了市场上 10 亿英镑的投资。

（四）新颖的运营模式，保持技术孵化机构高效率

剑桥创新创业载体包括圣约翰创新中心、剑桥科学园和未来商业中心，这三个中心呈三角形分布。其中圣约翰创新中心是英国第一个商业孵化器，为入驻的个人或者小型团体提供企业启动时的相关注册、财务支持、法律咨询以及办公场所，以其仅有 6000 多平方米的占地面积，孵化出数个全球知名企业。中心特色在于为入驻和难以入驻的企业提供不同等级的星级服务和虚拟服务，同时中心保持着快速的流动性、极高的出租率，为创业人才提供易进易出的宽松环境，帮助创业者以最低成本进行创新推广工作。剑桥科学园是英国最古老和规模最大的科技园区，普遍采取成立子机构的形式，子公司只有一家股东即大学或学院，从而合法规避了公共机构从事商业活动带来的业务风险。

（五）宽松的政策环境，激发技术成果不断涌现

英国政府对企业的技术转移给予经费支持或减免税优惠，制定了研究机构、企业在创新投入方面的利益分配机制，实施了研发税收减免政策，并重点向中小型企业倾斜。中小型企业符合条件的研发支出部分，可享受的税收减免额为 15%。投资人将收入作为天使基金等投入初创公司，未来所得可享受免税等政策。剑桥大学对技术转移采取了明确的奖励机制，剑桥企业中心在参与商业开发时所获得的全部收益，最终由技术发明人、发明人所在院系和剑桥大学三方共享。

第二节　国内高校产学研合作案例分析

一、清华大学产学研合作案例分析

清华大学在实践中明确，开展国际技术转移，建立国际技术转移平台，是国内外形势发展的客观需求，是学校技术转移工作的重要组成部分。在多年实践的基础上，清华大学于 2001 年成立了国际技术转移中心。近年来，清华大学先后与俄罗斯、白俄罗斯、乌克兰、美国等国的有关机构签订了技术转移代理协议，与法国、美国的有关机构联合建立"中法环境能源中心"和"中美能源技术中心"，促进国外先进技术向国内企业转移。依托学校人才、技术、设备、信息等综合优势，为国内企业引进国外先进技术实现本土化生产提供全方位服务。同时，清华大学国际技术转移中心在消化、吸收的基础上，实施再创新和再开发，部分引进项目经过再创新已得到自主知识产权，返销国际市场。

据初步统计，清华大学国际技术转移中心运作的国外项目，涵盖了环境保护、光机电一体化、生物制药、新能源等多个领域。其中，"超低剂量 X 线人体安检系统"项目被教育部评为 2008 年我国"高校产学研十大优秀案例"。"超低剂量 X 线人体安检系统"是清

华大学国际技术转移中心成功运作的对俄科技合作项目之一。其核心技术于 2006 年从俄罗斯科学院西伯利亚核物理研究所引进，在消化吸收的基础上，清华大学立足自主创新，对制造工艺和设计都进行了改进，并开发出适用于人体安检目的的配套技术，共申请专利 6 项。一年后产品样机由同方威视技术股份有限公司研制成功，并于 2008 年 12 月 18 日通过国家教育部鉴定，填补了国内该技术领域的空白，为安全反恐、查私缉毒提供了利器，获得了海关总署和公安部的高度评价。

国际技术转移中心没有满足于单纯的技术引进，而是把产品最终占据国际市场作为战略目标，根据多年对俄合作的经验，通过积极的后续运作和不懈努力，促成俄方从同方威视技术股份有限公司长期购买核心部件，迈出了打入国际市场的第一步。同方威视技术股份有限公司生产的第一台产品于 2008 年 7 月 22 日成功投放到北京首都机场 3 号航站楼，当天就查出了两名来自某非洲国家的人体携毒妇女，对贩毒、走私和恐怖活动等形成了极大的威慑。目前，该产品的国内外订单已达几十套，经济效益和社会效益巨大。"超低剂量 X 线人体安检系统"项目通过引进、消化吸收与再创新的方式，缩短了企业的研发进程，减少了资金投入，有效促进了中俄两国在安防技术领域的实质性合作，集中体现了研究型大学在以企业为主体、市场为导向、产学研相结合的技术创新体系中发挥的生力军作用，实践了科技服务社会的宗旨。

清华大学开展国际技术转移具有高校自身的特点。一是创新性。高校具有明显创新优势，重视引进项目本身的创新性和引进之后的消化吸收再创新。二是针对性和实效性。高校多渠道、多途径地开展国际科技合作与交流，可以多快好省地挑选技术转移合作对象和合作项目，达到事半功倍的效果。三是综合性和集成性。国际技术转移是个系统工程，合作项目的选定往往是多学科、多专业、多部门、多渠道的集成，高校可以发挥综合性的优势。

实践表明，为经济发展服务，为企业发展服务，走"产学研"结合道路，促进科技成果转化和技术转移，是高校的一项根本任务和基本社会功能，无论哪一个国家的高等学校，特别是重点大学，其目的首先都是为本民族振兴和国家经济社会发展服务的。高等学校除着眼于高水平的学科建设，高素质、创造性人才的培养以及世界前列的科学研究水平外，一个重要的任务就是开展科技成果转化工作，"走产学研结合道路，为国家经济社会发展提供科技服务"。在国家和区域创新体系以及技术转移体系的形成和建立进程中，高等学校特别是重点研究型大学在高级人才培养、知识创新、科技信息交流与传播、高新技术的转移和辐射、高新科技企业的孵化，以及营造创新的氛围等方面都具有独特的作用。多年的实践证明，高校开展科技转化，实行"产学研"合作不是权宜之计，不是临时措施，而是历史性职责，是历史前进的必然，是经济全球化发展的需要，是国家经济科技发展的需要。

实践还表明，高校科技转化和技术转移是一项生机勃勃、日益发展的事业，这项事业在实现学校社会服务功能的同时，也积极促进了学校整体的发展。在科技成果转化过程中，学校与国家经济社会形成了更密切的联系，教师和科研人员与企业界加强了接触，了解了市场的真实需求，引导了自身的研究方向，有利于促进学科布局的优化和师资水平的不断提高。

总之，高等学校的发展应当顺应历史潮流，明确自身定位，把握新发展机遇。清华大学在总结以往经验的基础上，正在继续积极进取开拓创新，将科技成果转化和技术转移工作推向新的高度，争取为国家经济社会发展做出更大贡献。

二、复旦大学产学研合作案例分析

复旦大学技术转移中心是一个集人才、技术和信息集成，风险投资导航，技术产业化服务，项目评估鉴定于一体的综合性导向、服务中心，该中心具有如下功能：

(1) 技术集成功能。利用高校科研能力强大的优势，对科技成果进行深加工和系统集成，为企业提供成套的工程化科技成果，解决技术转化中的技术成熟性、配套性问题，降低成果产业化的风险，提高科技成果转化效率，增强企业对技术转移项目的信心。确保转让一家，成功一家。

(2) 信息集成功能。广泛收集、整理高校技术创新成果，将技术成果向社会进行展示宣传。利用现代网络技术等媒体传递、交流技术信息。利用上海的地理优势和辐射效应，建立会员制俱乐部式论坛，加速科技成果转移，方便科技成果供需双方的信息交流与共享。

(3) 资金导入功能。对产业化前景良好的技术项目进行包装开发，向企业及政府有关职能部门推荐申报，对风险创业投资和政府科技计划投资进行引导，为技术项目的启动及深度开发寻求资金支持，从而推动成果转化。

(4) 服务集成功能。提供技术咨询服务，对技术成果项目进行评估鉴定，为技术转移提供重要依据，为企业投资项目出谋划策，回避风险，提高技术转移成交的信誉度和成功率。

(5) 产业升级改造功能。挖掘传统产业潜力，将新科技与传统产业结合，帮助解决传统产业改造过程中遇到的技术问题，从而协助传统产业完成产业升级和产业创新。

(6) 对外技术合作与交流功能。结合上海市和国内市场对技术的需求情况，在海外寻找合适的技术资源。为技术引进方提供技术选择、技术引进和技术消化吸收等全方位服务。提高国内企业对引进技术的消化吸收能力和创新能力，从而避免技术的重复引进，提高国外技术在国内的技术扩散效率。另外，对于国内成熟的技术，利用复旦大学的国际文化交流优势，推动企业和研究所的对外技术转让，扩大技术出口。

三、浙江大学产学研合作案例分析

浙江大学工业技术转化研究院(简称"工研院")，原系浙江大学工业技术研究院，成立于 2009 年 4 月，是浙江大学为了更好地发挥研究型大学交叉集成创新优势，服务创新型国家建设，加快传统产业转型升级，培育战略新兴产业的重大战略举措。2013 年 6

月，工研院列入浙江大学直属单位序列。2015 年 10 月，工研院更名为工业技术转化研究院，与浙江大学国家大学科技园管委会合署办公。

工研院围绕国家和区域工业的重大共性关键技术、先进集成技术需求，致力于创新发展新型政产学研合作机制与模式，集聚国内外创新资源，建设符合综合性研究型创新型大学特点的工业技术创新服务体系，主动对接国家战略部署和地方工业发展目标，推进工业技术开发与创业孵化的紧密结合，实现工业技术转移与风险投资的紧密结合，加快国内外工业科技成果的集成化、产业化和国际化步伐。

浙江大学技术转移中心(以下简称"中心")，是根据《国家中长期科技发展规划纲要》有关精神，由浙江大学于 2006 年批准设立，开展各类科技中介服务的专业机构。2008 年，中心被科技部评为国家(首批)技术转移示范机构和国家科技计划(火炬计划)实施二十周年先进服务机构。

中心坚持"长三角战略必争、珠三角和京三角战略合作、中西部和东三省战略互动"的科技合作战略，不断优化产学研合作布局，目前在国内已建设 93 家区域分支机构，涵盖江苏、山东、安徽、河南、江西、湖南、黑龙江、广东、贵州、云南、宁夏和四川等12 个省(自治区)。

中心已建立包括企业合作发展部、专业团队服务部、国际合作服务部、知识产权服务部、培训服务部、综合事务服务部和区域合作推广中心的"六部一中心"组织架构，为区域工作开展提供有力支持。中心广纳人才，构建了一支由教授、副教授、博士、硕士等共160 多人构成的科技中介服务队伍，并组建了数据处理技术推广中心等 16 支专业化团队，持续推进区域化和专业化深度融合。中心协助科研院建设"浙江大学知识产权与技术转移公共服务平台"，为促进科技成果转移转化提供信息化支撑。

中心始终坚持"以服务为宗旨，在贡献中发展"。近三年，中心为 3000 余家企事业单位提供了科技服务，为地方经济社会发展和产业转型升级做出了积极贡献。中心不断加强国际化建设，与欧洲、美国、加拿大、日本等地区和国家的大学、科研院所、科技园和企业建立了合作关系。

未来，中心将继续秉持专业化、社会化、网络化、国际化的发展模式，坚持机制创新、模式创新、服务创新的发展理念，紧紧围绕国家发展战略和区域重大需求，锐意开拓进取，朝着成为具有浙大特色和世界一流水平的科技中介服务机构的目标迈进。

四、同济大学产学研合作案例分析

同济大学科学技术研究院(以下简称科研院)，是负责全校科学技术研究工作的职能部门。其主要职责是：科研人才队伍的培养和建设；科研项目的策划组织、培育申报、过程管理；科研成果和知识产权的培育申报、过程管理；产学研合作和科技成果转化；科研基地平台的策划组织、培育申报、过程管理；军工科研的组织和管理；科研政策的研究、建议、制订和实施；相关学术交流活动的管理；为教师提供科研活动过程中的相关服务和支持等。根据管理职能要求，科研院下设五个办公室：项目办公室、成果办公室、基地办公室、军工办公室和综合办公室。

瞄准世界一流和国家需求，围绕学校的办学目标，科研院以不断提升学校科学技术研究的水平和质量为导向，注重规范化管理，加强主动性服务，与全校师生共同努力，不断促进学校高水平人才培养和科技创新，为国家和社会经济发展提供坚实支撑。

五、山东大学产学研合作案例分析

(一) 产业集团

山东山大产业集团有限公司(以下简称产业集团)，是山东大学在整合学校科技产业基础上出资设立的国有独资有限公司，公司成立于 2001 年 7 月，注册资本 3 亿元人民币。产业集团代表学校持有对学校企业投资所形成的股权，以产权为纽带与所投资企业形成母子公司关系，依法经营管理在所投资企业中投资形成的国有资产和国有股权；主要从事投资管理、成果转化、企业孵化、资产运营、企业整合等业务，业务范围覆盖信息、机械、新材料、电力电子、计算机、环保、医药化工等领域。

(二) 技术转移中心

技术转移中心是学校管理服务机构，与山东工业技术研究院合署办公，挂靠科学技术研究院。其主要负责拟定学校科技开发与技术转移政策，规划产学研合作；学校技术开发、技术转让、技术咨询和技术服务合同的审核、签订、登记和管理；横向技术合同技术市场认证登记，办理技术开发、技术转让合同的减免税手续；横向技术合同履行过程监督、检查及争议调处的组织协调；各类横向科研项目的经费入账、分成和外协经费审核等；校地、校企科技合作的组织实施以及协议的审核、签订、登记和管理；学校各地技术转移机构等公共科技服务平台的建设、组织与管理；政府和企事业单位技术需求信息的收集、发布与对接；学校科技成果展示与转移推广；山东大学技术转移中心网站建设与管理运行；专利等知识产权战略规划以及专利申请咨询、资助、维护和产业化管理；山东工业技术研究院筹建管理等相关事宜。

第三节　高职院校产学研合作的典型案例分析

一、打造"企业校区"的产学研合作模式

"企业校区"的产学研合作模式，是深圳市宝安职业技术学校在校企合作中采取的主

要方式。"企业校区"的主体双方是学校和企业。在"企业校区"合作方式中，首先由学校和企业签订合作协议，企业负责提供场地，学校按照教学要求将其改建为标准课室、实训室、教师办公室和阅览室，并负责购置用于教学的各种设施设备；双方联合成立"企业校区"管理办公室，学校方面负责企业校区的教育教学管理工作，企业负责安排专业技术人员担任实习指导教师，协助学校开展实训教学。"企业校区"的这种做法，也是浙江工贸职业技术学院在走校企合作之路上所践行的一种模式，它们通过和温州多家民营企业合作建立教、学、做合一的"工学一体化"教室，把学生的课堂开设在工厂、商店或者公司，而不再是在过去传统的教室里。

二、建立"校中厂、校中部"的产学研合作模式

"企业校区"的做法是把学校的教学地点设在校外的工厂或者车间，即"走出去"的模式，而与这种做法相对应的另外一种形式则是"请进来"，即吸引企业在学校内建立"校中厂、校中部"来实现校企合作办学，如滨州职业学院机械工程学院在校内与滨威活塞公司联合建设的生产流水线及与山东唐骏欧铃有限公司联合建设的"唐骏欧铃汽修实训室"、昆明冶金高等专科学校与深圳华力特电气股份有限公司联合设立的生产开发基地、与云南天顺集团合作设立的连锁超市，以及贵州交通职业技术学院与贵州省交通规划勘察设计研究院在校内合作建立的第四勘测设计分院、校内的娇苑旅行社、交职院公交汽车发动机维修中心等，都是这种形式的一种具体体现。在"校中厂"的做法中，由校方提供场地和标准厂房、企业方提供生产设备和运营资金，建成校内的标准车间、厂房供企业进行实际生产，供学生进行生产性实训。唐山工业职业技术学院、北京工业职业技术学院，同样也是依托校内工厂和实调中心的资源，吸引企业车间进入校园的，构建了"校内有工厂，工厂有实训中心，实训中心引多企入校"的校企组合新模式。

三、实施"政校企联盟"的产学研合作模式

陕西杨凌职业技术学院实施的"百县千企联盟"工程，是"政校企"合作的一种具体表现。"政校企合作"是在原有的"校企合作"基础上，又增加了政府一方。在这种模式中，学校除了选择与所设专业密切相关的企业进行合作外，还选择与之相关的县政府进行联姻。而具体实施中，由学院、地方政府、主管厅局企业、行业协会等联合成立协调领导小组，通过招生就业、行业协会校企校际校政合作交流等多种途径推动其实施。与陕西杨凌职业技术学院做法类似的还有新疆农业职业技术学院，以该校为龙头单位成立的"新疆第一产业职教园区"，涉及了多家学校和企业的参与，并且成立了相应的理事会，在新疆维吾尔族自治区政府的主导下，政府、学校、企业首次被"捆绑"在一起。

四、组建"职业教育集团"的产学研合作模式

如"南海职业教育集团",是按照"政府牵头,市场导向、龙头带动、区镇互动、校企联"的理念构建的,集团成员包括高职院校、职业学校、成人学校、大型企业、行业协会、海外教育机构、培训中心等,成员遵循资源共享、优势互补、互惠互利、共同发展的原则结合。在职教集团框架下,借助职业院校与成员企业、行业协会的合作关系开展深度合作,这种形式是校企合作的深层发展。国内还有多个这种形式的"职业教育集团"存在,如湖南建筑职业教育集团、南方铁路运输职业教育集团、广西农业职业教育集团、云南经济管理职业教育集团等,都是立足于某一行业或产业的发展目标和职业教育发展定位,充分发挥行业、企业在职业教育中的作用,以技能型人才培养为核心,进行教育资源整合,深化校企合作。

五、成立"订单班"的产学研合作模式

"订单班"的产学研合作模式,是北京工业职业技术学院在校企合作中所采用的一种模式。根据企业对高技能人才技能结构和人员数量需求的实际状况,北京工业职业技术学院实施了"长、中、短"期多样化的"订单培养"模式,其运作机制包括"招生+招聘"、"专业+岗位"、"学院+企业"、"专业+职业+岗位"等。在这种模式中,学校在考虑学生专业培养目标和职业发展基础上,与企业共同制订订单班教学计划,既解决了企业实际岗位对技能的需求,又使学生拥有了良好的专业背景与发展空间。而"订单班"这种形式同样在黄河水利职业技术学院进行校企合作的过程中有所体现,它们与郑州宇通集团有限公司等多家公司达成定向培养协议,成立专门的满足企业需求的"企业订单班"。重庆工业职业技术学院模具设计与制造专业和重庆模具行业三个龙头企业,也分别组建了"长安班"、"元创班"和"大江班"等订单班。

参 考 文 献

[1] 胡雯. 产学研协同创新：形成、识别与效果[M]. 上海：上海社会科学院出版社，2018.

[2] 陆园园. 中外产学研协同创新研究[M]. 北京：人民出版社，2018.

[3] 王书素. 政产学合作模式研究：基于"三螺旋"理论视角[M]. 广州：广东教育出版社，2017.

[4] 王欣. 高校科技成果转化机理与对策研究[M]. 北京：科学出版社，2017.

[5] 翟美荣. 科技生产关系与产学研合作本质探究[M]. 沈阳：东北大学出版社，2016.

[6] 郭丽君，李尚群，等. 地方高校产学研合作研究[M]. 北京：中国社会科学出版社，2016.

[7] 中共中央文献研究室. 习近平关于科技创新论述摘编[M]. 北京：中央文献出版社，2016.

[8] 王帮俊，李爱彬. 行业特色院校产学研协同创新机制研究[M]. 北京：中国经济出版社，2016.

[9] 洪银兴. 产学研协同创新研究[M]. 北京：人民出版社，2015.

[10] 李梅芳. 产学研合作成效及其提升路径[M]. 北京：社会科学文献出版社，2015.

[11] 李小妹. 我国省部产学研平台建设研究[M]. 北京：经济科学出版社，2015.

[12] 毛文学. 科技创新与产学研合作分析[M]. 杭州：浙江大学出版社，2014.

[13] 蓝晓霞. 美国产学研协同创新机制研究[M]. 北京：北京交通大学出版社，2014.

[14] 张忠家，黄义武，等. 产学研合作提升人才培养质量研究[M]. 北京：教育科学出版社，2014.

[15] 王键吉. 产学研合作教育的探索与实践[M]. 北京：中国社会科学出版社，2013.

[16] 孙福全，王伟光，等. 产学研合作创新：理论、实践与政策[M]. 北京：科学技术文献出版社，2013.

[17] 张琳. 产学研合作中政府角色定位研究[M]. 北京：经济科学出版社，2012.

[18] 董睿，张海涛. 产学研协同创新模式演进中知识转移机制设计[J]. 软科学，2018(11).

[19] 林兰. 东京产学研合作创新的经验与启示[J]. 科技中国，2018(10).

[20] 王娜娜. 高校自主创新与产学研合作创新协同度研究[J]. 中国高校科技，2018(10).

[21] 郑军，孙翔宇. 法国产学研协同创新的主要模式、特点及启示[J]. 教育与教学研究，2018(09).

[22] 谢芳. 基于高校视角的产学研协同创新机制建设研究[J]. 江苏高教，2018(08).

[23] 燕楠，田丽. "政产学研用"协同创新下高校应用型人才的培养研究[J]. 对外经贸，2018(06).

[24] 柳洲. 产学研协同创新的"知识—文化—价值"网络耦合机制[J]. 科学管理研究，2018(05).

[25] 雷媛媛，宋锦萍. 高校创新创业人才培养现状、问题探究：以辽宁省内高校为例[J]. 现代交际，2018(02).

[26] 张马建. 地方本科高校转型发展背景下应用型人才培养模式研究现状分析[J]. 课程教育研究，2018(02).

[27] 方燕翎，毛义华. 科技成果转化与产学研合作创新发展模式思考[J]. 天津科技，2017(11).

[28] 詹一虹，周雨城. 国外高校创新人才培养的现状、特色及启示[J]. 社会科学战线，2017(06).

[29] 陈国铁. 基于协同创新的应用型高校产学研合作人才培养机制构建研究[J]. 产业与科技论坛，2017(05).

[30] 夏广军，徐红艳，等. 国内外产学研合作人才培养模式比较研究[J]. 教育教学论坛，2017(22).

[31] 杨柳青，李蔚然. 高校创新创业人才培养现状调查分析[J]. 学校党建与思想教育，2017(16).

[32] 谢健. 地方本科高校复合应用型人才培养模式探讨[J]. 教育理论与实践，2017(36).

[33] 李晓慧，贺德方，等. 美、日、德产学研合作模式及启示[J]. 科技导报，2017(35).

[34] 佟婷，张琦. 中外职业教育校企合作制度比较研究[J]. 中国职业技术教育，2017(33).

[35] 杨秀芹. 产学研合作背景下高校创新人才培养路径探究[J]. 学理论，2016(12).

[36] 仇新明，刘志民. 产学研合作人才培养资源配置机制构建探析[J]. 学术论坛，2016(06).

[37] 姜波，程国建，等. 德国产学研互动经验对高校转型发展的启示[J]. 今日财富，2016(6).

[38] 伍昭嫦. 发达国家校企合作模式及启示[J]. 科技与市场，2016(5).

[39] 李有刚，孙庆梅，等. 美国高校参与产学研合作的模式、经验及启示[J]. 管理观察，2016(4).

[40] 彭峰. 产学研合作教育与创新创业人才培养：以沃里克大学为例[J]. 高教学刊，2016(03).

[41] 许元，牛熠. 产学研"协同创新"人才培养模式初探[J]. 当代教研论丛，2016(1).

[42] 王海潮，张兴桃，等. 促进高校转型发展的产学研合作教育新途径探索：以宿州学院为例[J]. 新余学院学报，2016(1).

[43] 邓元慧. 日本产学研的合作推进与评估[J]. 科技导报，2016(34).

[44] 尹贻林，王美玲，等. 基于产学研合作教育创新的应用型人才培养机制研究：以天津理工大学工程造价专业为例[J]. 科技管理研究，2015(13).

[45] 韩笑. 产学研合作提升地方高校人才培养质量[J]. 中国高校科技，2015(11).

[46] 吴琼. 高校创新人才培养现状与路径研究[J]. 鄂州大学学报，2015(09).

[47] 钟卫，左毅. 产学研合作效果测量：理论与实践[J]. 中国科技论坛，2015(8).

[48] 冯玄玉，李国良. 日本产学官联合模式的政府推进路径及大学实绩分析[J]. 现代日本经济，2015(6).

[49] 全继刚. 美国高校产学研合作创新实践及其启示[J]. 中国高校科技，2015(6).

[50] 谈毅. 政府在产学研合作中的定位与作用机制理论模型探讨[J]. 高校教育管理，2015(04).

[51] 黄东岩，李士军. 基于合作主体角度的高校产学研合作模式比较研究[J]. 当代教研论丛，2015(3).

[52] 关志民，曹忠鹏，等. 产学研合作中政府支持作用与成功因素的实证研究[J]. 东北大学学报(社会科学版)，2015(03).

[53] 刘丽艳，扶雄，等. 产学研合作教育促进创新型应用人才培养[J]. 科教导刊，2015(02).

[54] 何艳，张斌. 产学研合作视角下的创新型人才培养研究[J]. 经济研究导刊，2015(17).

[55] 张振刚，王渊桂，等. 政府在产学研合作中的作用分析：基于广东省产学研合作调查情况[J]. 科技管理研究，2015(15).

[56] 刘霞. 产学研合作人才培养的对策研究[J]. 中国高校科技，2014(09).

[57] 贾慧，李咏慧. 高校产学研合作影响因素论析[J]. 中国高校科技，2014(9).

[58] 周丽梅，武素梅. 产学研合作模式下创新型人才培养的对策研究[J]. 中国电力教育，2014(09).

[59] 王发源，黄金锋，等. 基于三螺旋模型的高校产学研合作路径探索[J]. 中国科技创新导刊，2014(8).

[60] 姚娜. 高等学校产学研合作存在的问题及建议[J]. 文教资料，2014(8).

[61] 于钧泓. 促进高校产学研合作的法律对策[J]. 中国高校科技，2014(6).

[62] 李兆友. 美国高校参与产学研合作的基本经验及对我国的启示[J]. 社会科学家，2014(4).

[63] 刘思源，谢清. 美日产学研合作机制对广西地方高校研究生教育的启示[J]. 科教文汇，2014(2).

[64] 初冰. 地方高校产学研模式比较与路向选择：以吉林省属高校为例[J]. 长春工程学院学报(社会科学版)，2014(1).

[65] 赵善庆. 发达国家产学研合作的成功经验及对我国的启示[J]. 教育与职业，2014(20).

[66] 孙亚志. 高校产学研合作模式初探[J]. 科技创业家，2013(8).

[67] 程晓曼. 国外高校产学研合作教育模式及对我国的启示[J]. 大学教育，2013(3).

[68] 周训胜. 高校产学研合作的现状及对策[J]. 中国高校科技，2012(11).

[69] 赵旭. 产学研合作的内涵及其基础探讨：兼论技术市场模式与产业规模性的互动[J]. 经济与管理，2012 (11)

[70] 李琨，曹严. 高校在产学研合作中的问题与对策研究[J]. 科技创新导报，2012(6).

[71] 秦军. 国外产学研合作的对比研究[J]. 科学与管理，2012(6).

[72] 邵力军. 我国产学研合作的影响因素与发展对策研究[J]. 价值工程，2012(5).

[73] 李反修. 产学研合作对于中原经济区建设的意义研究[J]. 洛阳理工学院学报，2012(4).

[74] 王尧，郑建勇，等. 产学研合作的概念演变及其内涵[J]. 科技成果管理与研究，2012(3).

[75] 宋震，黄清煌. 产学研合作的交易费用研究[J]. 流通经济，2012(1).

[76] 张泽一，王树兰. 构建应用型高校产学研合作的长效机制[J]. 中国高校科技，2012(27).

[77] 曹勇，秦玉萍. 日本政府主导型产学官合作模式的形成过程、推进机制与实施效果[J]. 自然辩证法通讯，2011(5).

[78] 王书华，杨有振，等. 课程设置、人才培养质量与产学研合作教育研究[J]. 高等财经教育研究，2011(04).

[79] 李世超，蔺楠. 我国产学研合作政策的变迁分析与思考[J]. 科学学与科学技术管理，2011(32).

[80] 周俭初，韩卫兵，等. 基于交易费用理论分析的产学研结合模式[J]. 现代管理科学，2010(8).

[81] 胡冰玉. 我国产学研合作教育的回顾与展望[J]. 文教资料，2010(8).

[82] 谢献忠，王修勇，等. 中美产学研合作教育的比较研究及启示[J]. 煤炭高等教育，2010(6).

[83] 龚振湘. 美国产学研合作成功经验及启示[J]. 湖南师范大学教育科学学报，2009(7).

[84] 孙佩石，刘峰. 产学研结合开展继续教育的模式构建[J]. 成人教育，2009(03).

[85] 顾伟忠. 产学研合作的经济学理论分析[J]. 经济师，2007(8).

[86] 李国. 产学研合作办学对高等学校的意义[J]. 西华师范大学学报，2006(2).

[87] 祝东伟. 国外产学研合作典型模式的研究与启示[J]. 中国科技产业，2006(12).

[88] 张恩栋，杨宝灵，等. 国内外高等学校产学研合作教育模式的研究[J]. 教学研究，2006(3).

[89] 厉建欣. 日本高校的产学研合作及启示[J]. 临沂师范学院学报，2006(1).

[90] 綦开军. 产学研合作交易费用理论研究[J]. 商业时代·理论，2005(20).

[91] 谢开勇. 国外高校产学研合作模式分析[J]. 中国科技论坛，2004(1).